各・界・推・薦

作者指出致力於佈道及異象代代相傳對教會成長的重要性，並歸納出促進教會增長的一些原則，確實是鞭策華人教會振興的一本好書。

五旬節聖潔會永光堂主任牧師 • **伍山河**

作者長期在教會中熱切投入事奉，對教會有極深的承擔並透徹的了解。他走訪百間教會，分析其牧養、訓練、策劃和動員的情況，剖析其發展動力與停滯慣性之機玄，睿見不少，值得教牧、長執及信徒參考，進而討論和思索。

中國神學研究院副院長 • **余達心**

近年有關教會的論述多建基於外國的經驗移植及神學反省，在理論層面大可借鑑，實踐起來難免有點格格不入。本書作者以多年縱橫商界的策略思維，配以一顆事奉及熱愛教會的心，感同身受地為香港教會「望、聞、問、切」，把脈處方，實有助教會固本培元，茁壯發展，誠為教牧同工，長執及事奉人員案頭不可或缺的參考書。

基督教《時代論壇》社長兼總編輯 • **李錦洪**

「阿茂」在商界多年，採用專業顧問的眼光，檢視華人教會組織的實況，能言教牧不敢明言的堂會陋習，幫助華人教會領袖正視問題之根源，從而制定可供量度的發展策略。

香港教會更新運動總幹事 • **胡志偉**

書中對教會的剖析及具體可行的建議，實為香港教會帶來新的曙光；造門徒三步曲確實不同凡響，值得一看再看，絕不能錯過！

中華基督教會協和堂署理堂主任 • **何應景**

本會有數次機會與松茂談教會發展策略，去年我們依他建議改進少年事工牧養。以造門徒三步曲為主，效果顯著，一年的門徒訓練後，有一批大專和高中生起來委身教會事奉，成為本會生力軍。他書中建議的方法是值得參考和可行性高的。正如他所説，各堂會有其特質，須了解自己堂會情況，參考其建議，探討適合自己堂會發展的策略，必能為神多得人。

中華宣道會友愛堂堂主任 • 袁麗珠

這是一本渴望教會有效地增長的香港牧者和信徒必讀的書，葉松茂博士雖非教牧同工，但卻熱愛教會，積極投入事奉。本書不是紙上談兵的討論，而是經過多方面的實地採訪、深入的研究和分析而寫成的。作者謙卑、誠懇和審慎處理問題的態度，使本書成為香港教會不容忽視的一本好書。

九龍城浸信會主任牧師 • 張慕皚

葉松茂博士近年來積極探索香港基督教會的增長之道。他以香港一些增長迅速的成功教會作為例子，藉參與性觀察和口述訪問，了解她們的運作模式和成功要訣。他以具體的事例和數字為基礎，作縝密和睿哲的分析，提出許多建設性的建言。

香港建道神學院院長 • 梁家麟

「**一**寸光陰一寸金，寸金難買寸光陰」，時間寶貴，但經驗更寶貴，因為經驗是要用時間買回來的。本書總結了一百多間香港堂會的發展經驗，為每一位有志協助堂會踏上健康發展途徑者提供了自我反思的材料、可行的路向及方法。這是一本必讀好書，本人大力推介。

世界華福中心助理總幹事 • 曾錫華

教會事工系列
教 會 增 長

101間香港教會經驗分析

建立生生不息羣體的策略！

葉松茂 著

時代論壇
CHRISTIAN TIMES LTD

▼

教會事工系列 · 教會增長

101 間香港教會經驗分析

The Hong Kong Local Church 101

作者
葉松茂 Saimond Ip

責任編輯
李慧儀、麥世賢

裝幀設計
郭曉勤

■

聯合出版

基道出版社	基督教時代論壇週報
香港沙田火炭坳背灣街 26 號	香港九龍旺角彌敦道 602-608 號
富騰工業中心 1011 室	總統商業大廈 19 樓 B 室
LOGOS PUBLISHERS	CHRISTIAN TIMES
Unit 1011, Fo Tan Industrial Centre,	Room B, 19/F, President Commercial Building,
26 Au Pui Wan St., Shatin, Hong Kong	602-608 Nathan Road, Mongkok, Kowloon, Hong Kong
電話：(852) 2687-0331 傳真：(852) 2687-0281	電話：(852) 2785-7688 傳真：(852) 2785-8335
網址：http://www.logos.com.hk	網址：http://www.christiantimes.org.hk

發行
基道出版社

承印
陽光印刷製本廠

●

12/2004 初版 3/2005 二版 7/2005 三版 11/2005 四版
Cat. No. LP353-4
ISBN-10: 962-457-271-2
ISBN-13: 978-962-457-271-1

Printed in Hong Kong

刷次	15	14	13	12	11	10	9	8	7	6
年份	2026	2025	2024	2023	2022	2021	2020	2019	2018	2017

梁序

香港教會在上世紀八十年代以後，便面對增長乏力的困擾。雖然佈道事工頻仍，堂會數目不斷增加，但信徒人數卻未曾隨佈道與植堂的步伐而遞增。九十年代末期，更錄得聚會人數下降的危險訊號。面對投入資源與所得成果不相稱的局面，不少教牧同工和信徒都得迫切思考問題所在。對好些教牧同工而言，教會如何增長並非一個純粹學術上的問題，更是關乎他們個人與所服事的堂會的興衰命運，畢竟他們乃是站在第一線的位置，承受事工停滯與堂會萎縮的責任和後果。病急亂投醫，這十餘年間，我們看到中小型堂會的教牧同工忙於參加本地與海外的教會增長講座、研討會和工作坊，到各個被視為成功例子的超大型教會取經，只要有人呼叫答案在這裏或在那裏，便有尋道者蜂擁而至。

伴隨著教會整體發展停滯而至的，是超大型教會的產生。不管如何掩飾，無論在香港抑或在海外，絕大多數超大教會的絕大多數會友都是由別的教會轉過去的。換言之，一間之得即意味著許多間的失。某超大型教會若有二千個轉會會友，即代表有一百間教會各自流失了二十個會友，而這些另投別枝的會友多數是青成年的教會生力軍；對於人數在二百人以下的小堂會而言，數十人的流失肯定是嚴重的失血。優勝劣敗，適者生存，福音商品化與教會市場化已是無法逆轉的趨勢。對中小型堂會而言，如何尋覓生存與發展之道，實在是燃眉的迫切問題。

目下在社會學和經濟學的領域裏，理性選擇理論重登主流。這個理論強調凡存在的總是有其合理性，人是理性的動物，總是在他們的知識和可供選擇的範圍內作出最明智的選擇，因此每個社會和經濟現象都可以發掘出其中的合理性。人們的宗教行為，亦可藉這個理論來解説：他們因何信教？為何上教會？如何選擇教會？拒絕和接受，去與留，都可以得著社會和經濟角度的合理解釋。

在抗拒與世俗知識同流的牧者和信徒眼中，用「市場供求」、「需要」和「滿足」等經濟觀念來解説教會的盛衰榮辱，肯定是離經叛道的事。他們尤其質疑這是否等於排除了聖靈的復興等超自然元素。一直以來，聖靈的復興都被視為教會增長的一個必須而又充分的元素。

筆者當然確定超自然元素對教會發展的必須性，卻認為這跟為教會增長尋求自然解釋是不相衝突的。且不説其他，我非常抗拒好些超大型教會的領袖，不斷以冠冕堂皇的屬靈話語來解説他們的成功之道，努力掩飾他們所運用的各種市場營運技倆；造成小堂會的牧者在自愧技不如人的同時，還得懷疑自己是否已失去聖靈的賜福。我相信今天教會增長的理論和實踐有許多自然／人為的因素，承認這些因素的存在，努力揭開其屬靈神祕面紗，不單沒有貶低上帝的作為，反而是使上帝的作為不與人的作為互相混淆，魚目混珠。

葉松茂博士近年來積極探索香港基督教會的增長之道。他以香港一些增長迅速的成功教會作為例子，藉參與性觀察和口述訪問，了解她們的運作模式和成功要訣。他以具體的事例和數字為基礎，作縝密和睿哲的分析，提出許多建設性的建言。尤其難得的是，葉博士一方面身體力行，熱心參與自己所屬堂會的前線事奉，將理想化為行動，以所行證明所信；另方面又與各堂會慷慨分享他的發現，為她們作診斷和建議，無懼將自己的理論交付他人作實踐的檢證，表明他沒有閉門造車，為理論而理論。即不論其他，就是這樣胼手胝足地從事本地化的個案研究，也遠較那些純粹搬運西方理論和模式的學術買辦要高明得多，並且更準確反映我們身處的社會和教會的現實。

葉博士有兩個「回歸」認信是筆者心悦誠服的。第一是回歸堂會：他認定教會的前途是在堂會而非機構或跨堂會運動，堂會本身若不增長，機構再多元化，聯合事工再百花齊放，仍舊是無濟於事，這個觀察在上世紀末已獲得充分的證明。脱離堂會主導的任何事工都是泡沫化的。第二是回歸青年事工：一直以來，基督教都是在邊緣羣體才獲得最大的增長空間，難民和貧窮者是邊緣羣體，尚未進入主流社會和文化的青少年亦然。不幸地，許多教會在八十年代以後愈來愈中產化與中年化，逐漸失去在青少年中間的增長動力，甚或是失去所有立足點，這是教會增長停滯的一個元兇。葉博士刻意撇開部分專門汲納中年中產轉會會友的超大教會不談，專注分析那些在青少年工作卓然有成的堂會，探討她們的成功祕訣。筆者認為這兩個認信都是極具見地的。

我個人在葉博士身上有許多學習，而我所服事的神學院和堂會亦曾覓得他許多幫助。就有限接觸，我可以見證葉博士是一位敬虔愛主、篤信福音、對人有激情、對教會有承擔的基督徒。我們常説渴望教會有更多具不同專業訓練的基督徒參與見證和服事，便得預備好接受跨專業和非傳統的知識和行動的挑戰。但願上帝更大的使用葉松茂博士，並藉他為香港教會帶來更大的祝福。

梁家麟博士

香港建道神學院院長

胡序

認識「阿茂」年日不深，在交往中欣賞弟兄對「教會發展」的熱愛；此書面世不是要迎合市場，營造浪潮，要求每間堂會均要有驕人的增長業績，方為理想！不少教會人士對「世俗學問」常存雙重標準，個人或工作的組織則沒有問題，一旦「世上小學」應用於堂會，則問題甚大！由於若干教會領袖對「領導」或「策略」存有誤解，未能分辨當今工商管理思維的「優質」與「劣質」，不同工具應用的成效，有時採用了過時的管理模式，或不適當的事工模式，令堂會質量不增反減！

當今不少華人堂會問題叢生，不是教牧與信徒的生命素質問題，大家皆重視教會的發展，皆千方百計學習任何促進堂會發展的事工模式；然而往往陳義過高或急於求成，沒有整全的策略、有力的執行與明確的流程，形成堂會「事工多而無焦點」，或「投資高而成效低」的境況。

「阿茂」在商界多年，採用專業顧問的眼光，檢視華人教會組織的實況，能言教牧不敢明言的堂會陋習，幫助華人教會領袖正視問題之根源，從而制定可供量度的發展策略。華人慣於自欺欺人，而教會領袖也有此方面的缺陷，此書不客氣地道出「堂會和組織」常犯的毛病，幫助教會領袖虛心受教，並透過「良好實踐堂會」(best practice churches)的分析，建立適切本身和有再生能力的「有機使命羣體」。

讀者不一定同意「阿茂」的見解，但此書背後的信念，化理念為行動的思考，卻是每位熱愛教會、委身服事的領袖不能掉以輕心的。當我們肯正視一些普遍現存的問題，聽取「阿茂」的忠告，本書的貢獻是使領袖不逃避其個人盲點，不再合理化某些「失效」的做法。如此，方能提升華人教會的組織文化！

胡志偉牧師
香港教會更新運動總幹事

目錄

案例篇：不同堂會的案例分析

引言

這本書名為《101間香港教會經驗分析》，「100間」教會是指我走訪了百多家香港的華人教會，了解其現狀與發展情況，以此總結分析在香港發展的教會要注意的關鍵原則。第「101間」教會就是你自己的堂會，我深信每家堂會都不一樣，這本書是希望協助你參考其他人成功或失敗的經驗，找出你自己堂會要行的獨特的路。這本書並不是要推介某一個模式，而是希望你參考其他人的經驗後，設計並努力實踐你自己教會的模式與策略。這本書是專為教牧同工、長執和信徒領袖寫的，亦即為堂會內真正的決策者而寫。我的假設是堂主任牧師先看這本書，覺得有用的話，再與其他同工、長執、領袖一起研讀。堂會的領導層必須上下一心，這本書絕對沒有針對教牧或長執的決策，為平信徒批評決策者提供「彈藥」的意圖。我自己為幾十家堂會進行策略諮詢時也堅持一個原則：必須有傳道同工一起商談，最好是堂主任一起商談。

這本書部分內容曾在《時代論壇》的「教會CEO」專欄連載。原意是把專欄的文章收錄成書，但最後差不多是重寫了，更加上很多新內容。重寫的原因有很多，一來我不停訪問教會，現在的例子較寫專欄時多；另外，我決定改變進路，以教會作為一個「有機使命團契」為入手點，主要強調委身有使命感的信仰羣體的建立，而策略領導的討論則退居二線角色。這是因為我在不停訪談中，並在我自己的教會經驗中，愈來愈感受到在香港組織教會，羣體(community)的建立是個決定性的因素。以前看過我專欄的讀者，我建議你必須從頭看這本書一次，這樣才能明白本書與專欄不同的進路——我連「三步曲」每一步的名稱也有所修正，看看你能否找出有何不同。

為何要寫這本書

我每次寫書，都有人質疑我的動機，這一次就更難避免別人的質疑了。我既非牧師，又非神學家，為何要寫這樣一本奇怪的書呢？在主內還是減少猜疑比較好，讓我開宗明義表白心迹，我寫這本書有以下的原因：

1. **為大部分香港教會停滯不前而憤慨**。在未開始這個系統性研究之前，我已感覺到，自九十年代起，香港的教會至少有一半在質與量方面均停滯不前。這個研究只是證實了這個感覺。為此我感到憤慨，因為我接觸的教牧與長執絕大部分都委身於教會，而且對自己的堂會有濃厚的感情，希望堂會的質與量均能健康成長。這本書是我「化悲憤為力量」，希望協助部分堂會，把良好意願變成具體令教會更新之行動，重建委身成長的羣體。

2. **為香港教會提供「本色化」的路**。外國著名的「模式」在過去十年突然蜂湧進入香港——細胞小組、G12、目標導向、啟發課程、城市宣教、自然教會發展、關聯的教會（Connecting Church）、教會增長策略。這些都是十分好的「模式」，但大都是外國教會走過的路，香港一部分教會可以「全盤採用」，但其他堂會恐怕要找出香港本地堂會自己要走的路。

3. **讓每一間教會尋找自己的路**。有一次我替某區的六間教會做諮詢，這區的情形比較特殊，所以他們原以為大家的問題和出路應該差不多。然而，我最後卻為這六間教會提出了截然不同的建議。這也就是「策略」的本意，必然按實際情況度身訂做。這本書是總結了不同人的經驗，又提供大量不同事工、不同情況的教會案例，希望你作為「第101間」教會可以找到自己獨特的路。

4. **發揮自己策略諮詢的恩賜**。我曾經花了一段長時間當策略顧問，先在一間名為麥肯錫（McKinsey）的跨國的企管顧問公司替公營機構和私營企業做顧問，過去幾年又替一些社會服務和教育機構做顧問。這是上帝給予我的恩賜，我也希望以此服事教會。我明白教會的本質和使命跟其他組織截然不同，所以我才細心訪談了一百三十間教會，又刻意以教會的獨特本質為本書的出發點。

上帝帶領我接觸百多家堂會

寫作這本書的過程，我深深感受上帝的恩手在帶領我。一九九八年我與九十多位宣道會北角堂的弟兄姊妹一起到將軍澳植堂，這個新成立的堂會後來定名宣道會宣基堂。傳道人是堂委會當然主席，我當時是堂委會副主席，為了開展新教會，就開始到處拜訪其他教會，了解他們的發展情況有甚麼成功和失敗的經驗可以讓我們學習。到了二〇〇一年，宣基堂成人崇拜大約有三百多人，兒童也有超過一百人，唯獨中學生事工還未正式開展，於是一位傳道同工與十多位導師決意同心發展少年區，而我就是少年區的副區牧。於是我們又到處拜訪少年事工特別成功的堂會，看看人家有甚麼祕訣。

在一九九九至二〇〇三年間，上帝讓我有機會在各教會及機構參與教導及佈道的事奉。平均每個月我會有三至四次事奉機會，一半是在其他教會，另一半是基督教機構，事奉包括主日崇拜講道、講座、佈道會及福音性聚會，題目主要是基督徒工作觀或福音見證。加起來我一共去過三、四十間不同的堂會講道。起初是好奇心驅使，後來是我自己研究上的需要，我總會找傳道人談談其教會發展的情況，有時談十五分鐘，有時是四十五至九十分鐘的詳談。不過，這些討論一般未能十分深入，因為傳道人事先未有心理預備坦誠相告，但仍幫助我更具體掌握香港教會整體的情況。

在二〇〇一年底，我自己的生意不順利，公司要大裁員，最後還要把上市公司賣掉。我的人生低潮給我帶來較多空間，讓我再反省我的人生——除了日常工作，我還可以怎樣被上帝使用，如何更有效服事主、服事教會。我首先肯定了自己的首要責任是要委身於自己的堂會，特別是少年事工的開發。然後我便問自己，人生過了三十六年，事奉與事業亦浮沉了半生，我覺得自己真正的恩賜在哪方面呢？答案顯而易見。有兩件事是我一做起來，受眾覺得有幫助，我自己又愉快的，那就是教導和策略諮詢。於是我祈禱求上帝給予我印證，也給予我機會以此服事教會。在教導方面，天道出版社很快便與我接觸，在二〇〇二年，我出版了兩部書，一部是青少年福音讀物，另一部是關於基督徒工作觀的。在策略方面我感到比較困惑，因為沒有聽聞香港有替教會做策略顧問的事奉，所以我有點卻步不前。後來在台北華福的資訊科技會議中碰見趙錦德牧師和香港教會更新運動總幹事胡志偉牧師，談起這件事情，並暢談我自己對香港教會如何制定策略的初步看法。原來兩位牧師已經以自然教會發展和教牧性向分析為入手點，替不少教牧進行諮詢和顧問的工作。

他們建議大家先在珠海辦一個以「策略式領導」為題、針對教牧的營會。那一次有六十多位教牧參加。營會後我替其中十多家教會做了免費諮詢。每一次諮詢，每間堂會的教牧和長執，在完全保密的原則下，與我交談大約兩個小時。這些諮詢的前半段時間，我會不停發問，深入了解教會的歷史、最新發展、隊工情況、各年齡內信徒具體屬靈情況、佈道果效等，後半段我就會提供兩、三個具體可行的建議。後來教會更新運動又與香港浸信會聯會舉辦了一個整日的講座，我是主要講者，會後我又與其中二十多家堂會做諮詢工作，亦是每次每家堂會兩小時。

各自各精彩的教會

後來幾位長輩——余達心牧師、伍山河牧師、雷建華牧師——找我一起在中國神學研究院開辦了一個延伸課程，有近二百位教牧、長執和信徒參加。這個課程是講教會事奉的，我負責其中五堂，講的都是教會發展策略。其他幾位講者都是我的長輩，余牧師更是我讀神學時的老師，我懷著戰戰兢兢的心講課。從他們的講課中，我也實在獲益良多。這個課程後，我又替其中三十多家教會做諮詢工作，亦是每次兩個小時。除此以外，還有十家教會是從各種渠道知道我替教會做顧問和諮詢，而自己主動接觸我的。

《時代論壇》社長李錦洪知道我在研究教會策略，就吩咐我在其週報上寫一個專欄，並計劃把專欄收輯成書，就是這本書了。正如一開始我講過，最後我並不是編纂專欄文章，而是重寫。在寫作過程中，覺得有幾部分掌握得不好，決定再訪談幾間成功的堂會，加以印證，所以又主動要求訪談了大約十間堂會，大部分都是比較知名的堂會。這些堂會在書內已反覆引述，在此不詳述。很感謝他們的教牧以至平信徒在百忙中抽空與我分享其教會成功的經驗，令我獲益非淺。我向來覺得在任何寫作過程中，得益最大的往往是作者自己。世界華人福音聯絡中心（簡稱「華福」）有一本專為教牧、長執而設的刊物名為《教牧分享》，我是編委之一，有一期談到策略式領導，我和曾錫華牧師於是一起主持了兩個以此為題的「調研會」(focus group)，每個十二人。第一個是不同教會的教牧，第二個是不同堂會的長執，在完全保密的處境下暢所欲言，談到不少教牧與長執的角色問題。這兩個調研會也是本書的重要資料來源。

總括來說，香港現時有一千二百間華人教會，我在寫此書時大約訪問了一百三十間，都是以口談方式進行，大部分是兩小時以上，坦言相告、深入討論的會談。在一百三十間堂會中，大約七十間是我曾經提供免費諮詢的，有二十間是我刻意登門造訪，了解其「成功」經驗的，餘下的四十間就是在不同機會下(主要是我到其教會講道)碰見其傳道人，「順便」訪談的。當中超大型和特大型教會佔不到十間，中型教會(二百五十至五百人)約佔三十間，其餘的九十間都是中小型(二百五十人以下)堂會了。宗派方面分佈也很平均，有浸信會、宣道會、中華基督教會、循道衛理會、播道會、聖公會、路德會、信義會、崇真會、禮賢會、靈糧堂、平安福音堂、五旬宗、神召會、五旬節聖潔會、循理會、宣道浸信會等等，也有不少獨立教會。由於曾主講香港浸信會聯會與香港教會更新運動合辦的講座，所以，在這百多家堂會中，浸信會略為偏多，大約二十間，其他宗派所佔比率則不相上下。我不敢宣稱這個「樣本」在統計上可以準確地代表全港教會，但我相信已經有足夠的覆蓋面，提供有意義的觀察和經驗總結。我第一個觀察就是這百多家教會是各自各精彩的，上帝的恩典用不同方式在各堂會表達，大家要走的路很不一樣，即使決定實行同一個模式(例如細胞小組)，也可能有不同的當前急務要處理。我所諮詢過的七十間堂會中，每間我都有截然不同的建議，幾乎沒有兩間是相同的。

本書大綱及撮要

這是一本比較長的書，在你決定是否值得投資時間與心力在這樣一本書之前，我希望提供一個提綱，讓你做一個有根據的決定(informed decision)。

〈信念篇〉只有一章，指出在談原則、策略之前，每個教牧和領袖必須撫心自問，是否真心誠意相信：「本地堂會是世界真正的希望」。

〈總論篇〉是探討怎樣才可以成功發展一間香港的教會，亦即是如何建立生生不息羣體的策略。我從教會的本質入手，指出教會是一個「有機使命團契」，必須以「改變生命的關係」主導，全民皆兵，並清楚自己的使命就是使人作門徒。建立這個有機羣體，就要用「造門徒三步曲」，從外而內，按未信者的需要傳福音，把他們吸引（attract）來教會，以愛心和關係將他們留下（keep）來信主並令其生命改變，最後使其委身（commit）於主、委身服事教會，一同做吸引人、留人的工作。這是一個完全以人為本的方法。成功的教會都是分「區」（不同年齡、背景的羣體）來實踐造門徒三步曲，建立生生不息、代代相傳的羣體，也就是自然健康成長的羣體。有些教會全面進行「造門徒三步曲」，但大部分是局部性，甚至非正式地推行。分區造門徒的三步曲，必須策略性地做，切實可行地做，即要先了解教會實際情況——優勢、弱點、機遇和威脅——然後以完整一致的行動，在資源運用和體制上配合，大膽嘗試，並把握機會。在整個過程中，教牧的角色並不是教師、醫生或行政人員，而是一個教練兼隊長，必須激勵信徒去委身及服事教會，設計並更新堂會的策略，並親力親為投入造門徒的行列。而其他信徒都必須把恩賜運用於三步曲上，把人力資源集中於建立一個健康成長、生生不息的羣體，長執則要停止被邊緣化成為監察者，重新委身作為教牧真正的「副手」。成功做教練兼隊長的教牧，都能全然向會眾開放生活、長期委身於同一堂會，並且性格成熟、自知自信。教牧激勵信徒必定是以密切關係為基礎，再使用四種方法——事奉訓練、身體力行的示範、激勵生命的氣氛和清晰的異象目標——最後以長期的「守望」保持信徒的心志。

〈模式篇〉討論到底「模式」是好是壞，而且介紹了幾個近年在北美和香港十分流行的「教會模式」，並探討他們與我在〈總論篇〉提議的異同，與及其在香港教會中實踐的可行性。細胞小組教會和G12都是落實分區「造門徒三步曲」的其中一種模式，完全可行，是十分好的模式，各教會只要衡量自己是否適合。華理克牧師（Rick Warren）的「目標導向」教會，實際上就等於本書所講的「造門徒三步曲」，「一條龍」確保從外而內建立人，只是我比他更著重羣體的建立。自然教會發展運動（NCD）強調健康發展的教會都在幾個方面同時「合格」，並提供調查問卷供教會自我評估。這是在實踐策略領導前，教會了解自己實際情況的工具。〈模式篇〉最後還「仙女散花」淺論其他流行的教會模式、運動或程式，包括關聯的教會、城市宣教、啟發課程和上一代的教會增長策略。我還總結歸納了幾間本地堂會的經驗，大膽地提出一個「佈道團契」的模式，用以改革傳統的本地堂會。

〈事工篇〉是介紹做不同羣體的事工有甚麼關鍵的成功因素。透過綜觀香港教會發展的大趨勢，我認為少年佈道的事工不但是教會當前的首要任務，而且是生死存亡的關鍵。而華人教會最大的缺口，就是中年男士事工和基層事工。在少年事工上，我指出必須以少年佈道主導，以長久亦友亦師的導師為殺手鐧，再加上邊學邊做的少年門訓和在週末具吸引力的聚會。我分析了各種聚會，介紹如何尋找導師，並指出香港教會正急需長期委身的少年傳道。至於中年中產男士事工，沒有幾間教會成功，我大膽提議要用福音晚餐聚會吸引他們，再用純男士小組把他們留下，最後必須讓他們承擔重任。在基層事工方面，教會必須以植堂的心態來做，投放必須的同工和義工資源，按基層居民到港年期的需要，以大量活動凝聚他們，並讓同工及義工與他們建立關係，徹底了解其獨特文化和心態，並積極鼓勵初信者成為義工。〈事工篇〉最後蜻蜓點水式談到教會的婦女、長者、青年、兒童、崇拜、並植堂事工，重點是如何在每一項事工上體現造門徒三步曲，建立生生不息、健康成長的信仰羣體。

〈案例篇〉分為兩大部分，前半部是二十多個按真實堂會情況「改編」的匿名案例，探討如何把〈總論篇〉的方法落實在不同處境中，例如：一個剛從神學院畢業、「空降」到一間小型堂會的教牧應怎麼辦呢？二百多人的堂會在最近十年停滯不前，怎樣重新啟動呢？近千人的大型堂會似乎發展十分理想，還要注意甚麼呢？一間教會改行細胞小組模式卻毫無果效，下一步怎麼做呢？〈案例篇〉下半部總結了四間著名超大教會的成功經驗：九龍城浸信會如何進行改革，實事求是實行一站式聚會，「真正」分齡做傳福音和牧養，激勵教牧與信徒委身服事「人」，並把改革建基於試驗及信任；沙田浸信會如何成功地實踐細胞小組模式，但最近又轉化為G12模式；播道會恩福堂如何著重以聖經真理改變信徒的人生價值，以高手守住留人與使人委身的關口，並實踐大團小組的模式，使教會持續多元增長；五旬節聖潔會永光堂如何專注向少年人佈道，有效使用「本地佈道團契」，並以強而有力的價值文化治理教會。這四間教會證明，實踐造門徒三步曲，真的可以各施各法。

指引性 vs 描述性的著作

這本書的題目有可能給人一個錯覺，以為我是在搜集一百間香港教會的資料，然後介紹其發展的情況，有點像教新做的教會普查。這種研究基本上是描述性(descriptive)的，當然有其重大意義，但並非這本書的目的。這本書是一本指引性(prescriptive)的著作，目的是提供指引，協助個別堂會更新、改革教會。你可能會問，是怎樣從百多間堂會的經驗中整理出一個頭緒來呢？用的就是假設主導(hypothesis-driven)的方法，神學家可能會比較喜歡代模主導(paradigm-driven)的說法。

方法十分簡單，我先訪問了若干教會，以其經驗與我自己的經驗相印證，再閱讀了幾本比較著名的教會發展著作，就大膽地提出若干「香港教會成功發展」的假設(或稱代模)。然後拿著這假設，跑去再訪問十數間教會，印證有沒有錯誤的地方，發覺有錯就加以修訂，修到無法再修，就大膽再提另一假設。原則上，這種「假設主導」所採取的不停修正的方法，是大部分現代學科的共同方法，我只是以較濃縮的方法加以應用。嚴格來說，這本書只是在二〇〇四年我訪問過一百三十間香港教會後得出來的最新「假設」。將來教會與社會情勢改變了，又或者我訪談更多堂會，又或者我對部分堂會有更深入的了解後，我必然會修訂。事實上，各位讀者倘若發現與我的總結有所出入的成功(或失敗)堂會經驗，我希望大家電郵告知(saimondip@hotmail.com)，好讓我將來訂正。

倘若你是做學術研究的，我可以告訴你這本書的研究方法，應該最接近人類學中對人種學的研究和管理學中對表現出色組織(high performance organisation)的研究。後者不單單研究私營企業，也研究各類別的組織。這些研究都是基於大量案例的深入研究，並且都採用大膽假設小心求證的進路。

我可以寫成這本書，首先要感謝那厚賜恩典給香港眾教會的上帝，我亦要感謝趙錦德牧師、教新的胡志偉牧師、華福的曾錫華牧師，是他們鼓勵我在這方面事奉的，亦在整個理論發展過程中，與我多番交流討論。當然我要感謝《時代論壇》社長李錦洪鼓勵我出書，並編輯麥世賢及李慧儀忍耐我多番延宕。編輯們更多次更正我文字上的種種錯謬。

預先回應四點可能的批評

我十分歡迎有建設性的批評，特別是若你發現這本書的「指引」與你具體教會經驗不同——例如你做了不少書中說「切勿去做」的事情，事工卻異常成功——我非常希望知道你的經驗，好讓我修正自己的觀點，起碼在未來替教會做諮詢時，不會「出錯計策」。不過，除此以外，我估計這本書出版以後，可能將會面對以下四點批評，但我認為這些批評對這本書而言並不太適合，所以預先張揚並回應，盼各書評人高抬貴手！

1. **請不要批評這些觀點沒有聖經和神學根據**。這是一本實用教會發展「手冊」，完全是藉觀察加「常理」總結而成，書中偶爾引經據典，也只是順帶一提，根本無意深入探討「教會學」或其他神學、聖經問題。這些問題自有比我更有資格的神學家去論述。

2. **請不要批評我自己的堂會做不到這些原則**。我從來沒有宣稱自己的堂會做到這些原則，我們正是有需要改進，我才到處偷師學藝，我們極其量只是努力學習。在這裏我也鄭重聲明，請不要要求到我堂會參觀，因為在我訪談的百多間堂會中，各方面都做得比我們好的堂會，起碼有二、三十間，請去那些堂會參觀吧！

3. **請不要單純根據我的背景，批評我把商業原則硬套在教會上**。我的確是一個商人，也做過多年商業企管顧問，甚至在中文大學商學院兼職教碩士課程，亦在香港大學創立亞洲創業學研究中心。但我亦協助傳道人牧會，與眾弟兄姊妹一起努力建立教會，也努力讀好我的神學和聖經。更重要的是，我切切實實走訪了百多間教會，了解其經驗。任何批評，請以事論事，指出書中哪一些建議是錯誤的，為甚麼是錯誤的。請不要先入為主，認為商人談教會就必定以商業原則為基本。同樣道理，我也不能因為某某學者在大學或神學院教書，便批評他的教會觀，談論其著作太過「學術性」、「不切實際」。倘若我要提出這些批評，就必須指出哪些地方「不切實際」。

4. **請不要批評我太過「樣板化」**。在寫作時，我已盡量平衡地分析各模式和教會的優劣，以及對不同處境的適切性。我寫某些經驗時可能寫得比較具體，這純粹是方便讀者具體地明白，更容易加以變化運用到自己教會。

信念篇：

本地堂會是世界真正的希望

這本書是寫給華人教會的教牧和信徒領袖的。我走訪了一百多家香港華人教會，分析其發展情況，總結經驗，在這裏提出可供參考的具體原則和策略。但在談原則和策略之前，我認為更重要的是每個教牧和領袖，都必須持守一個信念：「本地堂會是世界真正的希望，而堂會的未來基本上在其領袖手裏。」倘若一間本地堂會(local church)是一支足球隊，我們就是它的球員，也是它的擁躉(但亦必須是忠實的球迷、真正的fans)。

現實中的教會殊不可愛？

要持守這信念在現實中一點也不容易。首先，教會——特別是本地堂會——在過去二十年成為了基督教以至全社會一切問題的代罪羔羊(scapegoat)。信徒個人生命不濟(工作乏力、家庭破碎、缺乏方向、身體不健康、靈命疲乏、忽視宣教、漠視社關等)被視為堂會的錯，連社會上的種種問題(政制改革、弱勢社羣、青少年自殺、文化衰落)也似乎是堂會關心不足所致。過去二十年，在關於教會的評論裏，常常被提到的就是：「教會不能局限於四堵牆內，必須闖出去。」

其次，在教會日子長了，便發現當中其實很多不可愛的地方——人事衝突、對事情偏執、信徒缺乏委身等等。我自己不是教牧，卻為幾十家教會的教牧及長執做諮詢及顧問，經常發現以上種種問題。倘若你只對一間教會感到不滿，我就可以對幾十間教會不滿。面對信徒對教會的種種指控，我們常掛在口邊的說話是：「不要看教會，那是人的地方，信仰最重要是倚靠上帝，就是我們個人與上帝的關係。」我年輕時也常這樣說。

信心飛躍擁抱教會

在種種現實的不足中，仍然確信在「四堵牆內」的本地堂會，才是世界真正的希望，差不多需要一種信心飛躍（leap of faith）。對我來說，信心飛躍的基礎，首先是不經意中闖進我生命的幾個極大膽且極富震撼性的信念（statements）。有一次去英國公幹，聽聞我從前返的英國教會出了大亂子。那個牧師雖然名氣不大，但他的講道是我聽過百多個英國名牧中最出色的。他最近卻與長執鬧翻了，長老會主席辭職，他自己後來亦因為醜聞離開了。在回港的飛機上，我正感到對教會失去信心，隨手拾來一本海波斯（Bill Hybels）的*Courageous Leadership*。他雖然建立了著名的二萬人的柳樹溪（Willow Creek）教會，但我認為書中關於教會運作的大部分原則只適用於美國的超級大教會，不適合香港的華人堂會。但他談到在大學時獻身做傳道人，而後來又熬過不少低沉的日子，主要是靠一個信念：「本地堂會是世界真正的希望，而堂會的未來基本上在其領袖手裏。」（The local church is the hope of the world, and its future rests primarily in the hands of its leaders.）在萬呎高空上，這句話纏繞我的心靈。

二〇〇三年，余達心牧師、伍山河牧師、雷建華牧師和我在中國神學研究院一起開辦了一個關於教會發展的課程，我這個晚輩是抱著向他們學習的心情去講課的。好像是第一課，余牧師劈頭第一句就是以弗所書三章10至11節：「為要藉著教會，使天上執政的、掌權的、現在得知神百般的智慧。這是照神從萬世以前，在我們主基督耶穌裏所定的旨意。」在以弗所書三章，保羅說自己比眾聖徒最小的還小，但神要他把在基督裏並在歷代歷世隱藏的奧祕顯示給一切受造之物，連天上的天使和邪靈也要拜服。但這奧祕要如何體現呢？居然是「藉著教會」！余牧師為此驚訝，我也同樣驚訝。倘若是藉著上帝默示的聖經，或是甚麼偉大的神學，大家會比較容易接受。居然是藉著教會，那個充滿種種問題、缺陷的教會！那怎麼可能呢？

回家後細想，突然發覺教會——本地堂會——在使徒保羅心中的地位，遠遠超過今日我們對教會的評價。保羅的書信，大部分是寫給教會的，他心中顯然無時無刻在惦念不同的堂會。對保羅來說，教會就是福音大能最具體的展現。

潘霍華談信仰羣體

在另一次講課時，余牧師提到德國神學家潘霍華在《團契生活》（*Life*

Together）一書談到信仰羣體，回家後我決定好好讀一讀《團契生活》。潘霍華辦了一所牧者的神學院（Preachers' Seminary），後來被納粹黨取締了，事後他寫成了《團契生活》一書，總結他對基督徒羣體的了解。最特別是他在第三章談到獨處。現代人十分強調信徒與上帝的個人關係，這一點潘霍華十分贊同，他認為不懂得與上帝獨處者，絕不能以參與基督徒羣體來逃避獨處。「不能獨處者不宜參與羣體」，因為「上帝呼召你時你是單獨站在主前，你是單獨去回應那呼召，你是單獨去掙扎及禱告，最後你是孤獨地死去並向上帝交帳。」

但反之亦然，潘霍華認為「不參與羣體者不宜獨處」，因為「你是被呼召加入一個羣體，這個呼召也不是給你一個人的；你更是在被召的羣體中背你的十字架、掙扎、禱告。就是在主再來之日你亦只是基督的會眾（congregation）中其中一員。」

這位在納粹德國中，力保教會的純正的大神學家，留下一個吊詭、卻十分清晰的信念：「不能獨處者不宜參與羣體，不參與羣體者亦不宜獨處。」

以上的三個信念，由海波斯、潘霍華、使徒保羅這些深愛教會的人提出，怎能不緊扣我的心靈呢？

教會令生命改變

我對教會的信念，這種信心的飛躍，並不只源於幾句有震撼力的説話。我深信「本地堂會是世界真正的希望」，因為在教會中見到生命真正的改變。有一次，海波斯在教會內碰見一對夫婦手抱一個嚴重變形的嬰孩，醫生説那嬰孩只有六星期壽命，連海波斯都茫然不知所措。這對夫婦卻説：「海波斯，我們沒有問題的，我們教會的小組一直支持著我們，這女孩出生時他們在醫院，他們更幫我們打掃及煮食，讓我們全力照顧這女孩。他們天天為我們禱告，又每天打幾次電話來，他們甚至協助我們策劃她的葬禮。」然後小組的幾個弟兄姊妹圍上來關心他們。這一幕一生都藏在他的心底裏。

有一次我去新界一間靈糧堂的福音主日講道，有一位姊妹作見證，是一位新移民婦女。她從前日日賭錢，因為實在無所事事，每次輸了錢，她就發脾氣，性格變得十分暴躁。她母親在鄉下信了主，不停鼓勵她在香港也要去教會，她姑且一試。在教會裏，找到了接納自己的朋友，再也不需要去賭錢找尋刺激了，連脾氣也沒有以前那樣暴躁。

我在六年前跟一百位弟兄姊妹去將軍澳植堂，一開始我太太的兒童小組就來了一個頑劣學生小P。當時他就讀小學五年級，在東九龍唸小學時是全校最頑劣的學生，剛搬進將軍澳，轉校後亦全校「知名」。在小組內他完全不投入，甚至刻意背向全組，完全不可理喻。幾年下來，在教會和學校對他的接納和教導下，他生命完全改變過來，才發現原來他聰明頂透。他現在看的書不少是我在大學時才讀的，又拿出「畢生」積蓄自費去短宣。他父母作見證說，沒有教會，小P今日不知道境況如何。小P現在還每星期來我家一次。

我自己帶一個大專生小組，組內的小W一向十分自卑，出生時父親幾乎賣了她，在中學時又被同學打，剛來我教會時也顯得缺乏自信。教會的小組對她的接納，加上大家不停鼓勵她事奉，現在她是初中生的導師，比任何導師更委身，所有初中生都十分喜歡她，是一個人人愛戴、揮灑自如的大專生。

我們常說本性難移，自卑、頑劣、好賭及種種人間慘事，連社工、大哲學家、大教育家都束手無策，偏偏在教會卻可以改變。這些故事在各教會比比皆是。當教會發揮出真正功能時，可以改變人的生命，潛力決非任何其他事情可以比擬的。

不能隔岸觀火

但你可能會投訴，現實中的教會經常發揮不到真正的功能，與理想相去甚遠。潘霍華在《團契生活》針對這觀點有一段發人深省的說話：「一個信仰羣體的破滅很多時因為某人的夢想，一個本來認真的信徒，覺得這羣體『應該』是這樣那樣的……所以事情不合心意時，便指摘其他弟兄，繼而指摘上帝，最後絕望自責。其實上帝的恩典一早粉碎了這些夢想……因為祂遠在我們走在一起前，已經奠下我們團契的根基，藉著基督把我們連繫在一個身體。」

去年我教會五週年紀念，我們一起來植堂的一百個弟兄姊妹心中充滿感恩。那天我們感恩崇拜，四百個成人，一百個中學生，一百個兒童共六百人聚首一堂。母堂宣道會北角堂的蕭壽華牧師在崇拜中講道，提到他年輕時有一次去教會的生活營，晚上與幾個「老友」談天説地，話題總離不開對教會的批評指點。正批評得興高采烈，蕭牧師猛然省覺，這做法簡直是隔岸觀火，在批評教會中尋找快樂。我估計當時他是教會的青少年部部長，我是初中團副團長。我當時也不時隔岸觀火，空口説大話批評教會。

但現在我信念改變了。我相信：「本地堂會是世界真正的希望，而堂會的未來基本上在其領袖手裏。」倘若我們作為領袖的，也不能確信這信念，居然隔岸觀火；那麼教會就真的沒有希望了，世界也沒有希望了。你是否相信：世界的希望就在你的手裏！是上帝把它交付在你手裏！

我走訪了超過一百間香港教會，總結經驗，得出的結果，亦是我親身經歷，是領袖們首先要有清晰堅定的信念，深信本地堂會在上帝計劃中的價值。在成功的堂會身上，我每次都察覺到這股信念。

·信·徒·反·思·

1. 你是否也確信「本地堂會是世界真正的希望」？
2. 你是否經常對教會説長話短、隔岸觀火？還是願意委身教會，一起去改變生命、改變世界呢？

總論篇：

建立生生不息羣體的策略

第1章

教會與足球隊：「有機使命團契」

走訪了一百三十間香港教會，深深感覺有生命力的教會，都會認真思考教會的本質，把教會的發展建基於這本質之上。這本質十分獨特，有別於世上大部分的組織。二〇〇三年我在《時代論壇》有個專欄叫「教會CEO」，加上我自己在商界當過行政總裁（CEO），引起不少誤解，部分回應文章，批評我嘗試把商業原則引用於教會。事實上我絕對無意這樣做，而且我作為一個策略顧問，諮詢的範圍也不限於商業機構，我也接觸大量非牟利的社會服務、藝術、教育機構，甚至公營機構。既然有人批評我是把教會「商業化」，我在否認之餘，也花了不少心思，總結訪談眾教會的經驗，重新確立教會的本質。到底教會是一個怎樣的組織？與以上各類組織有甚麼不同呢？

我認為教會的本質是一個「有機使命團契」（organic mission group），但我恐怕這說法太學術、太抽象。在人類的社會裏，組織上也屬於「有機使命團契」的，還有各種球隊，所以我以「足球隊」來比喻教會，方便討論。作為「有機使命團契」，教會有四個與其他機構和組織不同的特質：一、沒有「供應者」和「受眾」的分別；二、教會是由改變生命的關係主導的；三、教會是「全民皆兵」的；四、教會不是個聯歡會。

1.1. 教會只有球員，沒有觀眾

以下是我在不同教會聽過最普遍的評語：

- 教會不關心我們。我家裏出了事，也沒有人來家訪。
- 教會不重視家庭生活。傳道人只會不停邀請我們事奉。
- 我對教會很心淡，牧師在講台上大言不慚，其實不吃人間煙火，不知道我們日日面對的困難。
- 教會根本不關心政治發展，從來沒有表態，也不鼓勵人參政。

我不是想在這一章討論以上帶出的具體問題。我是想討論發言者用「教會」這個詞語時的心態，完全是一個觀眾或受眾的心態。不少人說「教會」，心中想的是「教會當局」或「教會當事人」，即教牧長執，用法跟我們說「政府」差不多。於是教會成了一個供應者、服務提供者，或起碼是一個當權派，一種建制。這當然是對「教會」的錯誤了解。

教會的本質是一個「有機團契」，就是一個關係密切、血肉相連的羣體。這個本質在新約聖經講得很清楚。聖經說教會是基督的身體，教會內的弟兄姊妹是互為肢體的，這就是「有機的團契」，肢體各部分是真正血肉相連的，其中一隻手指斷了，不停流血，全身體受到威脅，甚至有性命危險。基督是教會的頭，這又叫人想起葡萄樹與枝子的比喻，這比喻再一次強調血脈相連的關係。難怪我們說教會是一個屬靈的家庭，信徒更以「弟兄姊妹」相稱。

耶穌基督更為教會內的生活建立了美好的榜樣。在祂三年多的公開事工中，事實上祂花了大部分時間，建立一個穩實的門徒小組，日夜與共，朝夕相對。這種關係異常密切，憂患與共的門訓模式，在耶路撒冷的教會更徹底地體現，他們共同生活凡物公用。我們今日不一定要用這種模式建立華人教會，但其展示的教會本質卻歷久常新、千古不變，即教會是一個關係十分密切的羣體，一個「有機團契」。

不少人在心態上把教會當成「供應者」，甚至「當局」都是十分危險的。世界上大部分的組織，其存在主要目的，是向其他人提供某產品或服務，而接受這些產品或服務，就是其顧客、觀眾或受眾。商業機構提供收費的產品或服務，學校提供教育，社會服務團體提供輔導及援助，藝術機構提供表演，公營機構提供公共設施及服務，以上受眾不同、服務不同、財務安排又不同。但本質上，仍然有「供應者」和「受眾」的分別。

但教會本質上與他們完全不同，大家來到教會，並不是要享受或接受某種服務，而是參與教會，成為其中一分子。以足球隊來作比喻，教會作為一隊足球隊，每個人都是球員。這裏只有球員，沒有觀眾。勉強要找個觀眾，那麼觀眾只有一個，就是上帝，在觀看我們這隊球隊怎樣為祂打一場精采絕倫的球賽。當然祂不是一個真正的觀眾，祂是在場內與我們一起並肩作戰的。

1.2. 改變生命的關係主導

不少讀教會學的人（甚至一般信徒）都聽過以下兩句老掉了牙的話。"Relationship is the first word. Relationship is the last word."（「關係是開場白，也是結語。」）是怎樣的關係呢？就是改變生命的關係，所謂「生命影響生命」。我說教會的一切基礎，首先是源於元首基督，再藉著改變生命的關係為主線發揮出來，相信沒有人會有異議。問題是大部分人只是說說而已（pay lip's service），並非以此建構教會。我敢大膽地說，在我訪談的一百三十間教會中，不到一半的教會真的以「改變生命的關係」為基礎。當然沒有人會自己承認這一點，這絕對是我個人主觀的估計。

這本書就是探討如何落實真正的「改變生命的關係」主導的教會發展。例如在事工規劃上，要著重以羣體的建立（吸引與留下）來改變生命（委身）。在堂會的事工分工及資源配置要配合不同的羣體（「區」）的建立及健康成長。教牧的生命質素，首重如何開放生活，與信徒建立「改變生命」的關係。要激勵信徒事奉，也必須以這種關係為基礎。

前陣子訪問中華基督教播道會恩福堂堂主任蘇穎智牧師，他在結尾時也千叮萬囑談到教會的本質就是改變生命的關係。在短短的訪問中，已碰上了他透過關係改變生命的無數例子。一個黑社會分子，原本是長沙灣、深水埗的「區頭」，回來教會兩次查經覺得很悶，最後因為蘇牧師的談道和關係建立，相信耶穌，生命徹底改變，現在熱心事主，在教會管理十分多的事務。還有「無間道」式的警察如何改變的見證。一切都是從使生命改變的關係開始。

面對各位牧者長輩，我只能謙卑學習。我作為一個長執，希望可以作傳道人的「副手」，也學習怎樣建立「改變生命的關係」。我與傳道同工一起負責自己教會的少年事工，其中一個我親自把守的關口，就是與眾少年領袖(主要是大學生)建立「改變生命的關係」。我深深明白建立關係需要大量時間，包括交誼的時間。每星期四晚上，我都與他們在教會開門訓小組，然後與他們漫步二十分鐘，再一起宵夜(對我是晚飯)，才乘車從將軍澳回到太古城家裏。主日我很多時要到外間教會講道，但我風雨不改，例必「飛」的士回將軍澳與他們吃午飯。

有一次我在屯門區某一間靈糧堂主日崇拜講道後，用講員費「飛」的士回將軍澳——車程約四十五分鐘——與他們吃午飯，午飯後其中一個大學生把我拉在一旁，神情有點不大對勁，原來她父親剛去世，不知道怎樣應付隨之而來的種種佛教儀式，而又沒有勇氣與其他組員分享。我先安慰她差不多十五分鐘，才解釋如何處理禮儀方面的事情。我每個星期都在這批組員身邊，就可以確保他們在最需要的時候可以找得到我，這樣建立了關係，以後再塑造其屬靈生命與及激勵其事奉就容易得多了。這位姊妹剛答應我當上大專組的關顧組長。

1.3.「全民皆兵」的教會

教會如果是支足球隊，就只有球員，沒有觀眾。宗教改革時，馬丁路德提倡「信徒皆祭司」的觀點，帶我們重回新約教會的路線，此後幾百年來「全民皆兵」一直是更正教的口號。在我訪談的百多家香港教會中，分成四大類。第一類是傳道同工們在唱「獨腳戲」，是表演者或服務者，其他信徒都是「觀眾」。第二類是傳道人和一小撮(大約十分之一)信徒忙得不可開交，其他信徒則沒有參與。這兩類加起來大約佔四成。第三類教會，「大部分信徒」(四至六成)都有事奉，問題是事奉大都不是直接「改變生命」的事奉，即不是佈道、關顧、栽培、門訓的事奉，某程度上是為了「全民皆兵」而「全民皆兵」，教會裏一下子出現大量「非改變生命」的事奉。這類教會最多，約佔我訪問中的一半。

第四類教會約佔一成，是真正「全民皆兵」的教會，大量信徒站在前線傳福音、關心新來朋友、栽培人，真正做「改變生命」的事工。播道會恩福堂有幾百個至一千個這樣的信徒，很多是不停出隊的三福隊員，幾百個組長，還有組長的導師(mentor)。五旬節聖潔會永光堂是一間六千人的教會，只有幾個傳道人，一切事工由平信徒一力承擔。不少剛植堂的教會，十多個信徒人人努力佈道，努力在前線做栽培和改變人生命的事工。如果你問，是甚麼使教會「全民皆兵」，人人委身在改變生命的事奉，答案就是由教牧開始，全教會都經歷過「改變生命的關係」，關係穩實，就容易激勵事奉，經歷過在這種關係中的生命改變，就願意付出去建立、造就其他人，更具體的方法我會在另一章介紹。

1.4. 教會不是聯歡會

作為一個「有機團契」，教會的本質是關係性、參與性的。在教會只有球員，沒有觀眾。我作為《教牧分享》這本刊物的編委，有一次邀請了十多位不同教會的教牧同工，討論教會領導的問題，大部分教牧異口同聲的説：「關係第一，事工其次」。要領導這個「有機團契」，最重要是建立與信徒的關係，正如要成為一隊出色的足球隊，隊友間的關係和默契是至為關鍵的。

但教會卻是一個有機的「使命」團契。世界上有不少社團組織，都是有機團契，其存在目的，也十分強調關係密切、彼此關顧，更不時舉辦各種聯歡及聯誼活動，一起吃飯、唱歌、跳舞，總之是吃喝玩樂。有時教會也逐漸變成一個社團組織，只不過形式上以屬靈的活動，取締吃喝玩樂，但實際上仍是以大家開開心心、關係融和、增進感情為目的。在我訪問過百多間香港教會中，我敢説有近一半教會，骨子裏是這樣想的。當然不會宣之於口，但心底裏覺得只要大家開心、關係融洽，其他一切可以「將就」。這是把教會變成「聯歡會」式的社團了。

教會絕對不是一個聯歡會。關係是教會的根基，卻不是其目的或使命。教會的本質就包含使命性，沒有使命方向的教會，會馬上失去生命力，生命枯萎，百病叢生，樣樣都像出了問題。這跟足球隊有點接近，球隊一上場就有一個清楚的目標，就是把球送入對方的龍門，這是球隊的「使命」。你有沒有見過球隊上場踢波，在場中吃喝玩樂、唱歌跳舞，偶爾踢一、兩腳，然後告訴你：「踢球並不重要，最重要是大家關係好」？這樣的球隊沒有生命力，最後關係也不會怎樣好。缺乏清晰使命的教會就像這一支荒誕的球隊，而偏偏接近一半香港教會是這樣荒誕的。

到底教會的使命是甚麼呢？我認為香港華人教會的核心使命應該是使人作門徒，就是吸引未信主的朋友加入教會，作個委身基督委身教會的門徒。這一方面有新約聖經的印證。大使命是十分清楚的，耶穌在福音書末段留下給教會的使命是：「所以你們要去使萬民作我的門徒，奉父、子、聖靈的名給他們施洗。凡我所吩咐你們的，都教訓他們遵守，我就常與你們同在，直到世界的末了。」(太廿八：19～20)。使徒行傳一章又記載，主臨升天前，又再吩咐我們要為主作見證，直到地極。使徒行傳就是「早期教會行傳」，而早期教會使命十分清楚，就是到處建立堂會，使人作主的門徒，加入教會。聖經神學為這個教會使命的方向提供了無法置疑的基礎。

1.5. 教會的使命是使人作門徒

從經驗實踐上，這個使命更顯得重要。訪問過百多家香港教會，毫無疑問，生命力最強的教會，絕大部分是身體力行做佈道，為主使人作門徒的。這些教會沒有因為努力佈道而覺得內外不能兼顧，反而信徒更加委身，人人努力事奉向前，靈命也增長，領袖輩出。反之，不努力佈道的教會，總是連其他事工也做不好，總覺乏力，百病叢生。這不單是我主觀的假設，而是我客觀的觀察。當中最令我印象難忘的是少年事工的取向。大部分教會只集中照顧信徒的子弟，不做少年佈道，結果連子弟也留不住，到了高中或大專就離開教會，或是若即若離，絕不委身。反而專注做少年佈道的少數教會，大大蒙恩，外間的少年人固然來了不少，連子弟也留住了，更委身事奉教會、事奉上帝。

這個觀察不是偶然的，其實印證了教會的本質是有機使命團契，違反本質辦事，最後不會成功。正如一支足球隊，倘若不著意入球，初時以為這樣踢足球沒有壓力，大家更開心，關係更融洽。結果是大家變得散漫，球員不來參加訓練，默契也失去了，每次打波只寄望散場後一起去茶聚，過了一段日子後，核心分子覺得沒有意思，也漸漸不來了。不是每一隊球隊都是巴西國家隊，但每一球隊都應努力做到最好，實踐自己的使命。

1.6. 做個教會fans，委身於一間教會

教會雖然沒有觀眾，卻有fans(即球迷)，每個會眾都是一個球員，但

同時亦是球迷。球迷是忠實支持某間球會的，同樣每個信徒必須忠實支持一間堂會，委身於這堂會。這是教會作為「有機使命團契」的另一種體現。

告訴大家一個祕密，其實我從來不踢足球，也絕少觀看球賽。基本上我是每四年才看一次球賽，那當然是世界盃了。二十年前我第一次看世界盃，決賽是荷蘭隊主攻，另一隊主守，雖然荷蘭隊落敗，但他們全能足球的風采已使我成為忠實球迷，一直擁戴到如今。他們經常令人失望，從未贏過世界盃，二〇〇二年連決賽週也入不了圍，但我從一而忠，從不後悔。

對教會，我們也要有這種委身。不少信徒在教會碰過釘，於是變得低調，又或者不停轉會，又有不少人在外面參與機構，覺得比較容易，因為自由組合，可以選擇同道中人。又或者偶然在某些時空下，比較方便走在一起，像不少大專生的小組或辦公室的信徒小組。又或者覺得「外面」比較容易佈道，接觸面比較廣闊。所有這些努力我都大力支持，也親身參與推動過不少。但我不能不強調，上帝的使命的「主體」是本地堂會，任何信徒在任何時間都應該積極委身於一間堂會，其他一切都只是輔助性的。

重點倒不是你叫它做「教會」或「機構」或「小組」，而是其本質。本地教會的本質是「有機團契」，即長期彼此委身的信仰羣體。信仰只用來説説談談，風花雪月有何難？又有甚麼價值？基督教的信仰是要具體落實在一個彼此長期委身的羣體中。我們是某個堂會的「肢體」，肢體不會隨意在不同身體上轉來轉去。「外間」一切都是美好的，唯一問題就是不用委身，而只是在特定範圍、時間上的隨意組合。今日大家想談論某類神學或教會問題，就搞個講座談談，明天我就沒有必要理你。今年大家在同一個院校讀書，天天見面查經，明年畢業就各自修行，最多每季聚一次頭，聚舊聚舊。

教會卻是年復一年，彼此委身，風吹雨打，每個星期見面，一齊面對每次人生和信仰危機。縱然你不喜歡某人的作風，也必須接納他，一起上路。這就是彼此委身的羣體，就是基督要我們鍛鍊委身、鍛鍊承擔的地方。我在訪談眾教會的經過中，親身見證一個事實，每逢人對教會缺乏委身、缺乏承擔，繼而則對信仰的各方面也缺乏承擔、缺乏委身（只是遲早的問題）。我沒有太強的宗派主義，基本上認為信徒加入已建立的宗派堂會比較好，因為凡事有機制，運作起來比較輕省，不會事事要重新建立機制。但倘若你多番嘗試都認為找不到一間適合你的堂會，我也絕不反對你找幾個志同道合，彼此委身的信徒，一起建立一間新的獨立堂會，只要你們真正長期委身，努力佈道，我仍然舉腳支持。在我訪談的百多家教會中，亦有幾家這樣的堂會，一樣健康成長，榮神益人。但我完全反對任何信徒對自己堂會若即若離，無可無不可，背後只懂得批評，覺得在「外間」遊走更容易。

這就是教會的本質，成功的教會都重視這個本質，做個有機使命團契——使命清晰（為主使人作門徒），彼此委身，重視關係，全民皆兵。

・信・徒・反・思・

1. 你有沒有把「教會」當成「教會當局」？
   把自己當成是觀眾呢？
2. 你有沒有參與服事教會呢？
3. 你有沒有以大使命為人生主要目標呢？

第2章

造門徒三步曲：吸引、留下、委身

上一章提過有一次我以《教牧分享》這刊物編委身分，邀請了十多位不同教會的教牧討論教會領導的課題，大部分都認為「關係第一，事工其次」，不過當中有幾位認為這說法不盡正確。他們見過有些教牧，自以為與信徒的關係良好，未能跟上信徒與教會發展的需要，最後要離開教會。又有一次我與幾位教牧在社交場合閒聊，談到他們教會的發展策略，其中一位待人極和藹可親的牧者，不假思索，衝口而出：「策略並不重要，最重要是關係。」我當然百分百同意關係是教會的根本，是最重要的，在上一章我已詳細介紹過。問題是在牧者心目中，關係與策略是對立的。其實，關係有好有壞，同樣地，教會策略也有好有壞，壞的策略勉強行之，不著重關係性，好的策略則返回教會的本質，以關係為本。

總結百多間教會的經驗，成功以關係為本的教會策略，就是按分區來造門徒三「步」曲（取「步」與「部」的諧音，著重一步步循序，後同）漸進的意思。分區就是按不同特定羣體，來實踐為主造門徒的三步曲。三步曲就是誠實回答三個問題，即對這羣體來說：

1. 是甚麼吸引未信主的人參加教會（吸引）？
2. 是甚麼使他們留在教會並信主（留下）？
3. 是甚麼使他們委身基督，並委身服事教會（委身）？

2.1. 從外而內的教會

華理克牧師談目標導向教會(purpose-driven church)，講教會的五大目標，不少教牧對此有所誤解，以為他是講教會的五種活動。其實華理克牧師是講如何使未信主的朋友成為門徒的五個階段，我將之再濃縮成為三個階段，叫這個做「為主造門徒三步曲」。在〈模式篇〉我會有詳細比較華理克牧師與我的進路(見本書頁99)。總而言之，我自己認為這裏介紹的造門徒三步曲，其實等同目標導向教會的策略。

這方法的第一個特點，是由外而內的策略。一般教會每年有萬花筒般千百樣的節目，都是先針對本身會眾的，只不過偶爾有一些針對外人的活動，例如每年一、兩次的佈道會。這三步曲卻表達了成功教會與別不同之處，是其策略永遠從未信的朋友開始。例如少年事工，一般教會只會問：「我們要怎樣做好基督教教育，教好會友的子女？」而從外而內的三步曲就首先問：「我們要怎樣吸引外邊未信主的少年人回來？回來後又怎樣使他們留下來呢？」又例如中年男士事工，一般教會問：「我們怎樣協助中年的教會弟兄，加強夫婦溝通，面對經濟難關呢？」從外而內的三步曲就會首先問：「面對經濟和家庭困難的未信主的男士，我們可以怎樣接觸他們呢？要怎樣表達我們的愛，把他們留下來呢？」實踐這三步曲的教會是把大使命付諸實行的教會，凡事從外而內(start from outside)，先為未信主的朋友著想。

2.2. 吸引(Attract)：關係性羣體主導的策略

這三步曲的另一大特點，是以個人參與這羣體的程度為三步曲的里程碑。這就是關係主導的策略的真正落實。傳統的教會策略，主要是從個人成長的角度來衡量教會發展，一般是以知識的傳授和認知作準繩，著重個人聽福音、接受栽培、最後全面認識聖經和教義，於是教會就變得像一間學校。近年有人提出另外一套三步曲接觸(reach)、建立(build)、差遣(send)，強調使命與差傳，但仍然是個人成長主導的，教會由學校變成宣教訓練中心。

我講的三步曲卻不一樣，是吸引、留下、委身。接觸是去接觸個人，吸引是吸引他們進入羣體；建立是建立個人，留下是把他們留在羣體中；

差遣是差遣個人出去，委身是使其委身於教會、服事教會。當然兩者有點互為表裏，留下在教會中自然被建立，委身於教會自然要實踐大使命。但重點卻不一樣，我認為教會作為一個羣體的策略主線是吸引、留下和委身，而接觸、建立、差遣只是其中一些活動。個人參與並委身於羣體的程度才是最可靠的指標。這個既是個人參與羣體的三步曲，亦可看為羣體成長，生生不息的三步曲。

2.2.1. 以愛按其需要把人吸引回來

你可能會覺得我荒謬，太學術性，為了建立「關係和羣體」為本的策略，無中生有，來強調吸引、留下、委身比接觸、建立、差遣重要。但我這個傾向，並非基於理論或個人的神學，而是基於對全港百多家教會——即接近十分之一的香港教會——的詳細分析及觀察。讓我先拿第一步吸引人來教會談一談。對每一家接受訪問的教會，我都不厭其煩，詳細查問現在的會眾從前是怎樣來到教會的，結果相當清晰。

首先，最傳統的方法是每年開一、兩次佈道會，甚至每個月辦福音主日，然後大家邀請親朋戚友回來。這個保守的做法顯然有效，但過了一段日子後，便會慢慢失效，而且很多時會步伐緩慢。於是有一段日子，不少教會進行「跑出去」的策略，到街頭佈道做個人談道，但令人震驚的是，百多家教會中幾乎無一成功。這種與事先不認識的人談道的方法，決志信主比率絕不低，但最終回來教會並留下的幾乎絕無僅有。我只見過一間處境十分獨特的教會用這方法建立一個活潑的羣體。沙田浸信會的梁廷益牧師的反面經歷最戲劇化，他用了一整年帶領一大班信徒在街頭談道，決志人數數以百計，又努力電話跟進，最後因此而返教會的只有寥寥數人。這經歷使他徹底轉向關係性佈道。

關係性佈道其實是用兩個方法去將人吸引到來教會，那就是愛和服事人的需要。後者在自然教會發展的理念中叫做以需要為本的福音工作(Need-based evangelism)。關心老人家的身體，與婦女講親子，與青年人講戀愛，與少年人辦興趣班，都是例子。但這不是在正常教會羣體以外，舉辦一些福音預工活動，而是平日的信徒羣體自己舉辦，大家一齊參與，因為只有這樣，才能真正與新朋友建立關係，以此表達基督徒的愛。很多時候也不一定要另外舉辦活動，單單憑關係，主動邀請親朋戚友回來教會便可。而教會的團契和小組，就要有大量適合新朋友來參加的活動。成功的吸引，不單單叫人來「聽道理」，而是邀請人參加一個適合他的羣體。

2.2.2. 跑出去的目的還是要引進來

「跑出去」是否沒有用？當然不是。跑出去可以與更多未信主的朋友建立關係，建立信任，方便邀請他來教會。但要切記，重點是吸引他們來。例如近年青心等青少年機構舉辦福音的士高(disco)，讓各區內教會的青少年導師與邊青建立關係，邀請他們返教會。這種「跑出去」是輔助性的，在我見過的百多間教會中，最後被吸引去到教會的人，通常在頭半年已經開始返教會，接觸很久也未能被教會吸引的，將來會返教會的可能性很低。教會應該檢視模式，看看是甚麼妨礙他們回來。

「跑出去」的策略之中，街頭佈道效用最低，唯一比較有效的，是最傳統的逐家逐戶家訪。在我訪問的百多家教會中，大約有六、七家教會是這樣起家的，即在植堂階段，組成五至十人佈道團，逐家逐戶家訪佈道，再邀請他們回來，這六、七家教會都成功以此建立最初十至二十個信徒，其後透過這批初信者再邀請親朋戚友回來。我從前在英國也向越南移民做過兩年逐家逐戶家訪式佈道工作，也發現此方法比較容易建立信任和關係，可以再用關係邀請對方到教會來。可以上門一次，就可以上門很多次，多次在家中閒話家常，表達關心，就建立起信任和關係，邀請也更方便。這方法也特別適合於做婦女工作。

切記切記切記，跑出去的目的就是要吸引人進來。這不是自私自利，只是體現一個事實，福音果效的第一步就是參與福音大能的羣體。所以真正的第一步是吸引，吸引人到這羣體中。

2.3. 留下(Keep)：主要問題是留不住新朋友

這三步曲中，毫無疑問，最重要的是第二步：留住未信朋友。偏偏這一步就是教會普遍做得最差的一環。其實留下又可分為兩部分，首先是令第一次回來的新朋友，重覆多回來幾次，然後是怎樣使其穩定長期參與教會。在我訪問的百多家教會中，即使是以後者來計算比例(即有多少已來過幾次的未信朋友最終留在教會穩定聚會)，最好的教會也不過百分之五十左右，不少教會是百分之十左右。後者不一定是低增長的教會，比例偏低有時是第一步規模龐大吸引力甚強，引致第二步青黃不接，但實際數字仍不錯。例如一些大型暑期學生活動，吸引一、二百人來了幾次教會，最終十至二十人留下。但日子有功，幾年下來還是建立了近百人穩實的少年佈道事工。我擔心的倒不是這比例的高與低，因為我不迷信數字，事工可快可慢，各有各做。我擔心的是很多教會這個比例是接近零。清楚一點的來説，我訪問的百多家教會中，有百分之二十至三十，過去五年內雖然仍有新朋友來參加教會，但差不多完全留不住。

我以留住人在教會作為第二步的指標，而並非受個人決志信主或接受栽培、建立之類傳統做法的影響。福音、慕道、栽培，我全部都做，不要以為我離經叛道。但我在研究中發現，一個人最終是否堅定不移跟隨主，決定性的因素主要是他是否長期穩定地參與教會這個羣體。事實上，我不停問人為何信耶穌，十之七、八都説因為在教會羣體找到愛的接納，信仰的肯定，或彼此的支持。美國的城市信仰研究也發現，一個現代人信耶穌，決定性因素是身邊有五、六個背景相近、意氣相投的朋友都是信徒，而且用愛心、用行動持續鼓勵他們信耶穌。

2.3.1. 愛的羣體吸引人留下

所以造門徒三步曲的第二步，亦是最重要的一步，是在佈道、栽培的同一時間，讓新朋友深入認識教會的弟兄姊妹，了解這彼此相愛的羣體，最後他(或她)決志時，是同時接受基督為主和救主，也是心甘情願加入這互愛的羣體。佈道時同時建立關係極之重要。啟發課程(Alpha course)的內容是否適合香港的教會，我有點保留，但進路是值得學習的，事實上不少教會不用其內容，但仿效其進路。一連十三堂，每次均全組人(一半未信、一半已信主)一起吃飯，每堂又有個人分享，季末更一起參加營會，結束時每組關係已十分密切，互愛羣體已經成形。小組教會用更直接的方法，一組人或幾組一起辦福音性活動，一連幾次，次次所有組員一起參與，幾次下來新朋友已認識了所有組員。

新朋友來教會，建立了一定的關係，就千萬不要隨意破壞這關係，要求他重新適應。不少教會有很多人決志後加入初信栽培班，好不容易留下來與其他初信者認識了，又接受了導師的屬靈指導，教會卻在兩、三個月內結束這些班，希望把組員「轉介」去某些團契或主日學。關係是不能「轉介」的，這個模式使大量朋友流失。我深入訪問過一些十分有心志的栽培班導師，他們甚至親自把初信者逐個逐個帶去參加不同團契，最後還是徒勞無功，只有跟導師參加同一團契的才留下來。

有見及此，愈來愈多教會，把栽培事工結合到團契或小組事工內。小組教會的初信者回來馬上參加一個長期性的小組，通常在組內做單對單栽培。筲箕灣浸信會叫這個栽培做「屬靈指南針」。不少教會像九龍城浸信會，是在團契時間內開栽培班，參與者感覺是團契一部分，完成後已與團契各弟兄姊妹混熟，自自然然地留在團契。倘若你仍然十分喜愛傳統的栽培班，你還可以考慮把它長期化，一做便做一至兩年，使其本身成為一個小組或團契，在兩年內有很多時間慢慢使其組員融合到其他小組中。不過這模式十分吃力，要十分委身的栽培班導師才可能成功。五旬節聖潔會永光堂是這樣做青年栽培的，有一兩間中華基督教會也是這樣做。

2.4. 委身(Commit)：投入改變生命的事奉

造門徒三步曲的第三步，就是使人委身於基督、委身服事教會。委身就是把自己全然獻上，心思意念以至行動都全然獻上。委身於基督是必然的，但亦容易流於抽象，最具體亦最能持久的方法，是把委身落實於服事教會上。怎樣服事呢？既然三步曲是教會策略的主線，到了第三步的弟兄姊妹，首要任務就是回去委身做第一步和第二步，也就是努力吸引人回到教會和竭力藉著愛心把新人留在教會。做到這一步，三步曲就成為一個良性循環，生生不息，代代相傳，羣體也健康地成長。

這個道理倒人人明白，每間香港教會亦自稱在推行，但華人教會普遍的毛病，就是實踐這理念時，不讓初信主的信徒直接參與前線改變人生命的事工，吸引人來教會及留人在教會。傳統的知識傳授主導思想，令我們覺得信徒要五年，甚至十年，信仰根基穩固、聖經知識充足，才可以去前線服事。

有一次我替新界一間四百多人教會做諮詢工作，那是第三次交談了，他們把全教會的事奉人員名單拿來給我研究。四百個會眾中，有三百三十人事奉，佔八成多，也算是全民皆兵了，但我細心一看，崇拜部有六、七十人，就問其究竟：「是否很多人是詩班員呢？」牧者答：「不是。詩班員屬於聖樂部。」我以開玩笑方式問：「不會六、七十人輪流講道或做崇拜主席吧！」牧者答：「當然不是。絕大部分是崇拜招待，輪流當值。」我又問：「他們是否要認識並負責跟進新來的朋友呢？」牧者答：「又不是，跟進新朋友有其他人負責，他們只是派派週刊，替新朋友填填資料表。大部分招待是信主兩、三年的朋友，我們不放心他們做其他事奉，便叫他們做招待，學習事奉。」

老實說，這情況在各教會屢見不鮮，只是這家教會比較極端。大家試想想，派派週刊，替人填填表，又可以學習甚麼呢？在另一間教會，一些初信主的年青人就是做這些事奉，還要崇拜前搬搬抬抬，我與其執事討論，他還堅持了半個小時，說這些可以鍛鍊他們「忠心」事奉。

2.4.1. 初信者與事工一同受益

教會真正的事奉原只有一個，就是使人作門徒，任何信徒一開始穩定返教會，有得救確據，便應該訓練他在前線事奉，六至十二個月後，便正式讓他在前線做吸引人歸主、並留人在教會的事奉。在前線使人生命改變，參與羣體的事奉才是真正的事奉。在我的觀察中，健康發展、人人委身的教會，大都在信徒信主初年便鼓勵他們積極參與前線的佈道、留人事奉。這有何重要呢？

從初信者的角度講，只有在這種改變生命，直接服事人的事奉裏，他們自己才有真正的靈命成長。這種事奉使他們從「受眾」的心態過渡到「領袖」的心態，從「接受」過渡到「施予」。在不同教會碰過很多弟兄姊妹，在前線事奉的頭一年是靈命成長最突出的一年，靈修開始穩定，讀經的熱誠大增。教學相長的道理，在教會最為明顯。同樣重要的，是必須在初信階段建立清晰的事奉習慣，使其清楚知道教會以至信徒的真正使命，是使人藉著回到教會，生命得到改變。初信階段養成此習慣，就一生委身事主。到他成了屬靈「老油條」，才要他改變過來，就千難萬難了。

對教會的發展，這就更顯得重要了。一來初信者仍然充滿熱誠，不怕羞、大膽邀請人到教會，動力最大。二來他們生活圈子中仍有不少未信主的好朋友可以邀請回來。信主年日一超過三年，大部分時間與信徒相處，逐漸與未信的朋友失去聯絡。有時我與一大班「老餅」教會領袖一起做「腦震盪」，搜腸括肚也想不出一兩個未信主的好朋友，更遑論設計甚麼活動吸引其回來教會。在我訪談過的高增長教會裏，這一點是最重要的祕訣，很大部分新來的朋友，既不是資深領袖帶回來，也不是甚麼外展的果效，而是剛穩定返教會的初信者的朋友。

其實連栽培也需要初信者參與，才更有效。永光堂的初信者，在一年的栽培後，很多選擇回到栽培班，身分改變成為栽培員。這些同行者十分重要，因為感覺新鮮，最能體諒初信者的困難，並以親身經歷去協助。

2.5. 以人為本，不是以程式為本

造門徒三步曲，就是確保新朋友被吸引回來，留下來信主，最後委身做第一、第二步前線工作的一條龍計劃。這是另一種運作和策劃教會的策略思維。平常教會領袖走在一起，絕大部分時間在策劃程序或程式(programme)，有些是每星期舉行的、有些是每年一次的，更有一些是配合這一年或這一季的主題的，可以是祈禱、宣教、團契或佈道。無論這些主題如何重要，這種方式最後是以程式為本位的(programme-oriented)。

造門徒三步曲卻是徹頭徹尾以人為本的(people-oriented)，例如我與一個牧師談到其教會的青年事工，二十餘人之中，十個已穩定信主十多年，另外十個在三年多前回來。信主十多年的都在做團契職員，全副精神花在搞內部的週會節目，而團契過去三年也沒有甚麼新人回來。領袖應該關心的問題，是另外的十位還有些甚麼未信的朋友，他們有甚麼興趣，有甚麼需要？怎樣才可以吸引他們來教會呢？這是吸引的問題。那十個職員怎樣才可以叫他們再委身於前線傳福音與造就人的事工呢？牧者是否應該單對單不斷關心、激勵？還是與他們開異象門訓小組？需要安排他們去一個新的崗位事奉嗎？例如邀請他們集體去做少年人導師？又或者牧者自告奮勇做其團契導師，引導其用團契週會做福音工作？

以上種種問題，在這本書不同部分有各種案例作答，在此不詳。但明

眼人一看，就知道問題的重心是人，不是程序或甚麼功能。造門徒三步曲就是目標導向教會，也就是以人為本的策略。

2.6. 踢足球的三步曲

本書以足球隊來比喻教會，其實教會造門徒的三步曲，與踢足球三步曲，有異典同工之妙。造門徒要吸引、留下及委身，等於踢足球要先控球在自己球隊的腳下(吸引)，繼而一直帶球進入對方禁區(留下)，最後把球射入對方龍門(commit the goal)。某些教會從來吸引不到未信朋友回來，這是最大問題的，等於球隊整場波都未控球在腳，完全「任人魚肉」。另一些教會留不住新朋友，就等於球隊拿到了波，帶不過半場，又或者帶過了半場，始終無法進入對方禁區，就失去了球。最後有些教會，信徒倒不少，卻不能委身做第一、第二步，傳福音及留人在教會，就像球隊射門差勁，屢次進入禁區，無功而回。教會這隊足球隊卻有一點「魔術」，每次入了球，足球馬上變成另一個隊員，使球隊更人強馬壯。

・信・徒・反・思・

1. 你在教會有沒有委身於吸引人和留住人的事奉？
2. 你身邊未信的朋友有甚麼需要？甚麼可引起其興趣？怎樣才可以邀請他們返教會？
3. 新朋友回來你的教會或團契或小組，你有沒有刻意去認識、去關心、去努力留住他們呢？

第3章

分區造門徒 vs 分齡牧養

個「區」就是一個特定的信仰羣體，通常按年齡和背景來分，「區」這個詞語是細胞小組教會最先開始使用的，我的用法與他們也一致。在下一節我會談到我認為細胞小組教會是十分好的模式，但不是唯一可行的模式。無論推行細胞小組與否，我都認為分區這概念十分有用。總結百多家教會的經驗，成功的教會總是能對某些背景相若的羣體——即某些「區」——成功地進行造門徒的三步曲，不停吸引未信的朋友回來，把他們留在羣體內，最後在一至三年間使他們委身服事教會。

3.1. 自然健康成長的羣體

領導教會就是為主建立使命的羣體，倘若教會內沒有任何一個區，任何一個羣體，能夠建立起這三步曲，那麼每個區就像一個初生的嬰孩，需要人照顧。當某個區、某個羣體成功建立起這三步曲，就能產生一個良性循環，這區自自然然就會發展起來，生生相息，代代相傳，像一個斷了奶的嬰孩，可以雙腳著地，健康地成長。換言之，它成了一個真正的信仰羣體了。倘若教會每個區都是嬰兒，都要人照顧，那麼教會必然長期停滯不前，而且覺得自己百病叢生，只要有一、兩個區開始建立起三步曲，脫離嬰孩期，教會就明顯充滿生氣。這是我訪談過百多家教會的結論。

3.2. 對「分齡牧養」的誤解

在詳細討論怎樣分區造門徒之前，我希望澄清分區造門徒和一般教會所謂「分齡牧養」不一定是同一回事。現在大部分教會都説要「分齡牧養」，當然其中一部分的做法，跟我所講的「分區造門徒」是一致的（例如九龍城浸信會），但也有不少根深蒂固的觀念潛伏在「分齡牧養」這概念內，不一定與「分區造門徒」一致，更不一定對教會發展有利。我認為一般教會對所謂「分齡牧養」，主要有以下三方面的「誤解」：

1. 「牧養」一詞，在教會普遍被狹義地當作針對「內部」的教會弟兄姊妹的需要，是內向型的事工。分齡來牧養於是很多時變成按不同年齡的會友的生活和靈命需要，來加以牧養、照顧。由於這些需要繁多，於是教會就把大部分資源投放到這些內部牧養上了。結果是教會資源用多了，卻都放在內部的需要上，對外佈道的注意力反而減退了。分區造門徒是從外而內的，雖然仍要顧及各區各羣體的特別需要，卻是先想想這區所針對的未信朋友的需要，以及如何吸引其回來。資源的重點投放是在佈道、栽培及門徒訓練上。當然我這裏是指一般對「牧養」的誤解，其實不少像九龍城浸信會的教會，已廣義地了解牧養，同樣看重分區的佈道及栽培事工。

2. 「分齡牧養」經常被誤解為「不同牧者按分齡來牧養」。結果是把不少責任和事工，從平信徒推到「專業的牧者」身上。這趨勢最明顯反映在牧者的數量上，過去十多年是神學院的黃金時期，訓練出的牧者數目以倍數增長，主要是各教會不停聘請新牧者負責各「分齡」的牧養工作。牧者數量大增，但教會事工以至人數卻是沒有怎樣發展，原因很簡單，是大量事工從平信徒推到牧者身上了，此消彼長，資源沒有增加，反而平信徒參與的動力大幅下降了。這與分區造門徒是背道而馳的，造門徒的第三步是要這區的信徒自己委身服事這一區，代代相傳，人人如此。「分齡牧養」後很多信徒變得更倚賴牧者，「分區造門徒」則產生自強不息的羣體。

3. 「分齡」牧養有時被誤解為對不同年齡都要投放同樣的資源、同樣要看重，於是牧者比以前更分身不暇。「分區造門徒」不一定是區區做，重點是一區一區建立造門徒三步曲，很多時要按部就班，不能貪多。

3.3. 分區好處多

分區造門徒的具體安排，就是每個區、每個羣體，自己負責區內的三步曲，即自己做自己的佈道事工，吸引人參加這區，自己做區內的栽培事工把新朋友留在羣體，並激勵訓練區內信徒，使其委身服事區內其他新朋友。這個做法有以下四個好處：

1. 每區有清晰領袖，專注使三步曲順暢發展。在某些教會，每一區有一個區牧加兩、三個副區牧，區牧和副區牧不一定是傳道人，經常是平信徒領袖擔任。就算沒有正式稱呼，每一區通常有一些當然領袖。這些領袖心無二用，專注確保三步曲順暢，因為每一區通常有二十至一百人，領袖們都認識所有弟兄姊妹，可以以人為單位，清楚了解每個朋友及信徒在三步曲的哪個階段，並具體計劃如何推動每個人步入下一個階段，這是確保三步曲在區內落實和變得具體。

2. 分區比較容易做到「全民皆兵」，發揮全體信徒做佈道、栽培等工作。自己做自己區的福音工作，會產生巨大自發性。即使是全教會舉辦佈道會，各區負責自己的邀請工作，事後自己區負責陪談、跟進、栽培，亦會事半功倍。教會激勵弟兄姊妹事奉，主要還是通過個人關係。用「分區制」，有甚麼事奉，區領袖便可透過其與區內弟兄姊妹個人關係，輕易鼓勵人參與，分區後也容易監察參與程度，通常透過區內各團契或小組便可以了。在中型和大型教會，分區後的改變就最明顯，大型教會的各部門經常出現「有將無兵」的情況，教牧加上平信徒領袖，設計出十分精采的節目或活動，但推動各人參加又或者協助，卻要花偌大力氣、三令五申才勉強成事，最後也容易變成過眼雲煙，不能持續推動。事工分了區來做，領袖與會眾關係密切，一切深化在團契或小組內，事工一呼百應，自然水到渠成。

3. 分區後重視以關係來佈道和把人留住，成功率大大提高。上一章提過，分區的重點是把福音和栽培工作分到區來做，例如九龍城浸信會在區內的團契時間辦福音慕道班和栽培班。新朋友參加時，感覺完全是團契一部分，完成後已經與團契各團友及區內領袖建立一定關係，容易留在教會。九龍城浸信會的張慕皚牧師就指出這一點對其教會更新極其重要。

4. 分區可以針對不同羣體的需要。這一點最多人提到，有點不解自明，我只想強調，分區不單可以針對信徒內部的需要，更重要的是可以針對不同背景的未信朋友，設計吸引他們的活動。華理克牧師在其著作內教我們用繪製側面圖的方法，設定每個區內的「典型」未信朋友的形像，深入了解其衣著、習性、作息、喜好、需要、困難，以此設計區內各活動，由佈道到崇拜到團契，確保每區保持對未信朋友的適切性。

3.4. 不同分區形式

以上介紹的分區模式，只是一種理想的狀態，在實行上不可能每間教會都馬上全面推行，但在我研究過的百多間教會中，健康發展的，都有推行分區，只是形式和程度上不同。大致上實行的形式分為四種：從零開始、全面改革、局部實施、非正式執行。

3.4.1. 從零開始

華理克牧師的馬鞍峯教會就是好例子，教會在加州一開始只有華理克牧師一個人，開動的第一個區就是中產單身的「成熟職青」，百分百從外而內，每一個來教會的人都是未信主的。然後他根據領袖的出現並附近需要，一區一區地啟動，例如青少年區他知道需要很大，但亦等到有適當的傳道人，才啟動這區，專注發展，很快便一、兩百人。他更啟動了不少特殊需要的區，例如戒酒、戒毒等。馬鞍峯兩萬人的教會，其實是一、兩百人一區，一區一區用造門徒三步曲，從零開始建立起來的。

3.4.2. 全面改革

全面改革，一般是中型以至特大型教會的例子。教會內人才不少，領袖也充足，於是便由傳統部門化制度，全面改革為分區制，九龍城浸信會便是其中一例。通常是先用某一、兩區為試點，再全面分區。分區後的成功關鍵是部門大量簡化、精省，把資源化整為零直接放在區內，部門最多扮演支援角色，負責訓練、推動，偶爾為之的合區性(甚或全教會性)活動。倘若部門(特別是傳道部和栽培部，以及某程度上的主日學部)不退居二線，就會產生很多問題，例如彼此重覆的活動、爭奪資源，信徒比前更吃力。甚至最後區只扮演從前團契部的關顧功能，未能發揮三步曲的真義。推動全面細胞小組的教會(例如沙田浸信會)，這種全面改革實行得最徹底。

3.4.3. 局部實施

第三種分區的形式是局部實施，不少中、小型堂會這樣做。最常見是實施於少年區(中學生)和婦女區(特別是基層婦女)，這很多時是形勢使然——因為這些區的聚會時間、活動需要、內容取向，與教會其他信徒不一樣，往往由一個傳道人加幾個信徒領袖負責整個區的獨立運作，所以自自然然沒有用分部制，而用了整個區一起發展的整合模式。倘若認真在區內行門徒三步曲，很多時發展速度比教會整體還要快，分區制的成功可見一斑。例如新界一間二百人的教會，原先只有一位牧師，後來聘任了一位新的女傳道，專心負責少年區的發展，運用三步曲大力佈道，用密切的關係留人，幾年間少年區已達至近一百人，原來的成人部卻沒有怎樣增長。局部實施分區是個好辦法，也不必只限少年和婦女，我在〈事工篇〉(見本書頁139)就大力建議局部分區發展中年中產男士事工，在職青區實施也是十分可行的。

3.4.4. 非正式執行

最後一種形式，其實只是局部實施的一個變種，卻最為普遍，無以名之，叫做非正式執行。讓我舉兩個例子。在一家大約一百人的教會(讓我們叫它做教會A)，有一個二十五至三十歲的職青團，三年前大約有七、八位弟兄姊妹，那時一位姊妹當上團長，決定在團契推動造門徒三步曲(她那時當然不知道這名稱），努力吸引未信的朋友回來團契，大家合力關心新朋友，把他留下，加以栽培，又在其中訓練新的領袖。三年下來團契增長至二十多人。在一家大教會中，有一個很少人注意到的中年弟兄查經班，組長幾年前大發熱心，鼓勵大家邀請未信朋友回來一起查經，又一起分享心事。結果人數倍增，分成兩個查經班。他努力訓練新組長，多了幾個組長後，兩個查經班又分成四個，後來其中一個組長去了外國，那查經班解散了，餘下三個。這兩個例子完全是局部自發的，教會整體仍然不分區，嚴格來説，沒有正式建制「要求」他們做佈道、栽培、訓練。但在大部分情況下，這些非正式的運動，在實際功能上自成了一區，還是教會增長最健康的區。這些例子我在訪談的百多家教會中，起碼碰過幾十次。

3.5. 選擇局部實施的原因

我在《時代論壇》提到教會很多時需要選擇一、兩區（即一、兩個特定羣體）先發展起來，建立完善的造門徒三步曲，這論點受到猛烈批評。我在替個別堂會做策略諮詢時，也清楚察覺到教牧聽到我這方面建議時面有難色。

我當然可以了解這些批評和牧者的困難，牧者的心腸當然希望不論年齡、背景，人人得聞福音，信主愛神，不願一人沉淪。而現實上，倘若明言只做某些區，其他區的信徒便感到被遺棄，會有怨言，甚至投訴。但現實上，一個區要達至造門徒三步曲完整無缺，健康地自力更生、持續發展，很多時要投入不少資源，而教會資源有限——特別是中、小型堂會——再把它們平均分在不同區，以我看見的情況，是最後區區都發展不起來，長期處於「捱打」、被照顧的局面。教會整體也就發展不起來。

特別是中、小型堂會，大部分只能選擇一至兩區，集中火力確保建立三步曲，才按部就班跟著推動其他區。不是不理會其他區，而是不能無限量投放資源，要先集中做好某些區。做好一個區，使其有三步曲的自生能力，我從訪談經驗中認為，最少要一個傳道人超過一半的時間，加上三、五位委身，有恩賜的信徒領袖，專心一意做三至五年，才有下一代的領袖出現，新領袖加入一起事奉就產生下一個循環，循環一建立起來，羣體就可代代相傳，持續地發展。我再強調我不迷信數字，增長可快可慢，有些區可以快至每三年增長一倍，有些每十年才增長一倍（即每年才增長百分之五至十），只要持續三步曲發展，都同樣健康，榮神益人。

問題出現在教會貪多冒進，個個區都想做，結果個個區都資源不足，建立不起三步曲。讓我鄭重強調，我在訪談中碰過的每一間教會，我都認為有能力起碼建立一個有完整三步曲的區。問題是資源的集中程度和心態。另一個常見的毛病，就是一個三步曲剛剛成形，教會便急不及待從區內抽調人手到各部門或其他區事奉，結果區內缺乏下一代前線事奉人手，不能代代相傳、生生不息，我稱這現象為殺雞取卵。就算不至枯萎，起碼就變得停滯不前，像剛才那自發性例子（教會A）中的職青團契，在不少教會中，那些剛剛成熟委身的信徒，紛紛被要求去各部門事奉——詩班、兒童主日學、崇拜招待、街頭佈道、短宣隊——以致團契只有原來的領袖，沒有人手再照顧新來的未信朋友，人數就停留在二十多人了。好的牧者剛剛相反，不單單不抽調人手出去，還加強其人手，使其更健康發展，例如牧者可以親自栽培團契的新朋友或替初信主一年的朋友做門訓，就是好辦法。

3.6. 如何選擇發展哪一區？

教會倘若要先局部建立某一區，應怎樣選擇呢？一般而言，要選最有把握能成功建立三步曲的那一區，這並非捨難取易，而是建立實力。建成了一個區，七至十年後，教會人數增長了，增加了不少委身服事教會的信徒，整體實力大大提升，其他區的問題也容易解決多了。

哪些區最有建立三步曲的把握呢？第一、要容易接觸未信的朋友。一般有兩個方法，一是透過背景相若的朋友邀請，二是教會附近有接觸新朋友的場景，學校就是一個好例子。第二、要會友有能力與這些新朋友建立關係，最好是背景相若，要不然是會友願意學習。第三、是要有適當的領袖，有恩賜又適合做這一區。適合的領袖主要是背景相若或願意去接受這一特定羣體的生活方式，因為成功的佈道模式需要與未信朋友一起生活。至於恩賜方面，關心人的恩賜是必須要的，但亦起碼要有一位策劃能力很強的領袖，不單單策劃短期活動，更要長期策劃三步曲的建立。

具備這條件的區，最大機會是與該教會核心會眾年齡、背景相近的羣體。但有時教會在「別無選擇」下必須鼓勵信徒「跨區」做佈道、建立新的區。「別無選擇」的情況有兩種，第一是缺乏少年人和青年人，這些是教會的未來。若斷了層，教會不停老化，十年二十年後教會便出現大危機。另一個情況是上帝安排了偌大禾場在教會面前，就不能視而不見。最明顯例子是不少教會有彼此聯繫的中學、小學，又或者有大量老師在教會附近做教師，不斷接觸大量學生。不斷有機會大量接觸未信朋友還不認真服事這個羣體，上帝是會追究的。

・信・徒・反・思・

1. 你在教會屬於哪一個正式或非正式的「區」呢？
2. 你有沒有委身去服事這「區」？建立這「區」？還是被動地等待教牧來「牧養」你呢？

第4章 策略領導：切實可行地做

我昨天晚上做了一個奇怪的夢。我夢見自己在法國做了一個水手，上了一條船，正準備出海，一羣水手正在聽船長訓話，船長顯然是一個冒險家，還以慷慨激昂的語氣發言：「這是一次人類歷史上最偉大的旅程。我們會踏遍七大洲、五大洋，去展現我們法國人自由的氣息、偉大的胸襟！」掌舵手發問：「我們今天出發是去英國、荷蘭、瑞典，還是橫渡大西洋去美國呢？到底今天的目的地是哪裏？」船長答：「我已經説過了，目的地是七大洲、五大洋！」掌舵手又再問：「那麼現在是向北、向南，還是向西呢？」管船倉的也問：「倘若是向西出大西洋，那麼物料是不足夠了，要給我多些日子去採購。」揚帆的就插嘴：「倘若是向東去荷蘭，我要安裝特製的帆，要七小時後才能啟航。」船長十分不耐煩：「這些瑣事在這偉大的旅程中微不足道，讓我們馬上出發吧，不要掛心世俗小事，航向大海吧！」

4.1. 奇怪的航海和足球夢

出到了大海洋，船長仍然不肯決定去哪裏、怎樣去，各船員唯有各自按個人「領受」運作，掌舵的十分嚮往美國，把船轉向西，揚帆的卻換上了乘風向北的帆，部分船員則把船努力駛向東。其餘的船員見大家亂成一團，只好努力回航想把船向南駛，先泊回法國海岸再説。結果一條好好的船在原來位置左轉右轉，大半天後，大家終於放棄了，任由船隻漂浮，在海面上漂浮了十四天，當糧食差不多耗盡時，終於泊岸，到了英國南部海岸。船長還大言不慚：「我們雖然失敗了，但最重要的是過程，不是結果，我們都努力過、激情過。」

我已經嘔吐過無數次，一泊岸我馬上離開船隻，上岸後見到一隊足球隊，在夢中他們馬上邀請我加入。那天剛好有兩位巴西國腳加入他們這一隊球隊，原來他們是一支英國乙組足球隊。巴西國腳A提了一個建議：「從前你們打長傳急攻，從今天起讓我們教你們如何改打短傳滲入，成績一定突飛猛進。」原來的隊長卻說：「這是不行的，我們是英國足球隊，一定要用長傳急攻，五十年來都是如此，不能更改。」巴西國腳B卻說：「所以你們過了五十年還是乙組，升不上甲組，更不用說英超聯了。」守門員也說：「長傳急攻是不能改的，只要大家加強練習，多一點訓練，體能強了，必能獲勝。」巴西國腳A再嘗試勸服其他球員：「現在英國頂尖球隊，例如阿仙奴、車路士、曼聯等，也改變了策略。」其他球員卻說：「他們放棄英國足球優良傳統，我們卻不會放棄。」

巴西國腳們唯有改變勸說的方法，說：「這樣吧，你們繼續用長傳急攻作主要戰略，我們另組一小組用短傳滲入作輔助。」隊長馬上說：「這是個好建議。」巴西國腳A補充：「不過短傳滲入需要三個人運作，你們當中哪一個人跟我們一起踢？」其他球員沒有一個願意。國腳A卻心存希望：「那麼我們邀請巴西國腳C加盟吧！」隊長說：「這個也不行！我們只能勉強接受隊中有兩個外籍球員，否則其他英國球員會罷踢。」國腳A絕望了，問：「那我們兩個怎麼辦？」隊長一臉認真地說：「你們也改用長傳急攻吧！」最後兩個國腳離開了，球隊在乙組連敗十場，因為其他球隊都改用短傳滲入。隊長卻說：「結果是不重要的，最重要是過程，我們保持了正統的英國足球踢法！」那時我突然從夢中醒過來。

4.2. 甚麼是策略領導？

甚麼是領導(leadership)呢？無論領導甚麼組織——教會、企業、國家、球隊、一條船——領導的首要任務是制定策略，並確保其得到落實。我們最愛說，領袖就是僕人，強調僕人領袖(Servant leadership)。從某個意義上，這當然十分重要，因為領袖必須謙卑，也必須脫離自我中心，以羣體的整體利益為依歸。凡此種種都可以歸納為「僕人領袖」。但有時這被誤解為領袖不用甚至不應制定策略，並不需要鼓勵大家一起落實策略。這就是本末倒置了。領袖不制定策略，根本就不是領袖。領導就是策略（leadership is strategy），從我虛構的兩個夢境來看，最為清楚。

策略性的領導，就是領導大家按實際情況，切切實實把事情做好。策略性領導在教會有兩個主要敵人。第一個敵人是只談高言大志的理想主義甚或浪漫主義，像那個船長，理想遠大，卻只有空泛的口號，沒有眼前具體可行的方案。別人提出具體方案，反被其痛罵。因為具體方案只談到如何從法國駛到英國，浪漫主義是要遍踏四海的。第二個敵人是因循主義，一向這樣做的，便以後都要這樣做，認為只要努力，一定成功，卻不願意改變方式。這兩者在失敗後，還會加上一句：「結果是不重要的，最重要的是過程。」

策略性領導並非不擇手段，而是仍然要持守基督徒嚴謹的價值觀，但卻同時看重實效，認為結果是重要的，特別當結果是為上帝贏取門徒，使人的生命改變。因為結果重要，所以必須「按實際外在、內在情況，落實一套完整的行動及模式。」這個策略的定義有兩個重要部分，前半是「按實際外在、內在情況」，後半是「落實一套完整的行動及模式」。

4.3. 分析實際情況：SWOT測試

策略領導的首要重點是了解教會內、外實際的情況，不單單是一次過的了解，而且是持續的掌握、具體的掌握。我每次與教牧做諮詢，發現大部分教牧未能清楚掌握教會具體的情況。要具體，無法避免要使用「數字」。例如一個教牧説教會的核心是二十五至三十歲的職青，大約有三十人。我再問，三十個中有多少是近三、五年回來呢？他不知道：「可能有十個、八個吧。」職青團長剛巧在場，更正了他：「全數團友都回來超過十年了。」教牧掩不住面上驚訝的表情。我又問：「他們最大的問題是甚麼呢？」教牧説：「靈命不好。」我又問：「何以見得？」教牧説：「大部分沒有靈修。」我又問：「那你打算怎樣做？」他説：「大力鼓勵他們靈修，以期改善。」我又問：「目標是改善到甚麼程度呢？以哪個時間為衡量呢？」職青團長和教牧，你眼望我眼，有點不知所措：「總之是改善靈修就好了。」我以自己教會為例：「我在大專門訓小組推動靈修，是希望在一年內人人有穩定靈修，即每星期起碼三、四天靈修，結果達到目標。」這個例子說明，用數字掌握情況十分重要，亦不單單為了「人數」的增長，教會追求質的增長，同樣要以數字掌握具體情況。

要掌握甚麼資料呢？當然是各區造門徒三步曲的具體情況，除了人數外，還有甚麼要知道呢？可以用一個著名而簡單的方式去具體分析各區的門徒三步曲，就是SWOT分析，SWOT就是Strength（優勢）、Weakness（弱點、問題）、Opportunity（機遇）和Threat（威脅）。優勢和弱點是指現在的情況，而機遇和威脅則是向前望的。

4.3.1. 弱點（weakness）

通常最快突顯三步曲中出了問題、有弱點的方法是以上講的數字性分析，一步一步問：一、吸引。過去五年教會吸引了多少個新的未信朋友回來？二、留下。多少個新朋友留下來？三、委身。多少個信徒委身服事教會，做福音和栽培工作？在我訪談的教會中，只要逐個區這樣一問，問題無所循形。好像一間八十人的堂會，自我感覺良好，其中四十人有返小組，十分熱心參與聚會，還不時去上神學延伸課程，牧師與這四十人關係又密切，像個大家庭。表面上又有增長，從十年前的四十人，增長到現在八十個信徒。但細心分析才發現，增加的四十人都是從其他教會轉會過來的，因搬到這區，又或者覺得其聚會地方寬敞舒適，所以轉了過來聚會。事實上，這十年間沒有任何未信朋友回來，三步曲的第一步人數是零。第二步就不用研究了。第三步也是零。那四十位返小組的弟兄姊妹就是十年前已經返教會的那四十人，這些年間來的人都只返崇拜，不返小組，更遑論服事教會。十年間沒有增加一個委身服事教會的人。仔細一分析，表面上感覺良好的教會，原來三步曲一敗塗地。

三步曲的分析，不單單是掌握在各「步」的人數變動。三步曲要成功還要很多基本因素配合。三步曲是一個羣體建立的過程，倘若教會原來的團契或小組生活十分薄弱，就不可能啟動三步曲。例如一間找我做諮詢的教會，發現一百三十多人當中，只有四十多人有返小組或團契，而且當中近一半的情況，是每一至兩個月才聚會一次。他們做了一次自然教會發展的調查分析，小組生活一項也嚴重地不合格，這是個致命傷，必須千方百計補救。

4.3.2. 優勢 (strength)

不要單單看弱點問題，更重要是如何運用優勢去建立起穩實的三步曲。任何教會的優勢主要是信徒的恩賜，而特別要注意好好發揮的，是傳福音的恩賜。差不多所有的研究和資深教牧都説，大約只有不超過十分之一的弟兄姊妹特別有傳福音的恩賜，所以找到這些天然的優勢必須加以發揮。某間教會找我諮詢的時候，有一位姊妹也一起來，她在新界某中學教書，與學生建立十分要好的關係，可以從老遠親自帶超過二十個學生回來參加中學生團契。這是一所二百多人的教會，我勸他們集中資源廣邀導師協助栽培，關心這二十多個學生，一、兩年後這批學生穩定下來後，這位老師又可以再帶二十多位新同學回來，十年八載持續做下去，就是一個百多人的少年區。對這教會實踐大使命，建立信仰羣體而言，只要充分發揮一個優勢就可以了。這就是踏踏實實，充分發揮上帝賜予這樣的一個好老師。重點是要這位老師堅守第一步吸引人這崗位，而教會又策動充分資源協助第二、第三步。

另外一間教會的講台十分強而有力，主任牧師講道生動而感染力強，而且會眾均十分尊重講台，也欣賞這牧師的講道，不覺間已聚集了二、三百個信徒來參與崇拜。這也是教會極之重要的優勢，對三步曲的推動十分有利。不少成功發動三步曲的教會，就是靠講台清楚的立場和異象，持續不間斷地帶出三步曲的異象，激勵信徒吸引人回來教會，並努力以愛心把其留下。但大部分的講壇，信息比較分散，釋經、生活應用外，對教會事奉未能重覆，持續帶出重點，以致未能發揮講壇的優勢，激勵信徒參與三步曲。

4.3.3. 機遇 (opportunity)

造門徒三步曲的機遇，主要是接觸和邀請未信朋友的場景。有些機遇幾乎是上帝放在教會面前的，例如教會附近有中學，願意和教會合作、或者教會有大量老師在附近教書，每日接觸數以百計的學生，或者教會有幼稚園，每日有百多位婦女經過教會，接送子女。這些都是十分常見的場景。有些時候上帝簡直是把羊放在我們手中，不少教會忽然有幾十個學生、或者婦女跑來參加某某營會、或者某某班。我有句口頭禪：「千萬不要，也不能辜負上帝的託付，上帝已經放在教會手中的羊，不能輕輕錯過。」

4.3.4. 威脅 (threat)

在我訪談過百多家教會中，對建立門徒三步曲最常見的威脅就是領袖的更替，特別是傳道同工的更替。有一家歷史悠久的教會，與我談到他們的少年事工，我發現他們很容易便接觸到中學生，學生亦很多變成領袖，非常愛主委身，過去二十年不少更獻身做了傳道人，按常理一代一代生生不息，少年事工人數應該一代比一代多，成功地做了二十年，應該至少有二、三百人，甚至數以千計。奈何每一代中學生人數都在三十人至六十人間徘徊，而且除了少數領袖獻身念神學，去了其他教會做傳道人外，大部分少年人進入青年階段便沒有做少年事工了。原來道理很簡單，他們差不多每位少年傳道都是做了兩、三年就離開了。一羣少年人從吸引到留下，最後委身服事，至少兩、三年才開始行之有效，本來有了新一代委身的少年領袖，可以照顧更多新朋友了，偏偏在這時傳道人離開了，少年人沒有領導，變得散漫了，新來的傳道人與他們沒有關係，再難凝聚他們事奉，於是又重頭開始。某些教會用福音幹事主導做事工，特別是少年事工，也面對同樣困難，不少福音幹事只做兩、三年，有些回到社會工作，其他的去了讀神學，以後又不一定回到原先的教會事奉。這些變動直接影響三步曲不能建成，又或者建成後做不到生生不息、代代相傳，每代壯大發展之途。這是最嚴重的威脅。

4.4. 完整一致的行動

以上的 SWOT 只是分析工具，加上數量化的了解，協助我們了解實施分區造門徒三步曲的具體情況。分析只是預備，策略性領導的重點不在於分析，而在於行動和實踐。策略性領導是完整一致的行動，好像開船時所有船員做不同動作，各有各做，但卻是完整達至一個共同目的，把船以最高速度駛向一個方向。一致性愈低，船行效率愈低。教牧常向我訴苦，説沒有足夠事奉人員。這是事實，但我研究後認為更清楚的事實是，不同事工和事奉人員間，未能完整一致地配合起來完成造門徒三步曲。策略性完整一致地以三步曲造門徒，根據我訪問了百多家教會的經驗，必須在四方面加強策略思維：一、資源運用上配合；二、體制上加以配合；三、決不做違反策略的事；四、大膽嘗試並全力把握機會。

4.4.1. 資源運用的配合

首先，是教會各方面的資源——人力、地方、金錢，時間——全面配合分區造門徒的三步曲。其中當然以教牧、長執，以至信徒的事奉人力資源最為寶貴，我在下一節會專注詳細分析(見本書頁59)。但金錢的使用亦可以直接影響人力資源，倘若一間中小型教會財力十分有限，便應該集中財力於聘請機遇最大的分區的區牧，藉此建立第一個門徒三步曲，產生第一個自然健康成長的羣體，長遠而言，也藉此增強教會人力、財力各方面實力。

4.4.1.1. 以策略的眼光來看資源分配

我諮詢的其中一家教會，十年前建堂，從母堂來了幾十人，至今也還是幾十人，只是有限度發展。其實他們機會很多，因為自己宗派在堂會旁邊有一所中學，並指明由這家教會做學校福音工作，但教會卻遲遲未能建立健全的少年佈道工作，因為教會只夠錢聘請一位傳道人，就是主任牧師。我與他們教牧長執談過兩次，最終他們做了兩個策略性決定，首先是把聚會地點搬進學校的副堂，拉近與學生距離。第二是開始物色聘請多一位傳道人，專責少年福音工作。我問執事會主席：「錢從何而來呢？」他回答説：「我們決定把原來堂會的會址賣掉，那筆錢足夠聘用新傳道人五年至十年了。」我再問：「那五年十年以後呢？」他回答説：「那時少年人成長了，也要奉獻支持教會吧！」這就是策略的眼光，把錢投放在少年區三步曲的建立上。

4.4.1.2. 金錢的配合

反過來説，中型以上的教會，財力充裕，容易把金錢過分分散在各種對內對外的事工上，不一定全面配合分區造門徒三步曲。領導教會的，是上帝的管家，有責任經常了解金錢使用的果效，不時重新調配，絕不能因「情面」因循使用金錢。我訪問過的中型或以上教會，這種以「習慣」、「關係」分配預算的情況頗為嚴重，必須謹慎處理，以下是一個典型的例子。一家幾百人的新界教會附近有一家附屬的社會服務機構，大部分營運經費由政府撥款支持，每年暑假舉辦興趣班和營會給青少年參加，支出超出政府撥款，每年向教會要求約十萬元資助。當初執事會批准時主要是希望透過這些活動接觸區內青少年，向他們傳福音，帶領他們返教會。在諮詢期間，我反覆詢問過去連續六年這些事工的果效，起初教牧長執有點不知所措，因為他們根本不知道，後來問了青少年部的一名導師，才知道過去六年教會完全沒有任何少年人是靠那機構的事工接觸吸引來的，反倒教會有幾個少年人間中去參加活動。理論上這事工可以協助少年區三步曲中的第一步，但實際上每年十萬港幣連續六年的果效是零。原因也很簡單，教會沒有甚麼人去參與那些活動，沒有跟未信的朋友建立關係，當然沒有可能帶領參與者返教會。

這筆錢其實可以使用在更有效的方法上。每年十萬元在某些教會可以聘用一名半職傳道人或一個福音幹事。就是用來舉辦暑期活動，也可以叫那機構替教會主辦一個多元性福音營，全教會六十多個少年人一起參與，邀請其同學朋友，連同機構在外邊宣傳，以極低營費吸引每年四、五十個新朋友參加應該不困難，在營內與原來六十人混合分組，大家混熟了，關係建立了，每年總能留下十個八個吧。六年下來，花了近五十萬，無論如何留下二、三十人吧。我這個新方法，就是把金錢使用與信仰羣體的建立結合起來。

4.4.1.3. 地方的配合

金錢以外，地方是另一個中型教會經常缺乏的資源。在地方使用上，教會的因循主義最是明顯，某部門某團體在某個時間一開始使用某個地方或房間，要更改真是千難萬難，不少原先可以健康發展的三步曲羣體，經常因此停滯不前，這當然又是情面的問題了。某家教會的二十至二十七歲初青的羣體，由一個十分有魄力的傳道人帶領，認真實踐三步曲，在七年間已完成兩個循環，人數也由七年前的十多人急升到七十多人，大部分新來的朋友原先是未信主的。這個事工的一個核心聚會，是週六下午的一個青年崇拜，在副堂舉行，但增長至七十人卻已經爆滿，唯一出路是轉至大禮堂進行。但大禮堂卻在那段時間用隔板一分為二，一半是一個二十多人的成熟夫婦團，另一半是詩班練詩，他們均認為副堂雖然可以分隔，但情況不理想，詩班已經在正堂設了專櫃，成熟夫婦認為地方太細分組時彼此聲浪影響，而他們亦覺得不方便轉變活動時間。教會又覺得不方便干預他們的聚會地方，討論了兩年後，結論是保持現狀，青年區的傳道人發現沒有地方再發展，黯然離開教會另謀高就。這是一個極端例子，但卻不是個別例子，這種原來事工佔用了最好的地方和空間，以致新事工發展不起來的事件，我屢見不鮮。

4.4.2. 體制上的配合

分區造門徒三步曲，主要強調體制上的整合(integration)。我總結各教會經驗，提出這個分區造門徒三步曲概念，相信各教會一定有人模仿，正如過去幾年各教會都説要搞細胞小組或者目標導向。問題是，大部分教會把所有這些模式看為是外加的一個運動、甚至一個程式(programme)，正所謂多多益善，結果教會有十個八個不同程式在推行，細胞小組、分齡牧養、啟發課程、三福、城市宣教、目標導向，再加上原來的團契、主日學、祈禱會、崇拜、聖樂、差傳、兒童、社關，真是五花八門，高興熱鬧。但這卻不是策略性領導，真正有效的策略必須專注，而體制上的整合是專注最重要的一環。

4.4.2.1. 各類活動

首先要整合的就是這些五花八門的活動。既然從各教會的經驗，無論傳福音、栽培、門訓，重點是關係性羣體的建立，一切活動都盡可能以羣體建立、整體參與為基礎。例如福音性活動，從前不少教會在團契、小組外再大搞不同福音活動，再呼籲會友帶領朋友參加，又可能再加上對外派單張或廣告宣傳。結果是吃力不討好，一方面會友在一星期內已參加無數活動，實在無力再參加多一個活動，更遑論邀請朋友參加了。通常只有少數會友參加，所以回來的新朋友，也認識不到其他會友，根本感受不到甚麼愛的羣體。

一個整合的體制是把團契、小組的週會定為福音性活動，以致所有團友、組員整體參與，也高度關注，一起彼此激勵、廣泛邀請新朋友參加。參與者人數多，邀請來的朋友也多，最重要是一開始新朋友就認識整個羣體的人，真正感受這種氣氛，而參與的信徒又不感到吃力(因為不用另外抽時間參加)。在東九龍有一間細胞小組教會，在十年間由十個人增長至二百人，當中百多人是職青區的，用的就是這種整合模式和體制。還記得我説按需要的福音工作(need-based evangelism)嗎？二十五歲左右，單身的職青最感興趣的話題是甚麼呢？當然是戀愛了。所以他們每年辦一次大型戀愛座談會，例如邀請余德淳講「戀愛EQ」，所有職青小組聯合一起舉行，通常還包括自助晚宴，這就是那星期的小組活動了。然後所有小組隨後的四次小組分組題目，都與戀愛有關，整個節目名叫「戀愛.com」，在座談會後，各組員大力邀請自己朋友再回來參加。四、五次下來，未信朋友已與組員混熟，又彼此分享過人生重要課題，建立了信任的關係，不少自自然然繼續回來分組。這就是把福音性活動與團契、小組整合起來。

4.4.2.2. 分區與部門

另一個整合是區與部之間的整合。最常見的問題，是各區未能真正在羣體內實踐完整的三步曲，只能負責關顧的功能，實質上分區只是團契或關顧部內部分工的事情。原因是各部仍然控制大部分的節目及其相關的資源。例如初信主的弟兄姊妹要上栽培班，不少教會是由主日學部負責，栽培後又交給團契部。這個交接我已經提過多次，不少堂會(例如九龍城浸信會)都曾出現頗多困難，比較容易的做法，是統一由區來領導團契自己在團契的時間內做栽培班，甚至由區內信徒做單對單栽培。同樣地，保持全教會有限度的佈道會，鼓勵各區在原有團契時間或小組時間，大量舉辦按需要的福音活動。最終，教會的體制應該改變為部門支援分區。

4.4.2.3. 兩個常見的極端想法

到底體制改革以求整合有多重要呢？在這個問題上，我在諮詢時常發現兩個極端的想法。不少人認為，體制影響不大，而改革困難重重，又容易出現爭論，還是不碰為妙，總之是不容易做得好。事實上，體制倘若改革成功，是可以發揮很大的功效的，亦沒有做不好的體制改革。倚靠主的恩典，事在人為而已。九龍城浸信會這會眾數千歷史悠久的教會，也在四、五年間成功改革體制，我們怎麼還說做不到呢？

另一個極端想法更為可怕，就是體制不變更，就不能實踐分區造門徒三步曲，不能策略性領導教會了。這個想法之所以可怕，是因為這樣想的人通常不會想辦法實行三步曲。他們認為反對聲音太多，體制也無法改變(或者暫時不能改變)，於是得出「無奈，暫時不能有甚麼作為」的結論。我諮詢的教牧長執中，最少三分之一有這種想法，有這個「情意結」。讓我在這裏清清楚楚講一次，這個想法一方面太負面和消極，而且更是大錯特錯。在上一章我提過，在我見過的教會中，有近半是以局部非正式執行的方式(也就是沒有推行體制改革)實踐分區造門徒三步曲的，但他們的事工仍然十分有效。

倘若你是一個教牧或平信徒領袖，教會整體暫時不適合進行體制改革，你仍可把精力集中於某個區內的一、兩個團契、小組，與他們建立穩實關係，先激勵他們用團契、小組時間辦福音活動，再在其中實行栽培，又用適合時間訓練。美善的事情是沒有人禁止的，難道「教會當局」會有人干預、禁止團契舉辦福音活動？做單對單栽培？在週會做培訓？你可能會說教會體制上不整合，團契不一定願意配合，那就要看你與他們的關係了。關係穩實，謀而後動，才可以成功。必要時你親自啟動一個新的查經小組，由開始做起，三數年後已經可以是一個二、三十人的區了，一樣榮神益人，健康發展。體制不改革，絕不是停頓不前的藉口，最重要還是你有沒有決心為主造門徒而已。

4.4.3. 決不做違反策略的事

以上談到不少教會，甚麼五花八門的模式和程式都做，誤以為愈多愈好。我真怕「策略式領導」又成為五花八門的招式之一，那麼你教會的境況比沒有讀過此書前還要糟糕。我最喜歡關於策略的一句話：「策略不是關於你做些甚麼，而是你不做些甚麼」(Strategy is not what you do, but what you don't do）。策略既是一致的，就必須專注，拒絕去做一些違反策略的事情，例如以上談過的一些資源與體制的不配合就是好例子。怎樣決定甚麼事情不要做呢？評估事工過去的實效是最好的方法。

例如九龍城浸信會這三、四千人的教會，在好一段日子裏，只有三、四百人有同時參加主日學和團契（城浸稱為助道會）。我在《時代論壇》發表文章，解釋他們的改革時，還有其教會的平信徒回應，認為還是從前的老方法比較好，主日學和團契清楚分開在兩段時間，兩者都有充裕的時間。這個觀點在理論上可能是正確的，但實行了多年，大部分信徒就是不回來，證明他們實在太忙碌了，不願意一星期來教會兩次。他們都不參與團契，當然無法建立關係，更遑論甚麼造門徒三步曲了。城浸有見及此，大膽改革，把團契與主日學合併成為「成長班」，更把它放在崇拜前後，令信徒可以一氣呵成，每星期回來一次，三小時便可滿足各基本需要。改革後成長班人數超過兩千人，這就證明了把聚會時間分開是一個過時的策略。

城浸的案例正好證明一句老話，在北美做教會顧問的趙錦德牧師曾多次提到「不停重覆做某件事情，卻期望不同的結果，是一種精神異常」（Insanity is doing the same thing over and over again and expect a different result）。**策略是有所為有所不為，叫我們冷靜下來，少做這些瘋狂的事情。**讓我再次提到體制。一家教會，一直只有二、三十位少年人，其傳道人實在乏力再擴展事工，而且少年人升上了大專團便沒有傳道人負責，關係薄弱，又流失了。長年累月，心力交瘁。這是組織上的不一致，其實只要少年同工兼顧大專團，表面上雖然較從前吃力，但實在可以訓練、激勵大專生回來少年部事奉。只要捱過了第一、二年，少年部人力大增，亦減少大專生流失，是一石二鳥之計。少年傳道兼做大專，既可保持持續性，以從前建立的關係，關心留住大專生，更可激勵他們回來服事中學事工，這個是教會其中一個最重要的關口，也是少年區三步曲最後的一步。我自己作為少年區的副區牧，也親自留守住這個關口，兩年下來，留住了十多名大專生在教會少年部做助道。其實這問題在各教會普遍存在，只是大家不願意停止這種把少年與大專部分割的「瘋狂行為」。

4.4.4. 大膽嘗試並全力把握機會

完整一致的策略要求的第四種思維，就是大膽嘗試新方法，並在成功後全力把握機會。不少教會都有做五年、十年計劃，而我一談到教會策略，他們就只想到這些長遠計劃。其實這些計劃大部分是沒有作用的，我做策略諮詢時極少建議使用。我大部分時間是探討未來兩年教會的重點方向，並且在未來六個月有甚麼事情要做，確保這兩年的方向得到落實。長遠計劃作用不大，一方面由於大部分教會的長遠計劃都是天馬行空的，而且並非根據具體情況，只是領袖們「意願的表達」。反而看中期兩年的方向，針對性比較強，可以與具體情況掛鉤。更重要的是，大部分堂會是中小型堂會，聚會人數在五百人以下，而教牧只有幾個人，加上熱心事奉的信徒，通常積極事奉人員在二十至一百之間。從組織上來說，這是一個規模十分細的組織，再加上環境變化頗大，所以策略性領導不應強調長遠僵化的計劃，應該強調大膽嘗試，並在成功後全力把握機會。分區造門徒三步曲，以關係及羣體為基礎的整體模式不用改變，但在實踐時要不斷大膽嘗試，還試做不同羣體，看看哪些羣體有特別好的福音機遇，又在每個區、每個羣體內不時大膽嘗試新方法，找出最有效的造門徒方式。

很多時候，大膽嘗試會帶來意外的驚喜。有一間新界的教會，聚會人數大約三、四百人，一向知道附近有大量基層婦女，卻不知道如何向她們傳福音。後來教會內逐漸凝聚了十多位基層婦女，她們不停要求女傳道在星期三早上為她們開設團契。教會從來沒試過在平日早上辦活動，多番考慮後勉為其難開始了，原先只是為了栽培這十多位新信徒。結果是令人震驚的：第一次聚會，就來了五十多人，「無端端」跑了四十個新朋友來。原來基層婦女在兒女上學後，無所事事，很喜歡與三五知己聚頭，又苦於沒有地方「落腳」。團契這樣好的一個落腳點，消息一經傳開，那十多位會友的朋友鄰居便聞風湧來。

不過大膽嘗試的目的是尋找機遇，一找到後便應該集中全力把握這機遇長期發展，暫時不必也不應該再浪費資源「嘗試」其他方法。有時有些教牧（以至評論員、神學家）給人一個印象，教會必須不停有創意、不停嘗試，因為創意本身就是好的。這是在做藝術學校了。策略式領導強調大膽嘗試，只是希望從變化萬千的環境中，尋找一條可行之路，環境變化多，不嘗試新方法，就不知道哪條路可行。但一找到後，卻不再「創意」了，要全力集中重覆行這條路，直至行不通時，才再嘗試新事物。千萬不要「創意為了創意」(Creative for the sake of creativity)。創意只是「成事」的其中一個步驟、一個元素，決不是事工本身。教會只有一個事工，就是為主造門徒，為主改變人的生命。以上那間新界的教會，就是最好的見證。他們教會在星期三早上開設團契，吸引了五十位婦女來，我於是建議那位女傳道集中精神留住這些婦女，加以栽培訓練，平日多加探訪。待一年半載穩定下來後，再在星期四多開一個婦女團契。但這位女傳道卻反對：「我是負責婦女及兒童區的，現在婦女啟動了新團契，應該回去花點心力更新兒童主日學。」我問：「你擔心兒童會流失？那邊沒有導師照顧兒童？」她答：「都不是，只是主日學比較古板，我作為負責同工，有責任要更新。」

這就是俗語所謂：「捉到鹿不懂得脱角」，也是我不贊成教會過分偏執於已有計劃的原因。上帝的恩典浩大，在沒有怎樣計劃下，碰上了幾十位未信的婦女，作為教會的領袖，就要回應主恩，全力把握這機遇，建立門徒三步曲，發展一個健康的屬靈羣體。

我在這裏總結：**策略性領導就是要按實際處境，分析教會實行三步曲的情況，又在實踐時，落實一套完整一致的行動，並確保體制與資源相配合。**總之，就是要切切實實為主造門徒，改變生命，切忌空言大志或是因循守舊。

・信・徒・反・思・

1. 作為一個信徒，你是否願意配合教會的策略而改變呢？還是堅持一己的習慣，抗拒改變呢？

第5章

教牧長執的角色與教會人力資源

二○○三年的暑假我十分忙碌，差不多每星期都為五至六間堂會的教牧長執做免費的策略諮詢，每次兩小時，大都安排在我放工後，星期一及星期二的晚上，每晚由六點做到十一、二點。其中一次諮詢十分不順利，一間歷史悠久位於市區的二百人教會（讓我們叫它教會A），主任牧師連同三名傳道人，以及執事會正、副主席一起來參與諮詢。他們在過去六年，知道教會停滯不前，曾經試行新的模式，卻沒有成果。當我不停建議種種方法，希望教牧們可以重新推動教會發展，他們又不停強調同工執事們已經十分忙碌，不能再做些甚麼事情，結果不了了之。那天晚上，我睡得不好，他們的事我特別在心，一是因為我從前有一個老友是返這間堂會的，其次是我實在不能理解為何他們覺得自己教會資源不足。因為他們差不多是一個傳道人對五十個信徒，比例相當不錯（一般教會比例在六十至一百五十之間）。那天晚上，我反覆地想，他們跟我見過的成功教牧有甚麼不同，最後想通了，是大家對教牧的角色有不同的理解。

無論是造門徒三步曲或是其他策略，最終是由人去領導並實踐的。這一章我們就總結一下百多間香港教會的經驗，了解這方面的成功因素，主要談到四個問題：一、堂會教牧的角色；二、堂會人力資源的運用；三、堂會長執及信徒領袖的角色；四、堂會教牧長執需要的特質。

5.1. 教牧不是老師、醫生或行政人員

教牧對自己的角色的理解是至為重要的，因為一個領袖怎樣替自己定位，會間接地影響堂會的定位。在我訪談的百多家教會，最常見是把教牧角色錯誤定位為老師、醫生或行政人員[1]：

1. **老師**。一些教牧以為做傳道人，既然叫做「傳道」，就是要教授「道理」，於是把知識傳授作為基本定位。如果教牧是「老師」，堂會當然變成一所學校，而會眾就成為學生了。現代的教育理念有所改變，強調雙向、互動、多元性，亦強調全人教育。所以比較「進步」的教牧，也因此把教會這所「學校」加上創意、互動及全人教育。但最終堂會仍只是一間宗教學校。

2. **醫生**。這二十年來，香港的華人教會基本上接受了心理輔導是教牧的主要工作之一，再加上不少教牧原本是社工出身，於是教牧把自己定位為心理醫生、輔導員，專門為有個人、家庭、屬靈困難的弟兄姊妹做教牧輔導。堂會成為一所醫院（或社會服務機構），會眾都變成「病人」。這是一種「補鑊」的定位。

3. **行政人員**。這是最多傳道人的自我定位。教會有五花八門、年復一年、每星期不斷滾動的節目（programme），於是傳道人對號入座，都成了節目統籌員或監察員（programme coordinator），是一個中層行政人員，不停在開會決定下一輪節目，教牧整天在為下一次節目尋找主持人、負責人、資源。教牧當上了行政人員、節目統籌員，堂會就成了一所俱樂部或嘉年華會，會眾大部分成了觀眾或俱樂部會員，而其他「領袖」就充當節目義務主持人。

大家不要誤會。以上三件事情，都是教牧（或平信徒領袖）需要做的。節目一定要搞得好，也要人統籌；會友出現了危機，也需要人去輔導；知識和真理更必須教導。但這些都決不是傳道人的主要角色。一方面從訪談經驗中，我見到傳道人這樣自我定位的教會，未能加以發展；另一方面，

這些角色也違反了教會的本質——「有機使命團」。你可能還記得我說過，教會作為一個「有機使命團」，最接近的類比就是一支足球隊。倘若教會是一支足球隊，傳道人就是教練兼隊長了。以此考慮，就可以看到以上三個身分，並非教牧主要的角色。

教練不同於「老師」。你有沒有見過一個足球教練，甚麼事情都不做，只是每次集訓時用一小時「教導」球員踢球的大道理？

教練不是「醫生」。你有沒有見過教練，每次球隊比賽前後，甚麼都不做，只是等球員受傷時替他們療傷？

你又有沒有見過教練（或隊長），只是統籌一些瑣事，每次約下次練球時間，安排人洗球衣，球賽後去哪裏吃飯等？教練不是「行政人員」嘛。

5.2. 教牧是堂會的教練兼隊長

倘若教會是一隊足球隊，那麼教牧就是球隊的教練（coach）兼隊長（captain）。從訪談百多家教會的經驗中，成功的教練兼隊長十分著重以下三件事：一、激勵、裝備信徒去服事教會；二、設計並更新堂會的策略；三、親自上場踢球。

第一、**教會必須激勵和裝備信徒服事教會**。激勵與裝備同樣重要。教練的主要任務是了解每一個球員的潛質，用種種方法把潛力發揮出來。既然教會是全民皆兵的，教牧就要親自做好造門徒三步曲的第三步，激勵和裝備信徒委身教會，一起去前線服事。有些教會說：「這不是教導麼？為甚麼你先前又說教牧的主要角色不是『老師』呢？」作為老師，主要是教導「知識」，最多加上「多元智能」等能力的培養。但作為教練，著重點是激勵信徒去具體地行動和委身。下一章我會更詳細說到不同的「激勵方法」（見本書頁86）。

第二、**教牧要設計並更新堂會的策略**。在每一場比賽前，教練和隊長必定決定球員採用甚麼策略，是穩守突擊還是全面進攻呢？是長傳急攻還是短傳滲入呢？是推向左右兩翼底線傳中，還是中間直接切入呢？更重要的是，哪些球員負責不同的位置，以致整體發揮出水準呢？賽前教練和隊長不清楚指明，上場後就會變成一盤散沙，勝望甚微。而且上場後，教練和隊長更會按賽事具體情況不斷變陣，採取新的策略，調整球員的位置。在上一章我講過領導就是策略，教練和隊長要設計並更新策略。

對教會而言，策略就是想辦法在各區和各羣體落實造門徒三步曲，如何吸引未信朋友來教會，如何把他們留在教會，及如何使他們委身於主，委身於教會。教牧就是要設計遊戲(design the game)，設計做好這三步曲的一條龍計劃，並不同的弟兄姊妹應該怎樣參與(最後更激勵他們參與)。策略及三步曲怎樣設計、更新，我在前兩章已經詳細論述過，而怎樣按弟兄姊妹不同的恩賜安排他們在三步曲中的事奉崗位，在本章下面會再詳細討論(參本書頁67)。

第三、**教牧要親自貼身做「三步曲」**。這是做「隊長」的功能了。好像碧咸作為英格蘭的隊長，每逢國際賽事，例必親身上陣，一方面他是個「高手」，有「高手」助陣，水平大大提升，另一方面，他在場內也是個策動者，親自建造大量機會，給其他球員去進攻。當然，碧咸親自上場，也是一種示範作用，其他球員見他奮不顧身，無論順境逆境都努力向前，願意多走一步，絕不放棄，於是人人受到激勵，也同樣奮勇向前，士氣大增。

5.2.1. 教牧要在最前線貼身參與「三步曲」

當傳道人也是這個道理。不少討論教會模式的書籍，説傳道人不應該親自做前線牧養、傳福音、留人等工作，而只是督導、激勵其他平信徒去做，因為這樣可以發揮更大的影響力，又可以專注策略設計的工作。例如細胞小組模式，便説傳道人作為「區牧」，不要親自帶任何小組，只要督導、激勵其他信徒作組長(甚至督導「區導師」，再由「區導師」督導組長)。基本上我認為這些説法，不適用於大部分華人教會。其實書本中提到的這些教會，從前教牧都走在最前線的，只是後來規模擴大了，人數多了，平信徒成為領袖，替代教牧在前線的角色，教牧為了督導大量平信徒領袖，「升級」專責督導工作。但在這之前，教牧還是同時做最前線和督導的工作的。

怎樣才叫做教牧親自造門徒呢？就是教牧親自與新來的未信朋友建立密切關係，關心他們，把他們留在教會、留在某個羣體，最後親自訓練這批信徒，使他們委身於主、委身於服事教會。做這些事的時候，教牧的身分可能是一名十分貼身參與的團契導師、小組組長或類似角色。但必須貼身一條龍，從吸引人到委身教會，親自做一個羣體(起碼十個、八個人，甚至三十人至五十人)。

5.2.2. 為何教牧要親身參與造門徒？

為何我那麼強調教牧要親自參與其中做呢？首先是「碧咸效應」。教牧作為全時間的「高手」，親自操刀是「三步曲」得到落實的最佳保證，這一點對中小型教會至為重要。在少年事工那一章我會提到，在不少中小型教會，一個少年部傳道人，專心用「三步曲」理念做少年事工，即使從零開始，也可以建立一個健康的二、三十人的少年信仰羣體。很多中小型教會，過去五年全教會加起來也沒有二、三十個新朋友留下來。所以傳道人「高手」出馬，很多時是最容易啟動「三步曲」的方法。而且有了「高手」打底，亦容易為其他信徒製造機會，在事工過程中，給予其他信徒佈道，關顧人的機會。

同樣重要的是「碧咸效應」中的示範和激勵作用。貼身並以關係主導做「三步曲」，需要相當委身，亦容易在遇到挫折時氣餒。倘若傳道人親自上場示範，例如親自做一個小組，拚命地做一個好組長，其他組長看在眼裏，得到激勵，覺得傳道人不是「得個講字」。而傳道人的小組成功，信徒成長，又不斷有未信主的朋友加入，就是一個「示範單位」(showcase)，證明小組模式(或其他模式)可行，其他組長就不能推三推四，説「沒有辦法」推動組員。

以上是從正面效應來看。但我希望傳道人親身上陣，也是防止負面因素的出現。傳道人是策略設計者，自己未曾參與其中，就容易紙上談兵，設計出「中看不中用」的方案。傳道人親自上場，他的方法才保證有效，因為實戰經驗強迫他找出理論與實踐的橋樑，建構實際可行的方法。其實方法可不可行還是其次，最怕是傳道人在平信徒埋頭苦幹，努力做好三步曲時，他卻提出很多「三步曲」以外不同的程式或運動，把資源抽走，令眾人疲於奔命。傳道人自己上場做「三步曲」，他便不會「無事忙」，弄出種種事情證明自己存在的價值。

對剛入職的傳道人，親自投入做三步曲至為重要。第一、這是他自己熟習或學習怎樣做三步曲的機會。第二、這是他建立信任的機會，其他同工、長執和信徒見到他可以在兩、三年間建立起增長、委身的羣體，對這個新傳道人信任大增，將來發揮空間便大得多了。第三、「三步曲」最後出來的委身的門徒，與他關係密切，又對事工理念和方法有自自然然的共識，他們就是這個傳道人將來在教會事奉的團隊，俗語説的「班底」了。

最後，要教牧親身做「三步曲」，是要確保教牧的專注是真正的「從外而內」。華人教會叫受牧職的同工做「牧師」，給人一個錯覺，其主要身分是對內牧養。其實「牧師」必須帶領教會從外而內，不停吸引人來教會、留在教會，並委身基督、委身教會。牧者親自與弟兄姊妹一起實踐這三步曲，就確保他永遠面向未信主的朋友。教會如果沒有新朋友來，他馬上知道，亦要努力做一些適切的福音活動，去吸引未信朋友回來。回來後他又親自參與關心栽培他們，得以保持接觸，明白他們初信者的需要。

當然我不是要牧者一個人親自包辦「三步曲」的所有內容，牧者當然要懂得分工，也必須激勵其他信徒委身參與。但牧者自己也必須親自參與，待他自己熟習了模式，也產生了示範作用，就可按實際情況逐步淡出最前線，在背後作為督導與激勵的角色，不過這是後話了，不是起首三、五年的事情。

5.3. 人力資源的運用

確立了教牧的角色就是教會的教練和隊長。現在要談教會的人力資源的運用。人才是教會最大的資源，恩賜的使用就是教會最大的學問。這本書的讀者，應該已經是信主一段時間的領袖，一定熟悉這兩節經文：「……為要成全聖徒，各盡其職，建立基督的身體」(弗四：12)和「全身都靠他聯絡得合適，百節各按各職，照著各體的功用，彼此相助，便叫身體漸漸增長，在愛中建立自己」(弗四：16)。這兩節經文意思十分顯淺，在教會中要全民皆兵，各人按著自己的恩賜，發揮彼此配搭的精神。

蕭壽華牧師在《聖靈領導的教會管理》一書中，當談到恩賜與事奉時，提點牧者要小心，必須以事奉者的好處為重點，這個我是百分百認同的。鼓勵一個人事奉，是希望他或她在主裏成長，發揮其恩賜，參與主的聖工。所以教會的事奉不單單是事工性的，更重要的是出於對事奉人員每一個的愛與關懷。蕭牧師特別提到不能作假，因為事奉人員很容易便會被人看穿傳道人是真心還是假意。

另一方面，卻必須確保恩賜真正彼此配搭，結合起來實踐造門徒三步曲，實踐大使命。上述提及的以弗所書經文不是寫得很清楚嗎？彼此配搭，是為了「叫身體漸漸增長，在愛中建立自己」，即是教會質與量的增長，方法是「成全聖徒」，為主製造委身的門徒。教會不是「雜耍團」或「天才表演會」，每個人按個別喜好和專長，出來表演自己的技能。教會是一支足球隊，倘若有一名新球員加入，你作為教練，發現其「恩賜」就是「跳高」，他跳得比任何人都高，於是你派他做「前鋒」，負責在己方開角球時，以「頂頭鎚」射門。這個球員十分高興，亦每月不停鍛鍊自己的「恩賜」，直至跳得比常人高出半個頭。出場比賽十多場，這個球員果然厲害，跳得甚高，差不多每次己方開角球，都能搶先頂中，一共頂球三十次。但有一天，你作為教練，去找他商量：「你跳高果然厲害，也訓練有素，不過你射門準繩奇差，過去十場賽事，頂了三十次球，居然一次也未入過龍門。其實有一半時間你頂的球根本不是飛向龍門，我希望你從明天起，參加『頂頭鎚』射門訓練，只要你略有準繩，已經是我們隊中極厲害的球員。」這個球員居然大力反對：「射門我是不行的，也沒有興趣。你說我的恩賜是『跳高』，『跳高』又不是『射門』，我只想發揮好自己的『恩賜』。你不如找另一個球員負責射門，我們各自發揮恩賜，彼此配搭，我跳高，他射門。」你當然會覺得這說法十分荒謬，但現時不少教會的恩賜與事奉觀，與這說法的邏輯十分相近。個人的恩賜的發揮是必須落實在三步曲之中的，只有這樣令三步曲發揮最佳效用，教會才能實踐大使命。然而，教會有三個通病，防礙這種發揮：

5.3.1. 通病一：有佈道恩賜或機遇的信徒未能充分發揮

不少討論教會模式的作者提出，在所有信徒中大約有十分之一是有特別有佈道恩賜或有機遇大量吸引未信的朋友到來教會的。造門徒三步曲是從外而內，從吸引新人來教會開始的，這一成信徒便是整個事工的火車頭，教會必須盡一切努力，讓他們得到發揮。

中華基督教會沙田堂有一個信徒，在沙田區教中學，在過去十多年來帶領了數以百計的中學生到教會。後來大約有二百人信主、留在教會，都是這位信徒帶回來的學生。我印象所及，這是整間教會差不多三分之一的會眾，更可能是這十年間教會大部分的增長。要做到這一步，這位信徒專心一致的帶領學生到教會是至為關鍵的。他曾經轉校任教，但仍留在沙田區，仍然努力帶領學生返教會。

在訪談百多家教會中，發現不少教會都有老師在教會附近教中學，卻大都未能發揮應有功用。我粗略估計，這些老師中，應該有一半與學生關係良好，可以每年有效地帶十個八個學生來教會。但在大部分情況下，這恩賜卻被「埋沒」了。有些老師做了「兒童工作」，照顧會友子弟，又有些去了教主日學，教導已信主的少年人或成人，又有些音樂老師在教會做司琴或帶詩班，甚至專注做青年團契職員。這些都是本末倒置，他們都應該專注少年佈道，因為絕沒有其他人有能力每年帶十至二十個未信主的朋友回來教會。不少中型和大型的教會裏，都有十位八位會友是當教師的。我曾諮詢一間二百人的教會，居然有十分一會友任職教師，其中十位更在教會附近的中小學任教，卻沒有任何一位持續引領學生到教會來，浪費了上帝厚賜教會的機遇。

5.3.2. 通病二：恩賜被崗位化

很多恩賜被「崗位化」、被標籤了(pigeon-hole)，未能靈活發揮在三步曲上。例如有彈琴恩賜的，便全部做了司琴。其實這些信徒大可以開辦「福音鋼琴小組」，以十個八個學生為一組，一半時間學琴，一半時間開福音小組。對「乖乖女」的基層女學生，這一招可是十分有效的。傳統的所謂「佈道恩賜」容易被誤解為「個人談道」恩賜。現在注重「按需要傳福音」，只要肯接觸未信的朋友，各種恩賜都可以用於傳福音，我太太便在過去兩年帶領了這樣一個「福音鋼琴小組」。

懂得關心人的信徒，很多時被標籤了做教會內部關心信徒的事奉，例如在團契內擔任組長(純信徒的小組)，又或者做了教會關顧部，每年搞搞旅行、聚餐之類。在造門徒三步曲中，其實第二步留人最用得著關心人的恩賜，就是用關心、愛心把新朋友留在教會。但問題是有關顧恩賜的信徒怎樣認識新朋友，以發揮其關心呢？佈道會決志後由他們去致電關心，功效不大，除非他們同時做其栽培員，長時間關顧。最有效是整個團契、小組一起辦福音活動，一起邀請新朋友回來，有關顧恩賜的信徒自自然然認識他們，然後教牧或領袖鼓勵這些信徒多打一、兩個電話去關心新朋友，邀請他們一起在下次團契或小組後飯聚，持續關心他們。對這些新朋友簡單的關心和問候，在其信主留在教會的路上，實在有關鍵性作用。

5.3.3. 通病三：恩賜未能用於服事人

落實三步曲，主要是靠密切的關係和愛心把人留在教會，又以更穩實的關係，激勵其心志委身事奉。過分著重把「崗位」跟「恩賜」細分，容易在三步曲中「打斷」了這種關係，反而達不到理想效果。因此，落實三步曲其實需要每個信徒發展出比較全面的恩賜，從第一、第二到第三步都能兼顧。大家可以各有分工和專長，但不能只「自己顧自己」，只做「自己有恩賜」的那一部分，因為上帝呼召我們來服事「人」，不是服事某某事工或部門，而人的需要往往不能按我們自己的恩賜或喜好細分。

不少婦女在華人教會專注於「兒童事工」，做到小學六年級便止步。事實上，少年人由小六升中一是最容易流失的日子，朋輩大幅變動，又有新的學習環境，是最需要一個已經建立了關係的導師去勗勉、去鼓勵其堅持信仰並留在教會的。偏偏我們就在這些日子，把他們「轉手」給中學部，難怪大幅度流失了。我太太關顧一羣少年人，從小五到中三，竭盡心力，才勉強留下十個八個中堅分子。同一道理，中學升大專時亦需要導師持續的關注。不少教牧向我投訴少年人入了大專都十分忙碌，不再返教會，或變得與教會疏離。我自己卻沒碰上這問題，因為在組員中五到大學的過程裏，我一直不離不棄在他們身邊栽培、訓練、關顧。他們入了大專只有更熱心、更委身。專注於人的栽培，貫徹始終，不要拘泥於甚麼部門與崗位。我在本書多處提及跨「代」事奉以保持持續性，因為實在十分重要。

5.3.4. 策略性調配人力資源的理念

以上是從個人信徒的層面，討論如何把個人的恩賜，發揮在三步曲上為主造門徒。從教會領導層來看，人力資源的調配，主要是配合整體的策略。策略就是一套完整一致的行動，而人力的配合及一致性至為關鍵。現實上，真正可以「調配」的，主要還是全時間的傳道同工，所以我亦從這點談起。

我替六、七十家教會做策略顧問，很多時教會都認同我的想法，要做好某一區，怎樣確保該區建立起三步曲等等，但一談到傳道人的時間如何重新分配，或如何聘請傳道人配合策略等等，馬上變得困難重重。背後原因很簡單，我亦十分明白，其實任何的組織，永遠覺得人力資源不足夠，沒有人去做的事情簡直堆積如山。我做顧問見過的眾多教會、非牟利機構、私人機構和公營機關無一例外。一家二百人的教會，有的只有一個傳道人，但有的卻有六個傳道人，但他們同樣認為自己資源不足，做得十分吃力。而且同工人數多的教會不一定是發展比較快或更健康的教會。

研究了那麼多堂會，只找到一個共通點。以足夠傳道同工的資源，按部就班一區一區建立「造門徒三步曲」，教會就會健康發展，因為這些區會引來源源不絕的新朋友，生生不息地產生委身的門徒來服事教會，並將異象和理念一代代傳下去。某些教會資源及實力都比較雄厚，可以同時啟動多個區，某些比較薄弱，唯有集中先做好一、兩個區。

5.3.4.1. 傳道人必須專注建立某區的三步曲

讓我舉一家資源不太充裕的堂會為例。新界一家堂會，有二百多人，大約六成是姊妹，大部分是十多二十年前學生時代信主，現在大都三十歲以上了，教會一直只有一位三十幾歲的男傳道。教會剛剛擴堂，耗盡了奉獻儲備金，所以執事會認為在五年內，只夠錢多聘請一名傳道，應該聘請他(或她)做哪些事工呢？教會有大量姊妹，卻沒有女傳道，無論輔導及關顧都有一定困難；而且三、四十歲的夫婦相繼誕下兒女，教會中約有二、三十個幾歲大的兒童，兒童部的導師也感到吃力。一般教會就會向這些「內部牧養」需要低頭，聘請一個女傳道「牧養」姊妹並兼顧兒童事工。但這間教會的領導層卻清楚意識到，就算補足了所有這些「需要」，夫婦區的「三步曲」也不見得會有更大發展。

教會的真正需要是開展一個新的區，建立另一個高增長的羣體。既然從前教會是做少年人「起家」的，現在決定又再「重頭做起」。於是領導層沒有回應婦女及兒童的「需要」，反而聘請了一名女傳道專注開拓少年事工。這個女傳道十分有恩賜，專心一意地接觸附近的中學生，幾年間吸引了六十多名中學生回來教會。

這家教會是最好的例子，只要肯把傳道同工資源集中於有潛質的羣體，連缺乏傳道人的教會也一樣可以發展起來。

5.3.4.2. 下定決心，集中力量

傳道人的時間需要策略性地部署，其他信徒的人力資源就更需要策略性地部署。二〇〇二年的世界盃，韓國隊知道自己與其他歐洲及南美球隊實力懸殊，不能以四四二或五三二對陣，居然以全部十個球員施展人釘人戰術去搶球，若他們不這樣做，根本全場都無法控球在腳，也就是必敗無疑了。

教會內必須有一個區健康地實踐三步曲，才能健康發展和成長。倘若區區都建立不起「三步曲」，就永遠處於「捱打」局面。面對這些局面，作領導的就要有承擔，選擇一個機遇比較大的區，把教會最好的人力資源——傳道人、長執、平信徒事奉者——全都放上去，全力舉辦福音活動，吸引未信的朋友回來，又全力以赴，以愛與關懷與他們建立關係，把他們留在教會，從外而內啟動「三步曲」。我訪談的百多家教會中，有四成到五成是過去五年長期處於這種「捱打」局面的，大家都需要下定決心，尋找突破口，然後破釜沉舟，在某一區全力以赴，竭盡所能建立「三步曲」。下決心的最重要因素，就是人力資源的重整。

若碰上偶發的機會，有潛力發展健康的「三步曲」，就更要迅速下定決心，重新調配人力資源。上一章提到一家教會嘗試在平日上午開辦婦女團契，幾十個基層婦女踴躍參加。其實教會領導層應該鼓勵那位女傳道，專注栽培、接觸這批婦女，而她原來的工作，可以由其他傳道人或平信徒分擔。倘若有其他姊妹日間不用工作，也當鼓勵她放下其他事奉，集中協助女傳道做好這個婦女團契，這只是實踐上一章所提到的原則——大膽嘗試小心求證，然後全力以赴把握機會。

5.4. 長執是傳道人的「副手」

記得本書開宗明義在〈信念篇〉所認定的信念嗎？「本地堂會是世界真正的希望，而堂會的未來基本上在其領袖手裏。」這是一個激勵人心的信念，但對堂會領袖亦是一個沉重的信念。堂會領袖當然包括長執及其他平信徒領袖。在本章上半部我討論過教牧的角色和堂會的人力運用，現在讓我談談長執和信徒領袖的角色，因為這是堂會人力運用中最要緊的一環。

訪談了百多家香港教會，成功的教會在長執和領袖角色方面，開始有一個比較清晰的共識：「長執和信徒領袖就是傳道人的副手。」當然這不是指在權威和地位上，而是指事奉工作。長執和信徒領袖，在教會內應該負責的事情，除了不能主持聖禮和比較少在崇拜中講道外，基本上與傳道同工應該是沒有分別的，因此才稱之為「副手」。某些教會亦邀請平信徒領袖講道。教牧和長執是一個團隊，一起做同樣的事情，就是做堂會的教練兼隊長，帶領並親自貼身做「造門徒三步曲」。

理論上，對長執及信徒領袖角色的討論，在這裏可以完結了。既然其角色與教牧完全一樣，要知道長執要做甚麼，只要翻前幾頁，重看教牧如何做教練兼隊長就可以了。但現實上，這個理念只在極少數教會全面實踐，在其他情況只有個別長執和信徒領袖在實踐。原因何在呢？

5.4.1. 長執往往被邊緣化成為監察者

二〇〇三年中，我與華福的曾錫華牧師主持了兩個香港教會領袖的調研小組，一組是教牧，一組是長執，每次十二位組員均來自不同背景、不同規模的堂會，以完全保密方式，暢所欲言，表達教會領導層所面對的難題。我們將這兩次討論會的內容，化為兩篇文字報告刊登在《教牧分享》。這兩次討論會，大大加深了我對堂會長執的了解，讓我明白為何大部分堂會長執未能成為教牧的副手、團隊夥伴，未能一起做堂會的教練兼隊長。

從教牧的角度看，這十年來長執把自己角色逐漸定位為「監察機關」，形式上與立法會監察政府差不多，主要功能都發揮在執事開會以監察方式，要求傳道人「問責」。這趨勢的形成，是可以了解的，卻並不健康。可以了解，因為一方面愈來愈多專業人士和公營機構的行政人員加入執事會，希望執事會「專業化」；另一方面，沒有公營或私營組織的高層管理或董事會經驗的執事，唯一可供他們接觸與模仿的對象就是政府立法會。但這並不健康，監察的確是執事會應有功能之一，教會作為一個由會友奉獻支持的機構，監察可確保教會的財政與人事管理能經得起會友的問責。雖然這一功能是必要的，但並不是最重要的。最重要的是與教牧同工一起帶領教會、牧養教會，策動造門徒三步曲。過去十年不少教會的執事會過度重視監察的功能，有時引起對立、衝突，更會引致過多冗長的會議。開會太多，領袖們親自「落手落腳」服事教會太少。

另一方面，從長執的角度看，教牧同工在過去十年不停把長執的角色邊緣化。這主要跟傳道同工數目大增有關。調研小組內一位姊妹做了執事二十多年，教會亦增長至幾百人。她說十多年前只有一、兩位傳道同工，於是大部分事工由平信徒領袖負責，她自己就一直做部門A的部長，全面負責一切行政工作，也一手統籌部內各事工。現在堂會有六、七個傳道同工，部門A亦由傳道人領導，基本上所有行政工作和統籌工作，都由這位傳道人包辦。她作為部長，變得無事可為，唯有每季與傳道人和部員開開會，又向執事會匯報。事奉現在對她來說，就是開會而已。這絕非個別例子。華人教會整體傳道同工數量，在過去十多年以倍數增長，但事工並不見比以前興旺，其中一個原因是傳道人取締了從前長執和信徒領袖的事奉，所以教會整體人力資源並沒有顯著提升。

教牧和長執的觀察綜合起來，現象就十分清晰了，長執的真正角色不停被邊緣化，他們唯有走向另一個極端，以議會方式扮演監察者，造成惡性循環，團隊難於建立。

5.4.2. 平信徒領袖作為真正「同工」

但可幸的是，仍有部分成功的教會，突破了這趨勢，強調平信徒領袖是與傳道人同工，是一起牧養、一起帶領教會並走在最前線事奉的。其實，在聖經神學上，這一個做法是無可置疑的。不少新約聖經學者指出，新約沒有嚴格區分平信徒領袖與全時間同工之間的職分甚至稱呼，當時推行的，是一種團隊事奉概念。在改教運動後，馬丁路德的「信徒皆祭司」呼聲更直穿雲霄。香港教會普遍對傳道同工有一種特殊的尊重，這原是一件美事，是傳道人應得的權威及位分，但演變成另一種的「祭司階級」就不健康了。

上帝的恩典浩大，我們正在走回正路。少數教會在過去十年一直保持平信徒領袖一起同工的模式。最明顯的例子是五旬節聖潔會永光堂，六千多人的教會，只有六、七位傳道同工，大部分傳道人的職務由平信徒領袖一手包辦，所以亦稱呼平信徒做「同工」。其次是不少教會行細胞小組制，而小組教會，不同「區」都有區牧、副區牧，不管如何稱呼，這些崗位上的信徒，事實上都是在履行教牧的職務。在不少細胞教會，例如沙田浸信會和筲箕灣浸信會，這些職務可以由平信徒領袖負責。有時區牧是傳道人，副區牧是平信徒，就算不是行「純細胞小組」的教會，也每多使用正、副區牧制。最近更聽聞播道會恩福堂和同福堂有不少平信徒領袖，與教牧一起「同工」，帶領教會，牧養信徒。

九龍城浸信會的張慕皚牧師，就認為必須為執事重新定位：「教會需要執事們能投入牧養的行列，與傳道人配搭事奉，一同肩負牧養的工作。近代浸信會的體制中便清楚對執事的事奉有明確的定位，要求執事們以牧養為基本的職責，而教會興旺的關鍵亦在於擁有一個強而有力、合作良好的教牧和執事隊伍，這是使徒行傳第六章給我們清楚看見的原則。」(參〈按齡牧養迎二千〉，出版資料見本書頁239。)

5.4.3. 如何轉變長執角色？

倘若一間教會真的希望改變長執和信徒領袖的角色，視他們為教牧的副手、團隊夥伴，一起做「三步曲」堂會的教練與隊長，應怎樣做呢？我建議有四個步驟：

1. **清楚按區分工定位**。每個長執及領袖以區為單位，清楚分工，與個別傳道同工一起配搭，並肩服事，確保區內建立起造門徒三步曲。我自己就是堂會的少年區副區牧，而傳道同工就是區牧。定位清楚，教牧與長執在區內共同承擔，長執不單是監察者，更是「同工者」。

2. **減少監察性和事務性會議**。把大量會議化繁為簡，盡量任各區自行運作，一切事務由區內負責，減少討論。成功的教會都是少會議，多做事的。

3. **清楚制定分區三步曲策略**。領袖就是要制定策略，精心設計並落實執行：在區內如何吸引人回來(全年福音性活動計劃和目標)？如何(包括由何人)以愛心把人留在教會？如何使信徒委身服事教會？領袖羣必須注意具體實踐情況，了解區內每個信徒或朋友現在的情況，出現問題便馬上修正。領袖羣不一定要正式開會，但一定經常以非正式討論保持每個月了解區內情況，並馬上策劃如何實踐三步曲。

4. **把重量級人才用得其所**。長執們本身就是「高手」、重量級人馬。當然不單單是某方面強，更必須是「通才」，即是熟習聖經真理、關顧力強、有責任感、處事成熟。教牧長執和領袖都應該是「重量級人才」。這些人才必須用得其所，放在策略性最重要的位置。播道會恩福堂把這些人才集中放在前線，親身做第一步與第三步，就是主領福音性小組（確保新朋友明白福音並得到關心）和訓練新的領袖（即組長）。區內的領袖團隊必須在必要時立刻重新調配資源，甚至有親自上馬的心理準備。一羣慕道者來到教會，浮游等待別人關顧，長執領袖要馬上找人負責，找不到唯有自己親自出馬帶組。長期訓練並守望區內的信徒領袖，當然更是長執的首要任務。

5.5. 教牧長執需要的特質

本章已經談了教牧和長執的角色和堂會人力的運用。當然這些最終都只是「工具」，真正重要的「內功」是教牧和長執的生命特質。其中又以教牧的更為重要，因為大部分香港華人教會仍是以教牧為堂會羣羊之首，教牧的生命質素會直接影響甚至塑造堂會的整體氣質。中國儒家講的「修身、齊家、治國、平天下」，也就是這個道理。從很大程度上，怎樣的教牧，就塑造出怎樣的教會了。

走訪了百多家香港教會，總結經驗，到底成功的教牧有甚麼特質呢？這些特質有一部分是眾所周知的，例如：穩實的聖經知識、敬虔的生活、與主親密的屬靈生命，這些沒有爭議性的要點，我在此就不詳談了。這些特質亦不是我在訪談中可以細察的，所以寧願留給比我更有資格的牧者去細細分析。我要談的，是在訪談中，可以明顯察覺成功的教牧與其他教牧不同之處。這些特質主要表現在三方面：一、全然向會眾開放的生活；二、長期對同一堂會及羣體的委身；三、自知自信，性格成熟。

在全本書的寫作過程中，有幾處地方我實在擔心自己不夠資格寫，也擔心會招來別人的批評。但我想既然自己從上帝手中領受了這託付，走訪了百多家教會，決不能因為「人言可畏」而把研究所得的收藏起來。雖然我不是教牧，但作為長執，我亦把自己定位為教牧的副手、團隊的夥伴，我自己也努力實踐以下三個特質。雖然我自己不是實踐得太理想，不過這三個特質在成功教會的教牧身上，是極之清晰可見、絕不含糊的。

5.5.1. 全然向會眾開放地生活

本書反覆論證，教會成功的基礎是關係，是貼身關顧、一起生活、彼此開放的羣體關係。這關係的密切度，很大程度由傳道同工與會眾的關係所塑造。教牧全然開放的生活，與慕道者及會眾一起生活，對堂會實踐三步曲有三個極重要的幫助：

1. 與會眾密切的關係，特別是與領袖們密切的關係，是激勵他們委身事主最重要的基礎。他們接受教牧邀請，努力事奉，不是因為傳道人的權位，而是有感於教牧長期的關顧、密切的關係，亦因此信任教牧做一切事情是真正為了信徒，為了整體教會的益處。

2. 教牧是個榜樣，示範給所有信徒看，委身事主是怎樣貼身關顧，留人在教會要如何用愛心關心。教牧也不全然開放生活，貼身關顧信徒，信徒就更加卻步，覺得沒有必要為教會拚搏，關心其他人，反正教牧也不做，自己也不用做「傻仔」。

3. 教牧是全時間重量級高手，倘若貼身關顧，放在教會最策略性位置，例如做幾十個少年的導師又或者直接關顧新來的青年慕道者，可收立竿見影之效，對教會發展三步曲有最直接的幫助。

實際上要怎樣做呢？原則上盡量與信徒一起生活，把他們當成「老友」。「老友」是怎樣的呢？

首先，不會見面只談公事，而是閒話家常，多了解信徒生活近況。要做到這一步，首先在教會全然投入自己區內的小組和團契，幾乎把自己當成活躍團友，與他們「混熟」，在非正式的「團團契契」，茶餘飯後，最輕鬆的處境中「混熟」。

其次，多找機會在會友公餘時間與其個別約談，可以由個人近況到屬靈生活近況，談到教會事奉。對勤奮的教牧來說，這些約談是常規之一。不然，每當教牧約見時，信徒便會以為是「輔導」甚至「譴責」，混身不自在。這些都應該在方便會友的公餘時間進行，可以在週末的早餐、午飯，更可以在平日放工後茶聚或吃晚飯。有些教牧就跑到市區與信徒吃中午飯。有一次在九龍東有一位很成功的小組教會的傳道人，她負責的職青區，十年間由十多人增長至百多人，她說關鍵是她每個月都與每個組長飯聚一次，用的就是這方法，即她跑到組長工作地方午飯或平日一起吃飯，她半數晚飯都是跟組長一起吃的。我自己就不時從灣仔跑去觀塘與一羣中學生吃午飯，又或者跑去大學與大專生吃晚飯。當然更重要是我每星期都與我親手訓練的助導吃一次午飯或晚飯。

不少傳道同工會全然開放自己的居所，大大拉近與信徒的距離。開放居所，隨時歡迎信徒到訪，一起生活、一起哭、一起笑，是最自然、最誠懇的貼心關顧。永光堂的伍山河牧師，第一年就完全開放居所，每天讓七十個高中生在他家裏洗澡(當時樂富區的公屋是沒有私人浴室的)。伍師母二十年前切菜煮飯的刀疤，今日猶在。現在永光堂九個家的「家長」，人人委身事主，以平信徒身分義務行傳道人職責。這九個家長都是當年那班日日上伍牧師居所的學生。曾接受我訪談的教會中，不少長執仍記得創辦時期西教士如何與他們一起生活、建立教會。我自己家住太古城，入去將軍澳植堂，也盡量開放居所，每星期都有少年人來我家，每個月都在我家辦一次二十多人的大派對(party)。做傳道人的，倘若可以搬到教會附近居住，「全然開放」居所，往往會帶來意想不到的果效。

5.5.2. 不將事奉看為朝九晚五的工作

以上一番言論，恐怕大部分這幾年「出身」的教牧都感到比較陌生。我聽聞不少剛出身的教牧，大都期待有穩定工作時間，大部分工時在平日朝九晚五再加上週六、日若干小時工作，最後是一至兩個平日晚上的工作(通常是祈禱會加若干團契或小組)。因為週六、日工作，一般在星期一或星期二休息一天。要實踐以上的模式，甚麼與信徒混熟、公餘不停吃飯、宵夜，還要開放居所，豈不是不停超時工作(OT)，個人生活完全混亂？我不知道怎去回答這個問題，因為大部分教會確有這些工時的規定，我唯有建議教會用每週填工作時間表(timesheet)的方法，採取靈活工作時間。我自己不是教牧，但大部分教牧的職務我都做，由關顧、訓練、到傳福音，而且差不多個個星期在自己及其他教會崇拜講道。

我已經與百多間教會，幾百個教牧談過，討論後我仍然有極大的疑問，在平日的朝九晚五「上班」對牧養教會的果效有多大？傳道人的主要職責，差不多大部分都需要在公餘時間進行，教會的聚會不在話下，而接觸關顧信徒亦必須在信徒不用上班時進行。與其他信徒領袖一起策劃三步曲，也要動用公餘時間。教牧的工作本質，原來就需要把大部分時間投放在朝九晚五以外，倘若把工時限制了在「辦公時間」內，就會人為地使教牧工作與信徒生活脱節，因為這段時間核心的信徒都上班、上學去，教牧唯一可以做的就是不停與其他教牧開會，再製造大量「行政工作」、準備「教導工作」。當然教牧還可以家訪，但對大部分「羣體」，大部分區來説，這段時間大部分信徒及慕道者都在上班和上學。我這個説法當然有例外，做基層婦女區的和做長者區的，都適宜在平日上、下午接觸他們。

我百分百同意，教牧一樣需要可持續(sustainable)、均衡的生活，我只是不認為有可能把這個持續點固定地限制在每週四十小時，而且在固定工時之內。倘若全力關顧，就必須遷就會眾時間，會眾作息時間一浮動，工時便不停浮動。會眾的需要也不可能固定，時多時少，所以也不可能完全固定每週工時。我不是想對傳道人特別嚴苛，只是想指出工作本質要做得好，因為是對「人」的工作，唯有因應「人」的時間和需要適應，不可能預先限制。選上了這份職業，就要接受這份「工時」。何況，這不是一份「職業」，而是上帝的呼召、託付，就更要悉力以赴。單純從「工時」角度來看，教牧的工作模式與不少「服事」人的工作十分相近，例如成人教育工作者、成人的體育教練、外展社工、財務規劃師等，都是在受眾「休息」時作為工作主要時間。

那一次教牧組的調研小組，有一位做了十多年教牧的同工，不停歎息部分剛出身的傳道人太計較工時、福利、放假、超時等問題。她是一個仁厚的長者，建議大家從委身教會的平信徒領袖的角度看這個問題：「傳道人每星期做五十至六十小時，連週末大約十二至十四節——上午、下午或晚上為一節——又怎好意思發牢騷呢？試想想教會中委身的平信徒領袖，他們何嘗不是一樣工作五十多小時，然後再花十多小時在教會聚會、事奉，加起來六、七十小時呢？倘若事奉也算為他們的工作，信徒領袖就是一星期工作七天，天天忙個不可收拾。我們傳道人至少每星期有一天真正休假。」這位教牧真的「牧者心腸」，聽罷我由心底暖出來。那位教牧接著説：「不少長執已經很久很久不能每星期休息一天了，他們不時聽到傳道同工星期一去哪裏靜修、休息，其實羨慕不已。」

5.5.3. 必須長期委身於一個羣體

華理克牧師、蘇穎智牧師和許多作者，多次強調一個眾所周知的事實：「一個牧者長期留在一個堂會，這個堂會不一定成功發展；但一個堂會或羣體不停換牧者，就一定不會發展起來。」這個道理至為顯淺，一個牧者並不是一個中層或低級「員工」可以每一、兩年更換，而是一間堂會的領袖，或其中一個區、一個羣體的領袖，絕對不能隨便更換，何況教會是一個關係主導的羣體，領袖更不能經常更換。一個教牧要真正造就教會，在任何一個羣體的事奉期應該起碼在七至十年間。但我從訪談中發現剛出身的傳道人只是以兩年至四年的留任期來考慮一個事奉崗位。更令人震驚的是實際年期比期望更短，一間十分有規模的神學院內部調查的結果，神學院畢業生第一份工作的「平均」年期是一年半。一年半！才十八個月！

一九九九年香港教會普查，也帶出了同樣的憂慮。當時發現在一九九四年至一九九九年這五年間，在全港二千五百七十九名傳道同工中，有百分之五十七即一千四百八十一人曾在那五年中轉職。按葉菁華在二〇〇一年之抽樣調查指出，同工在同一堂會工作之年期中位數是四年(即一半同工在四年內轉職)。我在寫這本書時，二〇〇四年普查正剛剛推行，希望調查結果顯示情況有好轉，但據我的觀察，好轉的成數不大。在上一次普查公佈結果之後兩年，有多篇文章進行廣泛的討論，一部分根據數據，了解問題及成因，另一些資深教牧，憑經驗進行分析。我以訪談了百多家教會的經驗，也來「加把口」討論討論。

首先，是為何我認為這是一個十分大的憂慮。九九年普查出來之後，大部分意見認為轉職嚴重的主因是教牧以至教會把牧職看成一種職業(job或career)，不像從前以教牧為「家庭一員」。既為「職業」，就引發俗世式的

「跳槽」、「東家唔打打西家」的思維。這有一定的道理，亦是問題的根本，我會容後再談。但我想先「俗世」一點，談一談即使「只」是把牧職看為「職業」，從合理、負責任、「專業」的角度來看，這份「工」最低「在職年期」應該為七至十年，而不是現在大部分教牧想的兩至四年。

5.5.3.1. 最低在職年期是七至十年

任何一份工作，即使不是終身在一個崗位，也一定有一個僱主與僱員間不成文的期望，一個合理、負責任、專業的僱員最少留任某一個年期。在這個年期之前離職，除非是工作與能力（即「恩賜」）有明顯不相配，否則僱主會理直氣壯地認為僱員不負責任、不專業，僱員自己亦感覺十分不好意思。倘若僱員重覆這種行為，將來的僱主亦不加以錄用。一般文職工作這個「負責任」年期是兩、三年，因為需要大約半年，僱員才熟習一切方法和人事，才比較有效率，所以倘若人人每年轉工，則工作時有超過一半時間十分無效率。倘若一個祕書——除非她明顯不適合當祕書——做了一年半載就離職，老闆一定覺得她十分不專業，是個不負責任的人，但倘若他做了兩、三年後另謀高就，老闆雖然也不快，但也不會「怪責」這個祕書。中層或以上的經理或主管工作，由於「上手」需要更長時間，又要保持高度持續性，負責任的「最低」年期一般是在三至五年之間。請注意，這個「負責任」最低在職任期，不是以僱員個人需要考慮，而是工作上的實際需要，倘若僱員因為個人因素——移民、升學、家庭——並不打算留任這段「最低年期」，負責任的做法是不去應聘，免得累了人家，又或者一開始與僱主明言。

香港華人教會的牧職「倘若」是一份職業，我研究的結果顯示最低「在職年期」應該是七至十年，堂會與牧者適宜在聘任時大家清楚建立此期望。為甚麼是七至十年呢？第一、是實證的論據。訪談了百多間教會，差不多每一家我都具體了解其過去幾十年教會發展（質與量並重）及傳道同工更替情況。牧者終身在同一堂會事奉，當然是可喜的現象，但我研究發現關鍵的年期是七至十年，每當有教牧在同一堂會事奉七至十年，果效明顯遠勝其他人。最明顯的論證是有不少教會在過去二十多年不停轉換教牧，大部分傳道人做了一至三年就離去，但其中一位卻留了七至十年。我發現這批堂會現時的核心實力都是由那一位教牧建立的，例如真正委身的平信徒領袖或青年領袖都是由那位教牧「帶出身的」，有果效的佈道事工，凝聚力強的團契，都是那一位教牧做的。一位教牧做七年，果效遠勝其他十位教牧加起來的二十年。

5.5.3.2. 七至十年才建成穩健的三步曲

第二個原因——七至十年是「最低年期」——是因為要建立我不停講的造門徒三步曲。由吸引未信朋友回來開始，把他留下來，最後使他委身服事教會，更行之有效，一個三步曲循環，在香港華人的處境要至少兩至四年，七至十年就剛可以推動三個循環。為甚麼教牧必須親自確保推動這「三步曲」循環三次呢？第一次是建立整個模式；第二次循環就是讓第一循環後剛委身的信徒嘗試回到前線，傳福音、栽培人；到第三次循環，這些人才有機會學習當真正的領袖，即他們自己都可以訓練，激勵下一批人委身，也可以綜觀全局，繼續推動「三步曲」。所以，教牧要做七至十年才能「功成身退」，在引退後可以確保「三步曲」繼續健康發展下去，或者三步曲至少在堂會某些羣體可以健康發展下去。倘若已經有部分信徒願意委身，學習事奉與運作三步曲，但在這極需要教牧在旁鼓勵、困難時給予指正的時刻，教牧卻在那時離開，這批信徒大都會退縮，不再在前線佈道及留人。這個情況我在訪談時遇過幾十次了，下一任的傳道人就算能與這批信徒重建信任關係，也需要一年以上，事工大受影響，而且這批信徒也不一定會全數肯留在「前線」了。

話説回來，我以上的討論是以事論事，因應不少討論以牧職作為一個事業加以討論。但在訪談的教牧中，真正成功的也不會把牧職看為是一個事業，一個工作，他們大多數把自己看為這個羣體的一部分，既然羣體是「血肉相連」的，根本不會轉來轉去，而是長久留在一家堂會事奉，與堂會一起成長。這也是最自然不過的事，因為絕大部分平信徒領袖也是如此與堂會一起成長，當然他們也期望牧者一起這樣「終身」事奉。

5.5.3.3. 教牧離職原因及對應方法

要在我研究的教牧離職個案中，作出具體細分，難免會有一點主觀性。在大部分情況下，該堂會現任教牧與長執會都願意説明前任傳道同工離職真正原因。但有時諮詢時人太多，不方便直言相告。「直言相告」的內容亦可能是片面之詞。所以我以下的分析，特別是各比例，無法避免地比較主觀。

首先，有大約兩成情況是教會「辭退」同工的。最常見是第一年合約期滿，經執事會評核後覺得不適合，沒有續約。少部分「辭退」的原因是傳道同工能力或操守出現嚴重虧欠。面對這些情況，除了起初雙方選擇應該更嚴謹外，沒有甚麼其他方法可以「解決」。

傳道同工真正「離職」，一般有三個原因：一、與長執或其他同工有衝突（佔離職中約四分之一）；二、同工有其他事奉或個人方向（佔近一半）；三、傳道同工覺得懷才不遇，未能一展抱負（佔另外四分之一）。

5.5.3.3.1. 與長執或其他同工有衝突

與長執或其他同工的衝突，表面上永遠有事工或屬靈原則，實際上主要是性格衝突（personality clash），我認為只有極少數衝突是真正屬於原則性的衝突（如靈恩問題或模式問題）。解決性格衝突的「問題」，第一是要雙方成熟處理，第二是在招聘時著重新教牧與長執及其餘同工的chemistry。Chemistry這英文字很妙，一時間想不到好的中文翻釋。柳樹溪的海波斯在*Courageous Leadership*中講得好，招聘一個傳道，他或她一坐下來，談上半句鐘，原來的長執和同工就要問一問自己，將來十多二十年與這個人日日共對幾小時，你會覺得愉快、舒服、自然嗎？這就是chemistry，是一種最自然的流露，沒有辦法造作得來。倘若答案是否定的，就千萬不要勉力為之，寧缺勿濫。在俗世的機構，chemistry不太一致，問題不大，只要大家彼此遷就，以事論事，按「本子」著重「結果」把事情做好便行了。堂會卻是一個血肉相連的羣體，沒有chemistry，大家不咬絃，彼此不享受共事的時光，就十分沒有趣味了，很難熬得過去。

5.5.3.3.2. 同工有其他事奉或個人方向

第二個原因最容易回應，卻最難實踐。事奉或個人方向可能是生兒育女、去宣教工場、升學進修、去機構或神學院事奉。有少部分教會認為傳道同工是終身制，這些個人考慮必須要放在堂會考慮之後，例如一個牧者要去進修，也是堂會「差派」的。我完全尊重這觀點，這做法也有不少主流宗派幾百年傳統的支持。不過在現實世界中，大部分信徒以及傳道人沒有這個觀念，這是勉強不來的。所以我建議以下這個「折衷辦法」：傳道同工仍然可以按個人和事奉需要離職，不過不應在「最低年期」內離開，即不應在事奉七至十年之前考慮離開。起碼不應該「計劃」在這段事奉期內離職。要升學進修，可以讀部分時間課程，等到七至十年時才去讀全時間。要去宣教工場，可以在這七年內，告假多去探望工場，或以部分時間兼讀性質學習語言。家庭有需要，也可以告假三、四個月，又或者有一、兩年時間以「半職同工」形式留任。除非逼不得已，在七至十年之前離職，是不「專業」、不「負責任的」。這與一個文職人員入了職做了半年就離開，性質上是差不多的。

教牧可能會覺得我太過嚴苛，不近人情，要把傳道同工「捆綁」七至十年。我並沒有搬上甚麼神學、屬靈原則，只是以事論事，認為任何工作都必須「專業」，尊重工作必須的有效「最低在職年期」。你可能會指出，不少傳道人在一個堂會事奉三、四年，表現十分好，造就、訓練不少信徒，又為甚麼不能算為「最低在職年期」呢？我的回答是：那要看你認為傳道人這「工作」的職責是甚麼了。倘若是提供一種「服務」(教導、訓練、佈道、輔導、行政、統籌等)，三、四年的確很長了，用半年「上手」，再提供三年左右高水準服務，講了兩、三百篇精彩講道，開了十多個紮實的訓練班，帶了十多二十人信主，的確問心無愧，可以再上路了。事實上，大部分我訪談的年青教牧均以此為目標，達到目標後馬上再思想事奉方向。但倘若你同意傳道人的職責不是在「服務」一班「受眾」，而是建立一個長期可以生生不息、代代相傳的信仰羣體，那麼我可以切切實實地說，三、四年時間是做不到的，要七到十年。極少數得天獨厚的教牧或處境，可能可以在五、六年間成功，凡人就要七到十年。

我在〈總論篇〉一開始就說，教會只有球員，沒有觀眾。教牧當時讀到那裏，一定十分認同，把我當作是平生的知己，因為我號召所有信徒協助堂會事奉，減低傳道人壓力。但反過來說，要真正做到這一步，倒不是談談說說就可以，而是要牧者付出七至十年艱辛努力才可做到的。碧咸倘若來港與南華一起踢表演賽，根本不用理會其他球員，只要來香港一個週末，出場時盡力施為，一個人獨領風騷，必定贏得全場掌聲。倘若碧咸要領導英格蘭重登世界盃班霸寶座，恐怕要經歷兩至三屆世界杯，八至十年功夫，嘔心瀝血激勵各球員自強，並著力訓練新球星。「全民皆兵」並不是把傳道人的工作量減輕了，反而是加重了、加長了。

5.5.3.3.3. 自覺懷才不遇

年青傳道人在某堂會事奉一、兩年就離開，其中一個原因是覺得自己懷才不遇，教會人保守，長執或堂主任不信任，又不肯改革，沒有發展空間。替教會做策略諮詢，我也碰過幾個這樣的例子。青年傳道人覺得我建議的方法，改革都十分受用，只是慨歎同工會或執事會不會採用，自己沒有空間「大展拳腳」。有些小堂會的堂主任同工在入職後也一樣有這種慨歎，我對他們的勸告十分清楚：「你愈希望改革，就愈需要長期委身於一間堂會。」只有長期委身於一間堂會，才有可能把其改革或局部改革。一個傳道人長期委身於一間堂會，對推動改革有三個好處：

1. **強化與領袖及信徒的關係及信任**。「路遙知馬力」是大家都了解的，對教牧來說，這就是讓會眾、長執及其他同工在長年累月的事奉中，清楚了解你是一個甚麼人，是否真心為教會、為上帝、為信徒獻上生命？是否做事貫徹始終、不屈不撓？是否成不驕、敗不餒？是否有穩實屬靈生命，不會隨便偏離主道？是否尊重團隊，不會個人主義？是否誠信可靠，有責任感？堂會是大家多年的心血結晶，不是以多年觀察，打從心底裏了解一個同工，又怎敢隨便委以重任進行改革？倘若這個同工是「雷聲大，雨點小」，在改革途中遇上少少困難便離職，那怎麼辦？在我多次提及的「長執調研小組」裏，長執們有一個清楚共識，是平常不宣之於口的內心話：「最後堂會是長執的，不是教牧的。教牧可以拂袖而去，長執們卻必須長期留下收拾殘局。」這句話有點「酸溜溜」味道，但卻是事實。做教牧的必須尊重這個感覺，也只有長期委身於一間堂會，讓大家清楚你的熱誠和為人，大家最後才會自願把大任託付於你。

2. **從小事做起，以「實績」贏取信任**。在建立信任的日子裏，教牧不能因循苟且、無所事事，而是從小事做起，以「實績」證明改革可行，而你亦有這個推動力。可能你負責的其中一件事工是十個八個人的初中團契，跟神學院同期同學相比，這種事奉可能確不起眼，人家可能已經是一家二百人教會的堂主任了。不要管人家，你就從這十個八個開始做起，與他們每星期開組，積極打電話、吃飯、icq，半年後關係密切，就開始發動他們邀請朋友回來你開的「英文福音班」，又同時做門訓。三年下來，只要你跟本書內「少年事工」那一章方法做(見本書頁146)，他們變成高中生時，很可能人數已上升至二十人，而其中又有兩、三個成為委身的領袖，再過兩年，已增長至三、四十人，有十個八個委身的學生領袖。這五年下來長執和同工們見到這樣的「實績」，對你的方法與能力刮目相看，何愁不放手給你改革其他羣體呢？

3. **親自建立下一代領袖，領導徹底改革，五年倘若不行，十年或十五年一定可以**。十五年下來，以上的方法，可能造就了近百的信徒，其中十個八個已是三十歲左右的成熟領袖，部分入了執事會，而大家亦已對你深徹了解。任何改革都可以用這批新進領袖為骨幹，人力與信任俱在，改革成功機會很大。

希望改革的教牧，都應該以九龍城浸信會的張慕皚牧師為榜樣，他在城浸做了十多二十年牧師，與會眾和領袖關係密切，建立了信任，才在幾年前開展全面的改革，可見要改革教會，長期對一間堂會的委身是何等重要。

5.5.4. 教牧要自知自信性格成熟

不少人認為，要做到超大型教會，其中一個關鍵因素是一個領導能力甚強的領袖，一般是堂主任牧師，像華理克牧師、海波斯牧師等。香港幾家數千人的超大型堂會，領袖們也被普遍被認為是「強勢領袖」，能力不遜於大企業的主管。不少人這樣說，言下之意，也就是他們自己的教會沒有這樣的領袖，所以不能奢望改革，更遑論行甚麼造門徒三步曲。這一點只是藉口，在我訪談的百多家教會中，這藉口不能得到印證。據我觀察，要成為幾千人、幾萬人的大教會，長期地每年以百分之十至三十的速度增長，的確必須要一個領導才能甚強的領袖。在我見過數以百計的教牧中，我只數得出五至十個這樣的堂會領袖。但要每五年或十年翻一翻，最後人數上升至五百人至一千人，則人人皆可做到，教牧並不要特別強的領導力，只需要「自知自信，性格成熟」。這就是成功教牧的第三個生命特質。

基督徒有時有點瘋狂，期望教牧樣樣完美，解經講道、關顧、策劃、輔導、團隊、對社會時事觸角，樣樣達至一流境界，而且振臂一呼時像大衛一樣意氣高昂、勇往直前，個別輔導時又溫柔如小羊，用謙卑的心聆聽。這些都只是幻想，不單一般教牧做不到，連超級教會的牧者也做不到。每個人後天能力的限制及先天性格的偏向，加起來一定是某方面較強，某方面較弱。不成熟的人不懂得以合乎中道的心態發揮，往往高估自己的長處，忽視自己的短處。一個人在社會上做事十年八載，年過三十，一般性格漸趨成熟，就懂得自己有甚麼長處，充分發揮，建立「自信」，但同時又有「自知」之明，了解自己短處，用種種方法補其不足，確保自己的短處不會影響工作。訪問百多家教會，我發現了一個最普遍不過的現象，健康的教會的教牧，沒有多少個是「超人」，但卻個個性格成熟、自知自信。

香港華人教會的教牧，最需要注意的是哪些「缺點」呢？就是不大願意嘗試新事物和策劃能力偏低。要改革教會，某程度上要嘗試新事物，在當中冒一定的風險，可能引起衝突，也可能有人流失。而建立門徒三步曲，很多時是需要改革，在可以控制情況下冒一點點的險。趙錦德牧師與香港教會更新運動合作，替大量香港教牧做性向分析，發現大部分教牧屬於所謂行政型（administrator）的性格。這性格的人喜歡人家交付一套計劃，他就會忠心努力執行，不負所託，但卻不喜歡偏離原訂計劃行事，擔心有錯誤、有風險。所以教牧每多善於執行，不善於改革。

我們不可能要求教牧改變自己的性格，但成熟的教牧會有自知之明，設法聽取他人意見，學習如何改善，以後天訓練和聆聽以補性格上之不足。實踐時，又有足夠自信去克服性格弱點，自信雖然自己是「行政型」，但只要部署得宜，按部就班，自己一樣有能力領導改革成功。性格上不喜歡創新，想不出新方法，就可以多看看書(例如我這一本)，多問問其他教牧，甚至找我做個諮詢(我例必改革方法多多)。重點是教牧有沒有這種成熟性格，自知自信，突破自己性格弱點去領導改革。

另一個求變的方法是與長執一起同工。不少我認識的長執，是屬於「創業型」的性格，敢於冒險，又敢於改革，卻不善於執行。教牧不要單單提出自己的方案讓長執批評，而是可以邀請一、兩個適合的長執一起研究出新的發展方案。

‧信‧徒‧反‧思‧

1. 倘若你是長執，你有沒有做過傳道人「副手」，一起造門徒呢？還是單單從旁監察呢？

註 1：

不謀而合，J.C. Hough & J.B. Cobb, *Christian Identity and Theological Education* (Chico, California: Scholars, 1985), pp.5～16認為在美國，到了二十世紀，八十年代，牧者也把自己的角色定位為經理(manager)及輔導者(therapist)。

第6章

信徒的激勵與守望

一家二百人的教會已有五、六年停滯不前，會友中很多信主十多年，聖經知識豐富，他們的牧者與長執來找我做策略諮詢，談了近兩小時，主任牧師臨離開時說：「葉博士，很感謝你的建議，這些確實是我們要做的事情，但大家停滯了太久，我實在沒有信心可以鼓勵大家向前改革。」

另一位傳道人剛入職做某教會少年傳道，在諮詢後也有類似回應：「葉博士，你說亦友亦師長期委身的導師是做少年事工的殺手鐧，這一點我十分同意。但我實在不知道怎樣去激勵教會的青年人做導師！」

以上是十分典型的諮詢反應。教會有了清楚的策略，亦願意調配需要的人力、財力，但怎樣去激勵信徒委身參與呢？為甚麼有這麼多信徒只到了第二步，「留」在教會穩定聚會，卻不能進到第三步，委身於上帝、委身服事教會呢？上一章說教牧就是堂會的教練兼隊長，三大職責之一就是激勵信徒委身於教會，但實際上如何做呢？綜合對百多家香港教會的觀察，成功激勵信徒的教會有四個方法，但在談這些方法以前，我希望先強調兩件事：第一、方法歸方法，教牧與信徒的關係才是激勵信徒的基礎。第二、在成功激勵信徒後，亦必須長期加以「守望」才能保持信徒長期委身。第二點十分重要，我留待本章下半部再詳細討論，現在先談談第一點。

6.1. 關係是激勵的基礎

教牧激勵信徒事奉，很難靠「權位」，主要還是「動之以情」，任何「動之以情」的「方法」，最初必須先有「感情聯繫」，就是教牧與會眾間必須先有穩實的關係。所有教牧來找我，跟我說不能推動信徒委身，我第一步必定先檢視他與信徒之關係，其次就是信徒領袖間的關係。有一次我邀請我自己門訓小組內一位二十歲的姊妹去服事小學六年級學生，她一口答應，我提醒她這次事奉的時間與青少年崇拜重疊，她以後要一早起床，返主日早堂的崇拜。我知道年青人最怕早起，豈料她也說沒有問題。我多口加了一句：「你是否肯定？為甚麼這樣『容易』就答應下來，這可不是開玩笑，我們把十多個小六學生的靈命交在你手中。」她的回答輕描淡寫，卻令我印象難忘：「以前當然不行了，但我們認識了兩年多，每星期一起開組吃飯，大家『咁friend』，『無所謂』啦！」她說的吃飯是我在前面說過的每星期四門訓小組後一起宵夜（對我是晚飯），和主日一起吃午飯。

說來說去，又回到上一章所講的教牧三大生命特質，其中的全然向會眾開放的生活和長期對同一堂會委身。建立關係沒有捷徑，長時間一起生活，開放生命是必經之路，有了穩實關係為基礎，激勵比較容易，改革也比較容易被接納。馬健明牧師在筲箕灣浸信會事奉了十四年時間，與眾領袖建立了深厚的關係才開始推動制度上的改革。把新來教會的青年人，先凝聚在一堂新的敬拜，後來又轉變用細胞小組模式。在一九九七至二〇〇二年間，教會由四百五十人左右，人數翻一翻成為九百人，而且新來的人之中，有八成是後來信主、委身基督、服事教會的。面對這一所原來四百多人，歷史悠久的教會，要推動改革，馬牧師一方面實行「一國兩制」，即只在新來的青年區實行小組制，減低對原有制度的衝擊，另一方面就實行「密集關係」的游說。他與各長執逐一吃晚飯，在十多年關係上，再加上「晚飯攻勢」，在輕鬆的飯聚中，痛陳利害，解釋改革的必要；要求長執的認同。這種以關係主導的方法，搏得長執的認同，改革順利進行。倘若你也在考慮改革，我大力推薦這種單對單、關係主導的晚飯「攻勢」。即使不是「改革」教會這樣的大事，只是邀請小組組員開始重要的新事奉，這種「單對單吃飯」亦是十分有效的關係主導方式。

6.2. 關係必須加上「方法」以達臨界點

建立關係是激勵的基礎，有了基礎再加以激勵，就事半功倍。不過這個「關係」的基礎，仍不能取代以下的「方法」，關係起碼要結合以下的其中一至兩種方法，才能有效激勵信徒委身事奉教會。曾經有一位教牧與一批信徒差不多一起成長，正是俗語講的「帶大」這批信徒，十多二十年時間，關係當然挺深厚，但最終這牧者不能掌握新方法，又或者不願意學習新方法，不能激勵教會委身前進。最後換了領導的牧者，用新「方法」去激勵信徒前進，教會才有一股新氣象。可見關係雖然是十分重要的根基，但「方法」還是需要的，我走訪了百多家教會，總結經驗，在香港有效激勵信徒委身的「方法」有以下四個：一、邊學邊做的事奉訓練；二、身體力行的示範；三、振奮生命的氣氛；四、清晰的異象目標。

並不是每一間成功激勵信徒的教會都同樣重視這四個方法，的確有一點各施各法的「味道」。差不多所有堂會都使用事奉訓練的方式，但卻有一個重要的例外，那就是五旬節聖潔會永光堂，但偏偏永光堂有六千人，佈道果效顯著，而且大部分信徒極委身事奉。永光堂不用正式的事奉訓練，因為用身體力行的示範十分成功，用「有樣學樣」便已足夠，況且另外兩個方法更是用得出類拔萃，成效顯著。但永光堂的方法太獨特，我覺得大部分教會學不來，所以我仍然建議教會用事奉訓練的方式。

反過來説，不少教會只做訓練，卻忽略其他三個方法。這是個危險的做法，成功的比率不高，反之細胞小組模式的教會，設立機制四樣方法一起使用，教人不得不佩服起初設計這模式的教牧。四個方法都用齊卻不代表四個方法同樣看重。筲箕灣浸信會的馬健明牧師就明言，他主要的激勵方法是透過激勵人心的敬拜營造聖靈充滿、生命更新的氣氛，而牧鄰教會的王利民牧師就十分著重激勵人心的氣氛營造，特別是如何「把人最好的潛能帶出來」(bring out the best in people) 和宣教的熱誠。

華人教會對使用異象目標，特別是「量」化的目標一向有保留。我在《時代論壇》談到這方面時，更引發了一輪筆戰。異象目標只是激勵人心的其中一個方法，既然引起爭議就有必要證清。我覺得這是一個好方法，而且重「量」不等於不重「質」。其實我經驗中，重「量」的堂會一般都十分重視「質」，因為只有高「質素」的教會才能把人留下來，更叫人委身事主，一起使教會增長。況且連「質」也可化作具體、量化的目標，例如以穩定靈修、禱告的信徒比例作為堂會或小組目標，這一點我在下面詳細討論。事實上，過去十年香港有三間堂會高速增長，而且增長人數又以佈道果子為主，最後成為幾千人的「超大型教會」，他們都十分重視異象目標的使用。不過，我亦見過不少二百人以下的中小型堂會，雖然不太重視異象目標，仍然成功激勵信徒委身，健康地在質與量平衡地成長。由此可見，異象目標的確可協助教會有效地在各區、各羣體齊齊推動事工、激勵信徒。而在關係比較緊密的羣體中，異象目標雖然有用，卻不是必要的。道理其實也很簡單，倘若堂會只有一、二百人，牧者可以用其他三個方法去激勵信徒，只要關係密切，可以同樣有效。我基本上建議大家都設立異象目標，不過在中、小型堂會，倘若文化上難以認同也不用勉強為之，用其他三個方法也可以。

這四個方法的運用要視乎個別教會的情況來決定，在不同規模、不同背景的教會，以至同一堂會內不同的「區」，也可能要個別處理。而且也必須配合教牧自己的恩賜與風格，勉強不來。不過有一點是肯定的，無論這四個方法你怎樣選擇，怎樣配合起來，都必須在激勵的「力度」上超越一個臨界點（critical mass）。任何前線負責激勵員工或義工士氣的人都有這樣的經驗：一羣人的士氣或熱心，是會彼此感染的，只要激勵力度夠強，產生效應，有若干基本人數士氣高昂，大發熱心，全體就受到感染。士氣和熱誠自自然然高漲，再反過來激勵原先的人。但這必須到達若干「臨界點」才成，激勵力度夠，到了臨界點，自然水到渠成。反之亦然，激勵力度不夠，未到臨界點，連原先熱心事奉的人也漸漸心灰意冷，冷淡下來。這個「臨界點」在大部分情況下十分清楚，不講自明。所以無論你用哪幾種方法，最重要是配合起來，力度要夠大，超越臨界點，否則是浪費力氣了。因著教會是一個長期的、關係密切的羣體，信徒間彼此影響尤為深遠，這個「臨界點」現象就更加明顯了。

6.2.1. 邊學邊做的事奉訓練

通過事奉訓練來激勵會眾委身事奉，在訓練過程中要平衡堅定心志與技巧傳授兩方面。堅定心志部分很多時包括重新檢視其個人靈命和信徒生活、個人恩賜與性向分析，及不斷強調事奉者需要的生命質素與心志。至於技巧方面，部分教會以極仔細的方法，嘗試針對各種可能出現的情況，提供答案並確保受訓者記憶純熟。有人認為這些訓練造成罐頭福音（特別針對三福）或機械非人性的小組，所以大力反對。但據我觀察，這些十分詳盡的訓練，對激勵信徒委身事奉的確十分有用。訓練得愈仔細，實用性愈強，受訓後自信心自然大大增加。而自信心正是激勵人心最好的良藥。況且花了那麼多時間辛苦熟讀，當然不願意白白浪費，於是激發具體行動嘗試學以致用。理論學得太多會影響事奉，但技巧學得仔細，一般會激勵信徒更熱心事主。

我所接觸過最詳細的、真正技巧性的訓練，主要是組長訓練和傳福音訓練。以組長訓練為例，沙田浸信會純技巧上的訓練包括保密的守則、帶組基本技巧、處理困難及衝突、推動恩賜運用、策劃外展活動、處理各種危機和輔導與面談技巧。這種種技巧，幾乎比教牧要學的技巧還要多。這也難怪，下一章我會談到細胞小組認為「小組就是教會」(a cell is a church)，所以組長根本上是一個小教會的牧者，要掌握的技巧當然多。細胞小組教會還有其他重要崗位，例如負責督導、輔導組長的區導師，也一樣有鉅細無遺的技巧性訓練。另外一個十分複雜詳細的訓練課程當然是三福訓練，由個人談道內容到各種談道時未信者可能提出的奇難雜症，加上如何策劃整個倍進計劃，每一小節都有特定答案。這些詳細的訓練一般都要三至六個月十分密集的訓練。

是否「必須」這些詳盡的訓練呢？在百多家教會中，成功的堂會不一定用這樣詳盡的訓練，不少採用較為簡化的版本，而且極少同時看重兩樣或以上的詳細訓練。唯一例外是播道會恩福堂，它同時大力推動三福和組長訓練，不過恩福的信徒擺在教會的事奉與學習的時間十分長，遠遠超過其他堂會信徒的合理參與時間。一般行細胞小組模式的教會，偏重組長的訓練，傳福音訓練則從簡，例如採用羅馬路、福音橋、四律等訓練再加上個人見證的訓練。訓練的繁與簡，不論在組長訓練或傳福音訓練，主要問題在於信徒時間上的分配。沒有人認為訓練沒有用，只是可能覺得直接在前線參與事奉，激勵作用更大。

但無論是哪一種模式的訓練，是組長訓練或傳福音，甚至是其他技巧訓練（例如主日學、帶敬拜），要有效激勵信徒事奉，必須要邊學邊做，即在訓練期間有實習機會。因為是技巧訓練，必須實習才能純熟，亦只有在實習中，「老師」才可事後更正，加以改進。參與組長訓練的，一般已經是「副組長」，所以需要間中協助帶組。三福更在訓練中設「配額」(quota)，規定一定次數的「出隊」做個人談道。從激勵信徒的角度看，這些實習的重點是「練膽」，真真正正建立自信，從而產生激勵效果。「練膽」倘若帶來果效，例如三福訓練時會有人決志信主，就更加帶來振奮人心的果效。

我認為絕大部分教會需要某程度上的邊學邊做的事奉訓練來激勵信徒，倘若信徒是職青或成長信徒，可以接受詳盡的技巧訓練，也不失為一個好方法。但倘若信徒在年齡、文化或個人風格上受不了這種複雜的技巧訓練，就適宜從簡，不能勉強，否則只會做成反效果，影響信徒事奉的信心和熱心，以為不能全面掌握這些技巧，就不能有效地事奉。

6.2.2. 身體力行的示範

這個激勵的方法是倚賴教牧、長執、導師或其他領袖帶頭熱心委身事奉，產生積極的示範作用，「生命影響生命」，最終推動信徒「有樣學樣」委身事主。既然整個堂會是一個血肉相連的有機團契，這個示範作用是不可或缺的，牧者不是全然「鞠身」為主為教會，長執和信徒領袖也就不會太「拚命」，繼而下來，其他信徒也不會太委身於教會。信徒的眼睛是雪亮的，不「鞠身」的牧者或領袖，一定馬上現形。這個「示範作用」可以支援其他的方法，領袖親自「示範」，證明事奉訓練所教的方法是切實可行的，亦是熱心信徒能力所及之事，「示範作用」當然也可以激起振奮人心的氣氛。

但在某些教會，這個示範作用卻成了完全主導性的方法，與文化價值並列，甚至連事奉訓練也不需要，因為「有樣學樣」就已經足夠了。五旬節聖潔會永光堂就是這個方法，叫“monkey see，monkey do”。但要單單藉此達至激勵人心的臨界點，必須有兩個條件：一、示範者十分熱心，遠超一般的期望，令其他人衷心佩服和感動；二、有充足的空間、時間讓「學習者」與「示範者」一起生活，耳濡目染，不經意間被激勵。在〈案例篇〉我有更詳盡的介紹，永光堂自伍山河牧師，一代一代示範下去，怎樣實踐遠超一般期望的熱心與委身。永光信徒的塑造期是少年階段——永光現時有二千多少年人——而少年階段的一大特色是跨年齡組別的小組(cell)。在永光的少年小組內，一般從大學生(助導)到中一學生都有。於是中一學生一進來，就有幾年時間與成熟信徒一起生活，觀察他們如何委身事奉，如何表達愛主愛人的心，耳濡目染，真正做到“monkey see，monkey do”。

6.2.3. 振奮人心的氣氛

四個激勵人的方法中，這一個最「玄」，卻最重要。叫這做一個「方法」，不太公平，其實是一系列可能的方法和手段，促使教會達至一種「氣氛」，清楚感到上帝的同在，期待上帝藉教會行大事，於是大家不怕眼前的困難，有勇往直前的氣魄。有些教會比較重視透過清晰、生活化的聖經教導，帶來許多明顯的生命改變，於是大家對真理、對上帝產生了期待。播道會恩福堂就是這個進路，一信主就人人做福音性查經，隨著就是蘇穎智牧師向我多番強調的造就課程「價值重整之旅」，透過真理，每個人都要重整生命的優先次序，把一切當「副業」，唯有委身服事主、服事教會才成為「正業」。這種以真理令「生命轉變」的方法又在每主日在講壇上，以高水平、生活化的講道不停加以強調。再加上在小組內不停的查經和有大量信徒參加教會辦的聖經學院，形成了十分清晰的「氣氛」，即只要認真學習，遵行聖經的話語，必能改造生命。

這種振奮人心的「氣氛」，永光堂則以十分強而有力地滲透教會各階層的價值文化加以帶動。這些價值觀包括：極嚴謹的屬靈生活準則、一切以佈道果效為標準與及驚人的追求卓越的事奉態度。這些價值觀，透過前述的一代傳一代「示範作用」，看似鬆散，實則密不透風地深入民心及教會一切的決策（包括資源的調配）。

小組教會（例如沙田浸信會）十分重視以敬拜（celebration）來營造這一種激勵人心的氣氛。其實恩福堂也一樣重視敬拜，不過主要部分是講道而已。不論是透過講道或唱詩，崇拜的目的在自然教會發展運動中講得十分清楚，就是帶領信徒與主相遇，讓上帝激勵我們，振奮我們的心，使我們重新立志委身於上帝。筲箕灣浸信會的馬建明牧師更特別強調，他教會的更新是由敬拜開始，亦由敬拜帶動，一開始在敬拜中經歷了聖靈更新，人數增加，新來了一百位青年信徒，為了承載這增長的勢頭，把這股更新、激勵信徒的動力好好運用，才在敬拜更新了一年多以後才採用了細胞小組的模式。

牧鄰教會的王利民牧師，教會主要針對基層的市民，所以特別著重教會應有的七大氣氛，藉此更新信徒的生命質素。基層人容易有自卑感，擔心在教會是否被接納，所以要激勵他們，最重要的氣氛，王牧師認為是「帶出每個人最好的潛能」(bring out the best in people)，即要多些肯定，少些責備。七大氣氛以外，特別要加強憐憫(compassion)別人的心，就是宣教的憐憫，所以短宣去孟加拉手抱街頭穢亂不堪的街童，沙士期間去「洗樓」，更重要的是每個組長都必須去過一次「瞓街camp」——就是一組信徒，在星期五從某區出發，一起走過社區，到星期日才回到教會。其間不能回家，不能回教會，身無分文，不能帶手提電話，唯有露宿街頭，被迫與街上的人為伍，尋找他們的協助，又同時間去服事街頭的人。這些「瞓街camp」營造強大的憐憫氣氛，激勵人心，熱切委身給上帝、委身服事社區及教會。

6.2.4. 清晰的異象目標可激勵人心

前面已經講過，有些教會對訂立可量度的目標比較敏感。在研究中我亦發現中小型的堂會，就算不運用異象目標，很多時可以靠領袖與信徒密切的關係，加上其他三個方法，達到激勵信徒熱切委身的結果。但堂會愈大，使用異象目標的需要就愈明顯，過去十年三間高速成長的超大型堂會——恩福堂、沙田浸信會、永光堂——都十分有效地使用異象目標。在激勵信徒的整個過程中，異象目標可以發揮兩個不同的功用。第一、在事工一開始時建立清晰可描述的異象，可以使信徒心靈開竅，第一次明白原來教會不是「吹吹水」(pay lip's service)而已，而是認認真真想為上帝幹些事情。在使用其他三個方法——訓練、示範、氣氛——時，信徒的心靈已經有了場境(context)，知道牧者所指為何，希望激勵他們往哪裏去。第二、異象目標是一個橋樑，把抽象的心志與熱情落實到可見的具體計劃。

倘若你教會對使用異象目標十分敏感，那麼就暫時不要太高調使用。倘若這種敏感度是源於以下三種誤解，或者其他人的經驗可以幫到你解釋這種誤解。

6.2.4.1. 誤解一：追求數量不屬靈

蕭壽華牧師在《聖靈領導的教會管理》認為制定異象目標，其實是凝聚屬靈的力量，就是信心的力量、禱告的力量。通過禱告，教會領袖一起憑信心制定異象目標，「所定的目標其實就是一種信心的宣示，從中顯示了我們期待著神將來成就甚麼事情。儘管出現種種困難，我們都需竭盡全力實踐目標，相信神必給我們力量，並且會為祂的名保守最後的結果。」

6.2.4.2. 誤解二：追求數量就會輕視質素

在短時間內，我的確見過少部分教會為了追求人數上升或植堂數字達標，輕視了屬靈質素。但這些堂會無論在人數或事工都不能持續發展，一般是過眼雲煙。有效使用數量目標，使堂會持續發展，不單不會輕視質素，而且使堂會更重視每個信徒的生命質素。量化目標正正就是在量度這些質素，藉此激勵每一個人成長。例如用量化方法，積極跟進信徒聚會是否穩定，有沒有參與團契或小組的生活，繼而跟進各人的靈修、禱告生活，是否熱心委身事奉、傳福音。適當使用異象目標會使整體信徒質素大大提升。

6.2.4.3. 誤解三：異象目標對教牧及信徒帶來太大壓力

只要傳遞適當，又提供訓練和支援，清楚的數量目標可以激勵和凝聚信徒動力。其實只要誠實面對自己，大部分人都熱切盼望人數增加，要不然又怎會有千多位教牧參加華理克牧師的講座呢？只因他曾把教會從零帶領到近兩萬人！少年人要同伴的認同，要in，就更希望人數多。向我教會Y zone的少年人轉達異象之前，我把他們分組，每組提出三大願望，結果每一組的第一願望都是人數急增！在宣道會區聯會的使命營，我向一羣導師和少年人作同樣要求，結果呢？他們希望「座無虛設」、「少年人排隊去崇拜」、「多次擴堂」、「人數激增兩倍」、「每年人數倍增」、「三年內人數激增十倍」、「人數超過二百人」、「由小貓三、四隻到近百人」。聽聽少年心底夢，制定異象目標凝聚這股激情。

6.2.4.4. 把異象目標落實為行動計劃

從訪談百多間香港教會中發現，大部分堂會不能有效使用異象目標。

要有效使用異象目標，使信徒得到激勵，最後亦能把熱情落實在事奉上，香港的教會要注意以下幾點：

1. **異象目標不能空泛，必須十分清晰**。清晰的目標就是堂會自己可以在指定時限內清楚知道是否已經達到這個目標。大部分教會都設立年度主題，以為這些就是那一年的異象目標，最典型的是「熱切禱告」、「廣傳福音」、「崇拜更新」、「主內相交」等等。這些對激勵信徒，幫助不大。「熱切禱告」要轉化為「年底前百分之五十信徒有穩定——每週三次以上——的靈修及禱告生活」才是一個目標。「主內相交」則要轉化為「一年內參加團契比例由百分之四十增加到百分之六十」才是一個目標。歷來最清晰又有時限的異象目標是甘乃迪當上美國總統後，發表的著名異象宣言：「十年內美國要送一個人上月球，並使他平安歸來！」

2. **把遠象落實為短期目標**。有一間教會説長遠要變身服事基層的教會，卻沒有制定目標，例如兩年內有多少基層人士留在教會呢？多少個基層信徒當領袖呢？另一間教會的遠象是要成為一間「萬人教會」。它必須決定未來一年人數增長目標。遠象有令人心靈開竅，方向清晰的作用，但若不落實成短期目標，就容易顯得不切實際。

3. **必須有長期持續地量度的指標**。有一些年度的「運動」可以在那一年特別強調某些指標用以激勵堂會在某方面改善，例如上面提到穩定靈修的人數。但堂會必須有一些指標，是年復一年，不停地跟進的。長期地跟進，這些指標就會真正成為教會的「氣氛」、文化價值的一部分。

4. **必須同時重視「留人」及「委身」這兩部曲**。有些教會太過關心三步曲的第一步，就是每年多少新朋友回來，或是多少人決志信主。其實必須同時重視第二及第三步，關心多少新朋友回來後長期穩定參加聚會以及已經委身參與前線的事奉。永光堂計算聚會人數，就只計算已經穩定出席者。另外，在永光堂要積極參與教會，靈命成熟才可以升為「家員」(永光堂以不同的家把教會分工)。最後就升級為「同工」(即平信徒的前線事奉人員)。永光堂十分重視制定每年崇拜人數、家員數目與及同工數目的目標。小組教會一般跟進參與小組人數、小組數目,以及組長、副組長的數目。組長的數目就是多少信徒委身事奉的重要指標。

5. **必須同時重視整體目標及各「單位」的目標**。教會整體目標只是方向性指引,更重要是各「單位」制定自己的具體目標。在小組教會,就是各個「區」制定人數、組數、組長及導師人數等的目標。在每個小組就是制定每年小組人數增長目標,何時「爆組」,何時出現「副組長」。永光堂每一家內的每一個「佈道團契」都制定每年決志人數、家員人數及同工人數的指標。恩福堂行「大團加小組」模式,就更在團契及小組層面制定這些目標。有一點大家要注意,教會整體的目標,不一定要等於各單位目標的總和,很多時是分開制定的,整體目標比總和低才是健康的情況。各單位都應該制定目標,然後努力去實行。但卻不可能每個單位都成功,所以最後整體通常達不到「加起來」的目標總和。

6. **必須把目標落實為具體行動計劃**。要每個「單位」制定目標,就是要每個單位自發制定自己的當年的行動計劃如何達至目標。例如在吸引新人回來方面,一個恩福堂團契的年度計劃可能包括:在團契內一季開兩次福音性查經班、兩次福音午餐、為某公司及某診所開設福音查經小組、開設「媽媽組」等每樣活動均有指定負責人。永光堂每一個「佈道團契」更每年有一份十多二十頁的詳細年度報告及計劃。

7. **不斷重覆異象目標。**傳遞信息最重要是「重覆」。華理克牧師引用尼希米的例子,五十二天完成城牆,中途百姓已忘記異象,要提醒,所以異象要隔二十六天重覆一次,即每月重覆。有一位牧師在《時代論壇》不經意提到每月重覆一次太跨張了,恐怕華理克只是原則性一提。其實,不經意的說話,最能流露心底的想法。不停重覆根本上違反教牧的慣性,卻是唯一的方法,令信徒明白這異象是教會期待每一個人共同努力的方向。專業的宣傳人員都知道,一個信息,受眾要重覆聽四次才接收到，聽七次以上才知道其重要。所以，同一個電視廣告一定要每晚起碼播四次。教會傳遞給會眾的信息之多，比起電視廣告只有更多和更混亂，在崇拜宣佈一件事，大約一半人會接收到信息，但這一半人只會知道你講過，也不能記起具體內容。只有不斷重覆異象目標，信徒才能牢記。

6.3.「守望」建基於「立約」羣體

不少教牧及領袖明白關係是激勵的基礎，亦在不同程度上使用以上四個方法激勵信徒委身於上帝、委身於教會。但在成功激勵信徒委身後，卻必須持續不斷地「守望」，才能確保信徒持續委身，榮神益人。有些教會用「守望」這個名詞，表達剛信主栽培過後的信徒必須有人「守望」，確保靈命健康成長。我所講的「守望」是下一個階段，在信徒進入三步曲的第三步，決意委身服事上帝、服事教會後，必須有導師或師傅(mentor)加以長時期守望，確保其個人靈命，事奉熱誠得以延續，也同時「督導」其事奉情況。這個導師是教牧，也可以是平信徒領袖。「守望」也包括信徒間「互相守望」，彼此監督。

「守望」是三步曲不可或缺的組成部分，我其實有點後悔把這樣重要的部分放在第六章的末端。我甚至想過把「守望」放在三步曲後組成「四步曲」。不過我覺得在「邏輯」上守望應放在激勵之後。無論由導師、教牧守望或委身的信徒彼此守望都是源於一個教會觀——教會是個立約的羣體。我們委身於上帝就是與上帝立約，而委身於教會就是信徒間彼此立約。立約就是委身的另一面。立約就是一種承諾，而承諾帶來共同的期望。正如在婚姻的聖約中，男女雙方彼此承諾，亦因此彼此期望，無論在幸福或困難的日子仍然廝守一生。同樣地，信徒決意委身於教會是一種彼此的承諾，亦建立了共同的期望，每個信徒會如何過自己的屬靈生活，又如何參與教會，為教會付出。「守望」就是彼此督導、監察，確保大家信守承諾，達到共同的期望。所以「守望」之先必須有共同的期望，大家對每個人要付出多少有了共識。所以有效「守望」的第一步，是在牧者的教導中、事奉的訓練中、領袖的帶組中，反覆強調對各人屬靈生活和事奉投入的期望，亦強調各人盡本分是彼此委身的象徵。

6.4. 守望的兩個基本方法

「守望」的基本方法有兩個。第一、在定期的事奉人員、聚會中，各人分享自己個人靈命近況及事奉近況，再彼此代禱，而教牧或導師則在此時給予個人層面的屬靈指引(spiritual guidance)和事奉指引。在細胞小組教會，這就是定期的組長會，由區牧、副區牧或區導師主領。在少年事工，我建議替事奉的少年人(組長、助導、職員)開定期門訓或組訓，由導師帶領。這些聚會，一般在八至十五人之間，可以每星期、隔星期或每月一次，但決不能更疏了。這個聚會的主要目的，其實是彼此監察，在分享、代禱的處境下彼此守望，確保人家靈命保持一定的紀律(穩定靈修、聚會、奉獻等)，亦彼此監察事奉的基本工作完成。當然這種聚會還有三個次要作用：第一、彼此學習，看見其他人成功的事奉得到激勵；第二、事工統籌；第三、事奉指導，由教牧或導師協助解決事奉上的困難。

「守望」的另一個重點是每月一次(有些每兩個月一次)跟委身信徒的單對單約談，由牧者、長執、副區牧、資深導師等負責，每次一小時。「約談」可以一同進餐的形式來進行，在工作地點附近吃午飯(牧者應該去信徒工作場所)或在居所附近吃晚飯。約談應該由個人近況、靈命談起，隨之以牧者對其事奉的肯定及稱讚(要舉具體事例)，然後就是他分享事奉近況，對其作自我評估、檢討，最後牧者給予指導。倘若面談真的十分困難也需要用電話詳談。教牧自己必須把守這個關口，守望自己「區」內最重要的八至十二個領袖。我作為少年區的副區牧，也就親自把關，守望十個少年領袖(主要是大專生)。這種工作十分花時間，還需要在這種「約談」和「聚會」外持續與其「交誼」，建立更穩實的關係。所以不少時間花在辦公室時間以外，所以我在上一章說牧者的工作，即使在週末以外，也不是朝九晚五的。

「守望」這種制度和概念，基本上我是從細胞小組教會學回來的，不過我覺得這概念十分好，即使教會不是行純細胞小組模式，也應該採用這制度。

・信・徒・反・思・

1. 你是否經常被動地等待教牧來「激勵」你事奉呢？你有沒有感覺自己是彼此立約羣體中一員，有責任去服事這羣體呢？

模式篇：

建立生生不息羣體的不同模式

第1章

模式是好是壞？

這本書名為《101間香港教會經驗分析》，因其目的就是希望整理百多間香港教會的經驗，作為參考，協助每一間堂會(你的堂會就是第101間教會)按個別情況制訂自己的策略，真正建立生生不息的信仰羣體。

1.1. 落實本書方法

倘若你是教牧同工或信徒領袖，讀完本書後有感於上帝恩待不少香港的教會，你會怎麼做呢？部分領悟力特別高的領袖，可能可以馬上融會貫通，制定改革自己堂會的具體方案，並成功實踐。但這不是一條容易走的路，而且很容易會演變成「炒雜錦」的策略，就是你「抄」了書內一、兩條「妙計」，成為你教會五花八門的「運動」或「活動」中的又一新猷，結果不單沒有果效，反而更花多眼亂。

〈事工篇〉針對特定的羣體，提供比較具體的方法建立生生不息的羣體。本書中我特別仔細地談少年事工，所以你大可以先從少年區入手，根據這些具體方法，著手改革教會。〈案例篇〉總結了四間超大型堂會的成功經驗，又列舉了十多間大、中、小型堂會的改革範例，你大可以找一個與你堂會最相似的例子，根據我的建議試行。最後，你可以用電郵跟我聯絡(saimondip@hotmail.com)，預約教會策略諮詢，讓我針對你堂會具體的情況，出謀獻計。

1.2. 不少堂會仍然渴望「模式」

雖然我做了那麼多整理工作，希望協助個別堂會制定切合他們需要的策略，但在過去兩年與不同堂會的接觸中（不論是講座後的討論或是個別的諮詢），不少人仍然要求我提供一個標準的模式，讓其教會可以具體地「跟從」。我原本不希望提供任何模式，但思前想後，還是決定要在書裏介紹兩個具體的模式——細胞小組教會及佈道團契。前者（及其最新版本G12）早已街知巷聞，後者則是我總結不同堂會經驗提出的新模式。我認為這兩個模式比較容易在香港教會中成功實踐，建立生生不息的羣體。

對於著重和強調模式的做法，我從前是有所保留的，主要是擔心四件事：第一、堂會只抄襲某種模式的外在形式，無法領略和實踐其精神。倘若堂會的領袖們沒有在成功的教會經歷過這模式，問題就尤其顯著，因為形式易抄襲，但精神哲學卻必須心領神會。所以本書在〈總論篇〉先反反覆覆強調建立生生不息羣體的不同精神和哲學。第二、太著緊模式，容易忽略了堂會實際的情況。認定某個純正的模式是必勝法門，就容易花去絕大部分時間研究這模式的種種細節，而沒有留心自己堂會獨特的實況。第三、不少堂會就是知道自己有獨特的處境，於是就拿著某種模式，自以為已取得其精要，只採用其中一部分，卻仍保留教會大部分原有的運作方式，最後完全發揮不到那模式的優點，卻帶來不少「副作用」。在訪問了百多家堂會後，發現不少堂會決意實行「細胞小組」，但只是把團契改為細胞小組，即小組只發揮關顧的功能，卻發揮不到佈道的功能，結果教會變得比以前更內向，更不關心未信的朋友。第四、某些堂會以為改革教會就必定要跟從某某模式，經過研究和內部討論後，由於反對聲音太多，覺得不合適，便決定不推行，結果連改革的意念也打消了。然而，改革需要有的是決心，但卻不一定要跟從某種特定模式。

1.3. 「模式」是十分有用的工具

「模式」既然有以上的問題，為何那麼多人仍然渴望「模式」？為何我仍然要談模式，甚至要提供一個「佈道團契」的模式？因為模式有兩個不可取締的優點：一、模式具體詳細地描述怎樣建立生生不息的羣體；二、模式全面地描述怎樣完整及一致地建立生生不息的羣體。大部分人渴望跟從特定的模式，這是因為它具體、詳細、可行性極高。不是每間堂會的領袖都有時間和能力去設計自己的方法，有清楚具體的模式去跟從，就容易輕省得多，也確保教會可以順暢運行，減少出錯的機會。模式的另一個好處是減少不必要的爭論，一件事可以有好多個做法，在改革時選擇太多，就產生很多不同的爭論，變成「爭論多，做事少」的惡劣局面。模式有指定的做法，雖然不是唯一的做法，甚至不是最好的做法，但肯定是其中一個成功的做法，跟著做就不用不停爭論，可以把時間放在「人」的事工上，而毋須不停開會討論。

大部分人渴望跟從特定的模式，乃是因為模式是具體的。我卻認為一個好的模式更能全面地提供完整、一致的做法。每個模式的設計者都曾經全面地想到建立生生不息羣體的各個方面，只要跟著他們所設計的模式去做，就容易達至策略性的思維，完整、一致地做。所以，跟從一個模式，在開始時適宜全面地落實，不宜「抄一半又不抄一半」。雖然我們要落實整套模式，但卻不需要在整個堂會全面落實。我介紹的兩個模式都適合在堂會中某些區（即羣體）局部推行，但推行時卻必須在該區落實整套模式。

讀者可以用兩個不同的角度來看這裏介紹的兩個模式。第一、作為一種學習的工具，這兩種模式可以説明如何具體地應用〈總論篇〉的各種方法，完整一致地建立生生不息的羣體。第二、作為一種實踐的具體指引，這兩個模式可以作為改革的起步點。讀者可以根據自己堂會的具體情況，決定採用細胞小組或佈道團契的模式。當然亦可以兩者都不採用，為自己堂會度身訂做另一種模式。

第2章

細胞小組教會是其中一種可行模式

細胞小組作為一種在香港教會實行的模式，我是大力支持的，在這一章裏，我會先介紹「純細胞小組」的模式如何落實〈總論篇〉的種種原則。倘若你教會是一所新的教會，人數在十至三十人之間，我建議你馬上轉化為一、兩個細胞小組，以這個模式發展教會。倘若你教會比較有規模，亦已經建立了自己的運作模式，只要領袖們都接納轉變，我亦建議你認真考慮全面改行細胞小組的模式，因為這模式有十分具體的中文手冊及指引，實行起來比較容易。但是，轉變作細胞小組教會，當中有幾個「缺陷」，會令你事倍功半，甚至事與願違，這一章第二個目的，就是要處理這些「缺陷」。近年有香港教會——特別是沙田浸信會——開始由「純細胞小組」教會轉化為G12或類似的模式，這一章會簡介兩者在理念與實踐的分別，讓大家多一個選擇。

我不會在這裏太詳細介紹細胞小組教會的運作，因為市面上已經有十分詳盡的手冊，特別是沙田浸信會出版一系列的書籍及高接觸出版的書籍，都是十分有用的。倘若你教會是實行傳統的「主日學加團契加功能部門」模式，又不願意大規模轉化為細胞小組，可以考慮在下一章我所建議的「佈道團契」的模式。

2.1. 細胞小組教會的策略

「細胞小組」教會是一套百分百完整、一致的方案，務求使教會一切活動都以改變生命的關係為主導。大部分人都以為，所謂「細胞小組」就是以小組取替團契的關顧功能。這是一個最大的誤解。其實，「細胞小組」是以小組發揮教會所有的功能，由佈道、栽培、教導、關顧、牧養、訓練、領袖培育等。從最極端的角度來詮釋，可以說細胞小組就是教會，即每個七至十五人的細胞小組就是一間教會，而每一個組長就是小組的牧者(pastor)。最初聽來有點不可思議，一個組長又怎可能做牧者所做的一切事呢？小組又怎可能完全達致教會的一切功能呢？實際上，一個組長不用花太多時間在活動的預備與設計上，甚至不用花多少時間在內容的預備上，而是把精力集中在與組員建立改變生命的關係上，並以此推動佈道，學習真理、成長和委身。

不少細胞小組都是行4W的小組活動流程，即每一次兩小時的小組聚會都變成四部分：Welcome(歡迎)，彼此分享近況，玩破冰遊戲熱身；Worship(敬拜)一起唱詩讚美上帝，以確保小組建立以上帝為中心的氣氛；Word主的話語(一起分享、討論如何實踐上一次全教會崇拜的講道內容)；Work(事奉)，分享教會分享的異象及發展方向，並確保各人有自己的活動計劃。通常傳道人會準備好貓紙(cheat sheet)，把以上各點清楚列明，所以組長其實不用作任何預備，在程序上不用花甚麼時間準備，工作量遠較一個團長為少，於是可以把時間花在每個組員身上。

2.1.1. 小組教會的教導事工

以往教會的教導，一般十分多元化，一個信徒每週回來，接收很多不同信息：講道聽一套，主日學聽另一套，團契又聽另一套。純細胞小組一般沒有主日學，但會在小組重溫講道信息，主題十分清晰；再加上以緊密關係支持、分享如何行道，於是十分著重「生命改變」的關係，每週練習如何實踐生命之道。沒有恆常的主日學是為了鼓勵所有信徒加入恆常聚會、關係密切的小組。其實小組化的教會，信徒不會感到太吃力，每週除了崇拜外，其實只有一個聚會，就是小組，倘若小組放在崇拜前後，在堂會內或附近舉行，那就更輕省了。

這個模式雖然輕省，但亦有其不足之處。例如不同信仰程度的組員，不可能從崇拜講道及其重溫中各取所需、得到適當的知識或訓練。所以細胞小組教會一樣有很多不同的課程，不過不是以每週恆常聚會的主日學來推行。這些課程分為四類：第一類是自學課程，教會提供自學課本，在組長督導下學習；第二類是單對單指導（例如栽培），是組長或資深組員在小組外（經常是開組前後）根據指定課本傳授；第三類是全組在小組時間一起學習（可以由組長帶領或由部門派人負責）。你會發現，組長毋需作太多準備，而大部分的教導都可以在小組的關係框架內完成；最後一種課程就是專門的題目（例如差傳），特別的訓練（例如組長訓練）或進深的知識（例如神學），都是在小組時間外，以全教會的密集課程形式出現。可能是連續三天晚上，每天幾小時，又或者連續八星期，每週兩小時。值得留意的是，組長仍有責任鼓勵、督導組員在屬靈生命各個階段去參加全教會性的特別課程。

我拿4W和教導做例子，讓大家明白細胞小組教會不是不做教導，但不希望堂會一半人每週去上主日學，另一半人每週去了團契，而當中只有小部分重疊，所以鼓勵所有人必須入組，以此建立長期穩實的關係，再藉此推動自學、單對單，以至全教會的學習課程。這是一個真正完整、以關係主導的策略。

2.1.2. 小組的佈道事工：落實三步曲

傳統的團契功能主要是關顧，再加上一點教導及訓練。但佈道、外展及門訓一般不會在團契部做。不少人以為細胞小組只是一個縮小了的團契，所以亦是以關顧和訓練為主。這樣想就大錯特錯。細胞小組的教會模式，最重要的改變其實是外展和佈道，就是以關係密切的小組主導所有的佈道工作，以此落實造門徒三步曲：吸引、留下和委身服事教會。

2.1.2.1. 小組的吸引力

細胞小組是如何吸引人來教會的？不是大型佈道會，甚至不是靠個人談道，而是大量全組人參與的「交誼性」或「適切需要」的小組活動，目的是讓新朋友認識組內各人，用關係把他們留下來。外展活動必須頻密，一般是每四至六個星期一次，又或者連續四至六次，總之是每年最少六次。「交誼性」活動很多樣化，例如青年人去旅行、打籃球、運動、看電影、音樂分享、家聚等等，總之在活動內必須有機會讓新朋友與組員交誼，彼此認識。中產中年人大可以用福音晚餐會。「適切需要」的活動就按各區的需要，例如青年人開戀愛座談會，然後連續幾次邀請他們來小組參加分享會討論與戀愛相關的課題。不少教會主辦不少健康、家庭、青少年座談會作為外展的橋樑，但一般效果不理想，因為是團契或小組以外的節目，堂會的弟兄姊妹不一定參加。即使很多新朋友來也不一定有人去認識、關心他們。做得比較好的方法是在座談會內分組，派信徒做組長帶領，但這仍不是細胞小組的模式。細胞小組的每一項外展活動都是全組參與，很多時只是正常聚會一部分，不用額外抽時間參加。於是，新朋友來了，自自然然認識組內各人，亦自然地動員了所有人一起關心新朋友。

2.1.2.2. 用小組留人最有效

細胞小組最強的地方，相信是造門徒三步曲的第二步——留新朋友在教會並使他們信主。不少努力佈道的教會發現，無論是大型聚會、外展活動還是街頭佈道，其實這些活動都可以大量接觸新朋友，甚至使他們決志信主，但問題是留不住他們。沙田浸信會就曾經一年內用街頭佈道使幾百人信主，最後只有幾個回來教會。從前我們會自我安慰説這是「撒種」，但其實卻不知道可如何「收割」。細胞小組教會卻選用了混熟的策略，透過關係密切的小組，使新朋友自然地融合(assimilate)進入小組。先靠交誼及適切新朋友需要的活動吸引人來，再繼續邀請他留下，大家混熟了，慕道者從小組內看見各人怎樣彼此相愛，也活出基督的大愛，就決定留下來。這亦是最穩實、最真誠的決志信主。北美的具體研究發現，一個人真心相信耶穌，不是聽一次道理或上一個課程，而是有五至十個他(或她)信任、背景相若的朋友以自己的見證直接鼓勵、建立起他的信心。當然以三福、羅馬路、福音橋或佈道會「收割」，讓人有機會決志亦是一個好的輔助。多數小組教會會選擇羅馬路或福音橋，因為訓練需時較短。

在我訪問的教會中，不少轉化為細胞小組後，「前門大開，後門也大開」的情況有明顯改善，而且信徒只參加崇拜的情況大大減少。用「課程」或節目留人在教會十分不容易，長期關係穩實、彼此支持的小組，比較容易把人留下。這一點大部分接受我訪問的教會也明白。但他們很容易忽略了第一步(吸引人)和第三步(激勵信徒委身服事),其實它們同樣有著舉足輕重的重要性。

2.1.2.3. 激勵委身的完整制度

在〈總論篇〉我用一章去討論如何激勵信徒去服事教會(見本書頁86),在前線參與佈道和留人的事奉,所列舉的原則和方法,小組教會全都用了。首先,所有激勵都是以小組緊密的關係為基礎,無論推動任何異象,都是透過小組內第四個W進行,組長與組員關係密切,在彼此支持、分享的小組環境內特別容易推動。但細胞小組卻不是單單「講關係」,而是把〈總論篇〉講述的「四大方法」全都用上了。其實所謂小組模式是一套十分嚴謹的方法與制度,系統化地把小組內密切的關係轉化為人人事奉的推動力。

細胞小組激勵人是由異象目標開始的,任何一個小組一開始就定立目標,希望在何時「爆組」——又稱「細胞分裂」(multiply)——即小組人數上升至一定數目,便一分為二。例如開始時有八個人,目標是年底變成十五人,爆成兩個組。小組要保持關係密切,又不至於冷冷清清,一般保持在七至十五人之間。人數到了十五人就需要爆組,否則大家溝通不來,就會停止增長。不過真正細胞小組的精神,不是到了「有需要」時才爆組,而是有清晰的目標在何時爆組,不少「純細胞小組教會」是全體一致地以一年為期。而且這不是「空口講白話」,而是有十分具體的行動計劃來支持的。

首先,每年一開始時,每個組員就認定今年的佈道和邀請對象,然後全組人一起代禱,並商討用甚麼方法去認識這位新朋友,開始時甚至不是用全組的活動,只是部分組員一起與這位新朋友交誼,增進認識。年頭時更由組長帶領,全組一起制定外展計劃,在全年甚麼時間辦全組一起參與的「交誼」及「適切需要」活動,以吸引未信朋友回到小組。

為了全教會都百分百清晰每年爆組一次的異象目標,「純細胞小組教會」——例如二〇〇三年前的沙田浸信會——是嚴格執行每年爆組的。倘若年底人數沒有怎樣增長,不能爆組,這個小組就會解散,與其他小組重新編排,新的小組會有不同的組員配合。這個做法只有少數教會嚴格執行,卻是至為重要的機制。一方面這是一個監察的制度,確保沒有小組可以對佈道敷衍了事,長期只醉心於內部彼此關懷的事情。另一方面這是希望新的小組會產生新的小組動力(group dynamics),擦出火花和動力,推動佈道和外展。

2.1.3. 組長的示範作用至為關鍵

小組教會亦十分強調整體教會氣氛的營造。不少「純細胞小組教會」是慶典與細胞(celebration and cell)並行的,即每星期大家返細胞(cell)分享、佈道事奉,亦參與崇拜作為一種慶典(celebration),營造激勵人心的氣氛。我在前面說過,筲箕灣浸信會的馬健明牧師講過,他們激勵人心的關鍵乃在於敬拜,小組只是承載這股動力,把其引導到佈道及成長的工具。

在小組教會最重要的事奉崗位當然是細胞小組的組長了。小組各成員要發揮得好,主要靠組長個別推動,這就是小組的祕訣。傳統教會叫人傳福音,是在「會務報告」中大聲疾呼,然後希望個別信徒自發地叫人回來佈道會。但細胞小組就不同了,一個月後有外展活動,組長就在小組組聚第四個W(work)的時間不停提醒組員,並個別詢問,提醒是否已邀請了朋友。這種個人化、不斷重覆的作風,有些人會擔心太高壓,但大家要記得這是建基於小組坦誠分享、彼此支持的基礎上;而且組長要成功推動,身體力行的示範至為關鍵,組長也必須十分努力邀請新朋友回來,其他組員受到感染才會不遺餘力。組長必須經常個別關心組員,也熱誠接待新朋友,其他組員才會「有樣學樣」。在一個七至十五人的小組內,沒有人可以「空口講白話」,每個人為小組、為教會付出了多少,大家眼睛雪亮,都十分清楚。

這種委身、做示範的組長往哪裏找呢?一般教會的教牧之所以覺得細胞小組不可行,就是沒有這般委身的組長,覺得做來做去其實也沒有甚麼不同。其實委身的組長是一代一代在組內培育出來的,亦只有這樣才能生生不息的發展下去。試想想,所有小組每年爆組一次,每次需要的組長數目就要增加一倍。在哪裏找那麼多人手?又怎確保有效?唯一方法(也是細胞小組所用的方法)就是組長在組內找出有領袖才能又願意關顧別人的組員,這位組員最好已經有若干組員支持和信服他/她(即本身在組內已是一個「自然的領袖」)。在未來一年裏,這個有潛質的組員就接受密集的組長訓練,由他擔任「副組長」,分擔組長的部分責任,帶領某些4W小組活動,又負責關心小部分組員。這一方面給予他機會實習,更讓組長有機會給予在職（on-the-job）的回應及指導，邊學邊做，以求不斷改進。到了年尾爆組時，副組長與自己「自然的小圈子」爆組出去，正式成為組長，而原來的小組仍由舊組長帶領。

2.1.4. 小組的長期守望

在細胞小組教會，每個人在小組內彼此守望，一起在教會內成長，又一起努力佈道，並關心新來的朋友，以基督的愛感動他們留下來。但組長就是所有組員的牧者，怎樣才能與這重要的崗位相稱，確保組員屬靈生命穩定、健康成長，不會灰心退下來，可以長期委身牧養組員，以及推動組員佈道？堂會的教牧同工一方面提供大量資源支援組長，大大減低他們預備「活動」的時間，亦在其做組長前加以訓練。但細胞小組教會最著重的是有「牧者的牧者」，就「區牧」或「區導師」長期「守望」每一個組長，絕對不是讓組長孤軍作戰。

這是一個至為關鍵的制度。我在〈總論篇〉提過，每個牧者負責一「區」（即幾個背景相若的小組），作其區牧，最重要的職責就是「守望」區內的幾個組長，目的是確保組長個人靈命穩實，激勵組長努力事奉，亦督導組長盡好自己本份。從方法上有三招，且是三招並行的。

1. **至少每月舉行一次組長會議**，讓各組長分享小組發展近況，彼此激勵，亦給予區牧機會提供建議，也讓其他組長分享感受及處理問題經驗。這個「會議」一方面是一個「小組」，要做到彼此分享、支持、代禱的氣氛；另一方面，這亦是個真正的會議，重點卻不是商討，而是讓區牧與每個組長建立共識，了解下一個月的工作重點是甚麼，也要匯報上一個月的執行情況。教會是一個「立約」的羣體，這個組長會就是彼此立約，共同努力事奉的場所，所以行動必須清晰，也必須匯報。

2. **區牧最少每月到每個小組探訪一次**，具體了解運作實況，這樣做是「邊學邊做」訓練的延續，每次探訪後，必須先肯定和讚賞組長，表示支持，亦提出可以改進的地方，讓組長繼續成長。

3. **區牧個別約見每位組長**，一般是每四至八星期一次，每次必先由組長個人生命的分享開始，以表達區牧不單關心其事奉，更關心其個人靈命。後半部分除了分享、督導小組事工外，亦與組長一起制定個人生命或事奉成長目標，並每次檢討。這些約見是十分個人化及關係性的。

三管齊下，這是一個十分嚴密但以關係主導的「守望制度」，中小型教會一般由傳道人直接做這個「守望」工作。規模擴大了，就需要培育組長「升級」做「區導師」。當區內有幾個「區導師」時，區牧就不需要親自守望組長，而是守望「區導師」，方法其實跟守望組長大同小異。在某些大型細胞小組教會，一個區導師會守望三至五個組長，而一個區牧又守望三至五個導師，所以這個又叫5 × 5的守望制度。

2.1.5. 轉化為細胞小組常見的問題

由傳統模式轉化為細胞小組教會，理論上我是大力支持的。常見的問題有兩個：一、信徒(特別是領袖)因害怕改變，擔心有人因不適應而離開，所以不願改為細胞小組教會。這個考慮是大家比較容易了解的。而我還是認為應盡量試行，真的不行就可以考慮在下一章我建議的「佈道團契」模式；二、轉化過程中未能貫徹始終實行真正的細胞小組模式，又或者誤解了細胞小組的真義，墮入了不同的「陷阱」，以致事倍功半，甚至事與願違。我訪問的不少教會都轉型失敗，墮入這些「陷阱」。

2.1.5.1. 陷阱一：細胞小組隱藏「更內向」的危機

最常見的「陷阱」就是小組化後教會更嚴重地向內望，更偏重「團團契契」的內部關顧，忘記了向外佈道，實踐大使命。這當然不是細胞模式的原意。之前我説過，細胞十分強調繁殖目標，一般鼓勵一年(或兩年)爆組一次，以激勵不停邀請新朋友加入。這跟我的策略完全一致，但實踐上卻容易出亂子。

在我訪問的百多家教會中，有好幾間自稱是「細胞小組教會」的教會，他們轉用細胞小組模式好幾年了，卻差不多全無增長。我與這些教會的領袖詳談後，只覺他們的佈道力量比之前更薄弱。分了小組後，組長及組員都只忙於組內事宜，只把精神投放到關顧系統上，對外展及佈道更加不關心。為甚麼會這樣呢？我認為最重要的原因是領導層不敢清楚地重覆繁殖目標(multiplication target)這異象和方向。華人教會跟美國不一樣，在細胞小組未興起以前，大都有團契，團契內已有小組或家的制度。所以一說小組化，大家都以為是關顧系統的新制度，小組的主要功能就是強化弟兄姊妹間的關係。要改變這根深蒂固的錯誤觀念，使信徒(特別是組長)明白關係的建立，其目的乃是吸引人加入，是外向而不是內向的，其實十分艱難。單單在組長訓練談談佈道的重要，甚麼是小組的生命週期和繁殖等，根本不足夠。必須要「矯枉過正」，立定清楚的繁殖方向和目標，由區牧帶動組長不斷重覆小組方向與目標，才有足夠動力去完成使命。還必須善用4W內work的時間，不停推動組員外展。例如區牧推動組長定期辦一次新人聚會，聚會前四個星期由組長宣傳，三個星期前每個組員提出一個邀請的名字，兩個星期前一起為這些新朋友祈禱，一個星期前重新提醒小組繁殖的異象，更逐個分享邀請情況如何。區牧則督導提醒組長每星期做異象傳遞。你可能覺得麻煩，但要小組真正產生佈道和跟進新人的果效，這種「矯枉過正」的做法，是必須的。

2.1.5.2. 陷阱二：忽視組長長期委身的重要性

第二個「陷阱」就是把小組化看為教會多項的「運動」之一，而小組的組長也只是眾多事奉崗位之一。細胞小組是一套完整的模式，就是透過長期緊密的小組關係，讓組長成為「小牧者」，推動和激勵組員一起佈道，邀請新朋友回來，一起用愛心關心，把他們留下。這短短兩句話，當中包含很多很多的制度、心力，在本章已交代過。不一定要全間教會實行小組制，但實踐小組制的信徒卻必須全心和全情投入，由組長到組員都不能太分心。倘若弟兄姊妹覺得小組只是眾多活動中其中一個選擇，而組長只是眾多事奉其中一個選擇，那麼細胞小組就注定失敗，不單不能造就教會，更增加了弟兄姊妹的負擔，令精力更分散。要避免這「陷阱」，就必須讓所有人明白——起碼是實踐小組的分區或羣體明白——小組活動和組長事奉是有絕對優先權的！為何我這樣說呢？你可以不行細胞小組制——例如用我下一章的佈道團契制度——但倘若行細胞小組，就必須激勵人人先參與小組，不是因為團契生活比其他功能重要，而是小組生活是推動他們學習真理和參與其他事奉(例如佈道)的機制。他們暫時不佈道，可以透過小組去推動，他們暫時不返小組，你就沒有辦法推動任何事情，每件事都只能在崇拜「報告式」呼籲。

組長的長期委身就更要緊了。真正令部分組長卻步的是這崗位的持續性。有一次一間剛轉細胞小組的教會，在我面前討論年底改選組長，我馬上驚愕萬分：「改選？輪流做？你們有點誤會了，組長是小組的牧人，是終身制的！」組長說成是終身制，有點誇張，但最少做其三年才休息一年，便又再上路了。為甚麼呢？不持續地做，如何爆組呢？組長訓練了一個副組長，小組健康成長到十五、六人，該爆成兩組再發展了，但爆組後就需要兩個組長，一個由副升為正，另一個當然是原來的組長了。組長一休息，就無法爆組了。小組沒了增長動力，又重現完全內向的危機。

2.1.5.3. 改革第一步：領袖必須親自建立第一個爆組的細胞

以上種種情況表示教會不一定可以同時推動多個小組一起增長或繁殖，一方面是因為這樣做需要很大的推動力，不容易一下子推動太多個；另一方面是因為文化不容易更新，很多小組可能會產生反動，甚至反感。所以小組的改革，很多時不適合全面推動，而應由某些試點開始，有時甚至由一個小組開始。小組繁殖與增長是一種文化，成功做到第一次的，即也建立了文化，通常可以順利持續地增長爆組，生生不息。所以，有一個理念清晰、走向繁殖的成功小組，遠比十個「半天吊」的小組更有效。而且，若第一個小組取得成功，便可激勵其他人。我見過幾間教會，同時開了四個，甚至十個細胞小組，三至七年後，完全沒有繁殖過。反之有一間教會，一個有心志的執事，凝聚了一個大專生小組，著力培養，兩年間爆了兩次組，現時三組加起來二十多人，在百餘人的教會，成為清晰的佈道動力。

反過來說，最近有一間教會轉型為細胞小組，做到一半就面對很多反對聲音，而且由於牧師沒有經驗，親自帶的小組更「無疾而終」，又不敢面對反對聲音，最後黯然離開。所以領袖最好親自先做好一、兩個小組，成功爆組，掌握了這模式和建立了信任才全面推行。倘若教會有信心、有人材同時在不同區啟動，當然是好事。但寧願努力地做好一、兩組，遠勝十幾個「半天吊」的組。

2.2. G12模式

G12（全名十二門徒小組，又稱Groups of 12），先在南美洲興起，後來經新加坡Faith Community Baptist Church傳入華人教會，現在沙田浸信會開始大規模轉型為根據G12精神的新小組模式。這是一個爆炸力十分強的模式，不少人更視之為重新復興停頓了的細胞小組教會的不二法門。在〈案例篇〉我會分享沙田浸信會從細胞小組轉型到近似G12模式的種種經過（見本書頁217），在這裏我只作模式性的介紹。

2.2.1. 人人皆做組長

G12的模式最重要的理念是每個信徒最終要成為一個組長，並激勵其他十二個組員啟動自己的小組，使他們最終也成為組長。當一個組員有了自己的組後，他就馬上成為原先組長的「門徒」。於是，G12的模式內於是有兩種不同的長期化的細胞小組，一種是組長小組（leadership cell），由一個上一代的「師傅組長」帶領十二個門徒，而每個門徒都已經是組長；另一種是開放小組（open cell），由一個組長帶領，通常分享上一主日講道內容，目的是吸引新人回來，後者比較接近純細胞小組的形式。

這是一個需要人人都十分委身的模式，因為每個人每星期有三次不同的小組活動，一次是他自己帶領的開放小組A，另一次是他帶領的門徒／組長小組B，最後是他自己作為門徒的另一個組長小組C。這比較複雜，讓我從不同角度加深大家的了解。從時序上，他是先參加C的，他跟隨一個組長成長，後來出來啟動了A，吸引新人回來，後來部分新人自己成為了組長，他就開了B，在那裏牧養他們、督導他們做組長。請緊記，這些不是短期訓練課程，而是同步每週（或隔週）都舉行的長期小組聚會。

2.2.2. G12 vs 純細胞小組

如果成功進行，G12可以使信徒大大委身，靈命高速成長，教會更迅速增長。G12比本章前面的「純細胞小組」模式更優勝之處，有以下各點：

1. G12**真正完全長久地保留了小組內緊密的關係**。G12內沒有細胞分裂，增長是靠每個組長另外再開一個小組，本來的小組是長期持續下去的，這就避免了細胞分裂和爆組時的割捨之苦，使教會內的關係更長期化、更穩實。

2. G12**把目標百分百鎖在向外的佈道**，一個開放小組的目的只有一個，就是吸引人回來，而一個組長小組的目的也只有一個，協助每個組長建立自己的開放小組做佈道工作。這個模式的目的是最終人人有潛力做小組組長，帶領十二個人歸主，這樣可避免在一般細胞教會的問題——部分組員不思進取，只等待組長服事。

3. G12**可避免組長靈命以至小組帶領質素流於膚淺**。由於爆組不停需要新組長，一般細胞小組的組長(很多是信了主兩、三年的信徒)很快就要帶組做小牧人了。雖然有不同的組長會、探訪、個人約談等由區牧或區導師負責的守望制度，但不能替代G12每週都有的組長小組。在組長小組內，每個組長與自己親密的戰友接受「師傅」長期不斷的牧養，不斷一起成長、一起進步，那便不會靈命停頓、小組帶領流於膚淺。

2.2.3. 應否推行G12模式？

如果教會可以接受，又行之有道，G12肯定是比一般細胞小組更有效、更造就人的模式。倘若你有信心可以在你教會推動，領袖又有能力執行，我舉腳贊成，千萬不要猶疑，馬上全力推行。決定是否推行G12的原則，與是否推行細胞小組差不多，只是需要的力度卻大得多。要人人每週返三次小組(倘若組長小組兩週一次，則每人每週要返兩次小組)，再加上崇拜，還要做預備功夫和關顧工作，是一個十分demanding(需求)的模式，就算做齊〈信徒的激勵與守望〉一章所講的四大方法，也不容易達成G12，極有可能會有部分人不接受而離開教會。當然這是個痛苦的過程，但倘若最後很多人接受了G12模式，又藉此造就更多下一代、兩代、三代的門徒，這短暫的痛苦也是值得的。當然離開的信徒不一定不信主，只是去另一所比較適合他們的教會，而且堂會還可以刻意留下一些區或團契不實行G12，讓他們在那裏「休息」。

反過來說，倘若是一個傳道人獨自開荒佈道，那就真是一試無妨（no harm trying），一開始即以建立所有人做小組組長為目標，每週兩、三次開小組的文化，長遠下來造就不少信徒。倘若發覺太吃力，轉回一般的細胞模式也沒有甚麼大傷害。粉嶺神召會的傳道人就用G12迅速建立了幾百人的少年教會。

不過牧者最後是要撫心自問，自己是否真的有能力啟動第一個門徒小組呢？要做一個開放小組吸引人回來，叫人信主和成長並不太難。我認為大部分教牧只要願意多貼身關顧，又注意不停外展，能力上人人可做到。「純細胞模式」的區牧去守望也只是心態問題，能力的要求其實不高，但現實是很少教會會這樣做，以致心態上不協調。領導第一代的G12門徒小組就不同了，一個門徒建立了開放小組，沒有人來怎麼辦？「師傅」就要「出馬」，與他共同策劃，想想怎樣吸引人來，甚至要向親朋戚友做佈道工作。另一個門徒性格內向、被動，甚至有點自卑，不能與組員相處和關心他人，怎麼辦？「師傅」要一方面輔導他性格成長，變得更主動；另一方面可能要替他找一些「弱勢社羣」，例如年紀遠比他年青，又或者社會地位比他低的人來加入他的開放小組，讓他容易建立自信，慢慢掌握作組長之道。作為傳道人，牧養這十二個「門徒」，其實就是帶領十二個mini-church（小教會），還同時栽培十二個不一定馬上稱職的傳道人，需要十分有能力的牧者才可以啟動。

沙田浸信會推動的不是真正的G12模式，只是取其精神並加以變化的12 ‧ 3模式，在〈案例篇〉沙田浸信會的一章再介紹（見本書頁217）。

第3章

用「佈道團契」改革傳統堂會

有一次我去一間神學院演講，演講後與神學生們談到他們的實習生活，發現給他們的實習打分數的制度是建基於一套既定的教會模式的，那就是大部分信徒參加的崇拜、主日學和團契三項活動，再加上由很多不同部門統籌及推動的佈道、栽培、祈禱和聖樂等不同事工。相信這是現在大部分香港華人教會使用的模式——我在這裏稱之為「傳統模式」。

這一章我提出一個新模式去改革傳統堂會，重新注入佈道和為主造門徒的動力。這個模式叫「佈道團契」，就是把現有的團契重新定位，向特定羣體佈道，並藉著融合這些門徒，使堂會有機地增長。方法主要是透過大量關係性和適切未信朋友需要的活動。

3.1. 為何要用「佈道團契」？

我大力建議傳統堂會推行這個模式，有四個原因：

1. 不少教會團契已經有幾年甚至十幾年的歷史，缺乏動力，近年更有不少人說「團契」是「夕陽工業」。我覺得這是十分可惜的。團契內建立了十分穩固的關係和信任，而且一般有「公認」的領袖、十分有效的策劃能力和機制，這些都是服事主不可多得的屬靈材料。只要適當地以新的異象——「佈道團契」——加以燃點，定可再大發熱心，帶動另一浪的更新和復興。

2. 這個模式的「純正」版本並非直接「抄」其中一間堂會，但當中的精神面貌卻是從我訪問百多間不同堂會的「精髓」中融合得來。例如我參考了永光堂的青年佈道隊、恩福堂的「大團小組」、城浸的一站式「成長班」，甚至G12模式中的「領袖小組」的概念。這些模式在本書各處均有提到，我的「佈道團契」是把它們融會貫通，從團契改革的進路，協助大家具體和有效的進行改革。

3. 在本書〈總論篇〉，我用了六章來演繹建立生生不息的羣體的進路，這一章就是從「團契」——一個大家比較熟悉的模式——的角度再演繹怎樣才可以真正建立生生不息的羣體。就算你不實行「佈道團契」這具體的模式，這一章也可以幫助你消化〈總論篇〉的原則。

4. 「佈道團契」是「植堂」的另類選擇。植堂運動是香港教會在上一個世紀八、九十年代佈道動力和人數增長的火車頭。植堂不少時候是以母堂一至兩個團契的信徒作為核心的。植堂會確立十分清晰的異象目標，通常以「佈道」作為主題，挑旺了不少傳統堂會的心志。不過，一方面香港的新市鎮發展漸趨成熟，對植堂的需要大幅減慢，另一方面在訪談中我亦發現很多植堂計劃達不到原先集中佈道的目標。尤其是差派了二、三十人植堂的計劃，二、三十人中可能有十個八個是真正委身的領袖，但開始時已經把大部分心力投放在建立堂會的基本結構和基礎上，人人有超過一個事奉崗位，結果花在佈道的精力十分有限。所以，我覺得「佈道團契」可以成為另一個選擇，以「正名」的方式，帶動另一波的佈道運動。大家把精力百分百集中在佈道以至「造門徒三步曲」上，果效可能更顯著。

3.2.「佈道團契」的異象目標

我認為要成功，一個團契就必須要正式改名成為「佈道團契」，例如從前叫「撒母耳團」的，就必須改名為「撒母耳『佈道團契』」。改名代表新的模式和新的重點，而改名的過程必然要經過職員會以至整個團契的討論及表決，大大增加以後大家的認同和凝聚力。

但到底甚麼是「佈道團契」呢？「佈道團契」就是一個為期起碼三至五年的團契，在這三至五年內共同委身，努力向某一個羣體佈道，並把佈道果子融入這個團契內。再者，還要預期團契的增長人數，達到一個大家認同的目標。例如有人會希望三年內人數增長百分之一百，又或者比較溫和，三年內增長百分之五十。嚴格來説，這個進路是向背景、年齡相若的朋友佈道，使其佈道後自然加入團契。

當然，「佈道團契」也可以作向不同年齡或不同文化的人佈道，但實踐起來需要同時有兩個團契：一個叫「領袖團契」，就是有佈道心志的信徒一起策劃事工、彼此激勵的團契；另一個叫「開放團契」，就是吸引不同年齡或文化的未信朋友回來的團契。我會在本章尾再介紹這個另類的「佈道團契」，以下的討論先假設佈道的對象是背景和年齡相若的未信朋友。

3.3. 佈道團契如何實踐三步曲

現在讓我具體談談「佈道團契」如何實踐「造門徒三步曲」：吸引人來「佈道團契」、留人在「佈道團契」，及使人作委身的門徒。

3.3.1. 邀請未信朋友參加團契活動

「佈道團契」吸引未信朋友的方法，與細胞小組十分相似，主要是於恆常的團契週會內安排大量「交誼性」和「適切需要」的活動，然後推動整團人邀請未信朋友回來，人人出力關心他們，與他們混熟，把他們留下來。但這與一般團契不同，有四點是必須注意的。

第一、**外展及佈道的節目必須與團契的週會相結合**，即外展聚會或活動是正常團契週會的一種。如此一來，不論團友有沒有帶新朋友回來，一律出席。因為團友無需額外抽時間參加，減輕了時間壓力，卻提高了出席率。但最重要的是，讓新朋友有機會認識所有團友，逐漸從其身上看見主的愛，對團契產生好感及歸屬感。

第二、**活動主要分為兩種：「交誼性」和「適切需要」**。兩者只是用不同方法吸引人回來，最終目的都是一樣，就是要透過這些活動，使新朋友與團友混熟，用親密的關係把他們留在團契。兩者均是針對不同年齡和背景的朋友設計的。例如「交誼性」活動，青年人就是體育、唱K、看電影或旅行，中年人就是吃飯或家聚。「適切需要」的活動，青年人可以舉辦戀愛講座，婦女舉辦烹飪班，職青或中年人舉辦職場講座，夫婦舉辦家庭相處或親子班。倘若是講座，就必須減少宣講的時間，讓他們有大量分組時間分享。這些具體活動在本書〈事工篇〉（見本書頁139）有更多介紹，例如中年男士就可以舉辦大量福音晚餐。

最終極的外展活動就是邀請大量未信朋友參加的生活營，營內仍是「交誼」為主，或「適切需要」為主（例如夫婦溝通營），只有少量福音信息，與傳統福音營大不一樣，比較接近團契的生活營。至於中產中年人，生活營就要比較「高檔」，可能要用酒店或同級的營地。

其實團契辦這些活動真是駕輕就熟，反正從前也一樣地辦，只不過現在大量邀請未信朋友一起參與罷了。

第三、**活動必須頻密**，可以考慮連續四至六次，甚至加上營會。又或者在一整年每隔四至六星期開一次。頻密的活動才能真正建立新朋友與舊團友的關係，使他們混熟。活動那麼多，搞手壓力頗大，所以可考慮在適當的時候，連同背景相若的團契合團一起舉辦（例如連結性講座或福音晚餐），但必須確使當中有大量時間按團或小組分組相交分享。

第四、**必須人人出力去認識和關心新朋友**。當一位新朋友來了，最好馬上與他在活動後一起吃飯或茶座。另外要有團友（不是邀請他回來那位）事後打個電話給他，嘗試邀請他再回來，甚至在團契前一起吃飯。從前說人人佈道，很多信徒感到壓力很大，覺得不懂得如何個人談道，這模式只要人人願意與未信者主動混熟和交朋友就可以了。

3.3.2. 把團契與外展服務完全結合

哪裏有未信的朋友可邀請呢？最容易就是由團友邀請自己的親朋戚友，這個永遠是首要目標，故此團契必須在一般週會及小組時間，不停大力推動每個團友邀請人。其實邀請人應該並不困難，因為是一些交誼性或適切需要的活動。特別要留意的是要推動那些回來不久、剛信主的信徒去邀請新朋友，因為他們剛來教會，未信的朋友最多，而且初信的熱誠最大。

至於邀請完全不認識的朋友，難度就比較大了，也不是最長久之道。反應最差的一定是派單張或用海報宣傳，倘若真的要出此下策，就必須有十分強勁和適切性極強的內容，以中年男人事工為例，就要邀請名氣較大的商人作講員。

完全靠cold call（向可能回來的陌生人進行宣傳），吸引不相識的外人參加，活動的吸引力便要相當大，可能是講員特別吸引，可能是價錢遠比其他機構低，可能是供不應求的活動，可能是外間機構比較少辦的活動。比較容易的方法是把「佈道團契」的「正常週會」與社會服務或其他外展服務完全結合。讓我舉幾個例子。

不少教會辦的小學或幼稚園每年都會舉辦家長班，用親子和家庭講座吸引學生家長參加。在家長班內再宣傳教會的福音性活動，希望他們參加。這個方法成功機會十分低，一般很少家長留下來。某些教會於是找來幾個信徒在家長班內帶組，藉此認識未信家長，再邀請他們來夫婦小組或婦女團契。這個方法就比較進步，但家長仍有適應問題，成功留下的人數也不多。「佈道團契」的模式就是將「正常」的夫婦團契週會連續幾次「變身」成家長班，通過小學或幼稚園宣傳，吸引未信家長參加。例如一連六至十三次，三十位團友與三十位未信家長一起聽講座，一起分組討論和分享。在六次講座期間，每組組員盡力認識和關心同組的未信家長，打電話關心他們，約他們在團契後吃飯，甚至家訪等。六次講座後，這些未信家長已感到自己是團契和小組的一部分，再邀請他們在同一時間，與同一班「朋友」參加團契（唯一不同是題目有所變動而已），相信這些未信家長留下來的機會十分之高。這就是把佈道夫婦團契的週會與家長班完全結合的策略，事半功倍。

另一個例子是不少教會有青少年中心或自修室，也經常舉辦適合青少年的活動。這些活動也可以成為一個青年「佈道團契」的恆常週會，同樣也是全部團友參加，一起認識新朋友，關心他們，與他們混熟，然後漸漸在活動滲入福音信息。

又例如教會與婦女中心合辦烹飪班，於是，婦女「佈道團契」就是連續四次的烹飪班，其中更可以加入家聚兼「試食飯局」，加插信徒見證。總之把社區服務與團契週會完全結合，使新朋友自自然然、輕輕鬆鬆就融入了「佈道團契」。

3.3.3. 用「大團小組」把人留下

「佈道團契」雖然並非全面小組化，但某程度的小組化是把新朋友留在團契的最有效法門。每個小組七至十五人，最低限度每個月分組兩次，每次個半小時，可以在團契一起敬拜及分享事工進展後分組。分組做甚麼可以各施各法，大可以行4W式的分享，討論如何應用和實踐崇拜講道的內容；也可以略加變動，討論如何應用和實踐團契整體合團週會的內容；某些教會亦可能以小組查經為主導。

不論哪一種形式的小組，既然其主要功用是把人留在「佈道團契」，就必須以關係建立，鼓勵彼此相愛和彼此服事為重點，小組必須有大量時間彼此分享和彼此認識，以至彼此代禱。每組應該有兩個組長，也可以設立正、副組長，每人負責關心四至七個組員，特別是主力聯繫和關心新來的組員。這些「組長」的主要責任是「關顧」組長，盡量避免把事工統籌以至分組的預備工作推到他們身上，這一切都應由團契職員、導師以至傳道人負責。這些組長必須在有新人回來時，第一時間貼身認識和關心他們，更需在一星期內致電交談，表達歡迎，並邀請再回來，一起在團契前後喝茶吃飯，增進感情。

不用多說，前面提到的吸引人回來的種種「交誼性」及「適切需要」活動，也應盡量安排分組環節（例如分組吃飯），讓新朋友認識自己組員，建立關係與歸屬感。

3.3.4. 「高手」負責談道和栽培

一般堂會在團契的關係網及時間以外開福音班及栽培班。在關係網以外，福音班及栽培班的帶領者不一定與組員同一個團契。時間上一般是在主日學時段內，即與團契不同的日子。慕道者或初信者一般不一定返團契，細胞小組會把所有新朋友的談道及栽培責任都放在小組組長及資深組員身上。

「佈道團契」模式則把責任放在團契的領導層。談道、舉辦福音班和栽培班，是確保留下來的朋友不會只是「團團契契」地參與社團，而是對信仰有全面認識和認同。這是確保「佈道團契」是一個有屬靈質素的羣體的重要柱石，決不能輕忽。我建議用團契內的「重量級人馬」親自負責，例如是傳道人、導師或十分資深(起碼信主五年以上)的職員。方法很多樣化：可以組織「三福」隊在團契時間出隊，約見個別慕道者談道；可以開福音查經班，決志後用《初信成長八課》開栽培班。一次過的個人談道可以找外人負責，幾次以至十幾次的「課程」，就必須由團契的「重量級人馬」負責(倘若組長也是重量級人馬，當然也可以勝任)，確保福音或栽培班期間，新朋友仍然穩定返團契，繼續強化他們的歸屬感。

帶領者必須是新朋友參加的「佈道團契」的團友。福音或栽培班的時間倒可以略為靈活，最理想是在「佈道團契」的正常週會內，在分組時間，慕道者或初信者暫時離開自己的小組，一起參加福音班或栽培班。當然各組長要「識做」，必須在分組後馬上請這些組員「歸隊」，一起非正式地分享，甚至一起喝茶吃飯。這個方法最好，一來新朋友不用額外花時間，最容易參加；二來他們覺得是在返團契，進一步強化對團契的歸屬感。退而求其次，是在團契週會的前後，叫新朋友多留半小時至一小時參加這些福音班或栽培班。

無辦法中的辦法是另外找時間開班，例如主日崇拜前後，或主日學期間。這個做法雖然不理想，但只要帶領者與學員同屬一個「佈道團契」，還是可以接受的。倘若在另外的時間，由團契以外的信徒帶領一個栽培班，班內的人又不是同一個團契，這就不是「佈道團契」的模式了。

3.3.5.「領袖小組」確保長期委身

造門徒三步曲是：吸引、留下、委身。「佈道團契」用大量「正常」週會做交誼及適切需要活動，吸引未信朋友參加，然後用「大團小組」的方法關顧及把其留下，又用「重量級人馬」在團契內做福音及栽培工作。我強調這一切應盡量在「正常」週會時間舉行，並整個團契一起做，以增加全團信徒的參與，也強化團契的關係建立。但在吸引和留下之餘，亦要確保領袖及組長們長期委身，訓練新一代領袖。方法就是第三步曲：委身，這一節要用團契以外的時間，成立長期化、每月最少聚會兩次的「領袖小組」來達成。

「領袖小組」第一個功能是事務會議，每季有一次至兩次需要計劃週會，尤其是討論有甚麼活動吸引新朋友參加，是否需要開始福音班或栽培班等。這些事情都必須緊密統籌。週會的詳細編排卻可以委託(delegate)，交由某一、兩個資深的職員負責，不必花「領袖小組」整體的時間。除了統籌吸引人、留人和栽培事工外，「領袖小組」還有兩個至為要緊的功能——彼此牧養和彼此守望。前者指個人靈命，後者指在「佈道團契」內的事奉。每次開「領袖小組」，可以透過個人分享、彼此代禱，確保各人靈命穩實，也彼此在危機時支持。同樣重要的是，組長們在每次分組時分享自己組的組員近況，尤其是新朋友的數目和融入情況等，然後彼此給予意見，彼此勉勵和代禱，最後一起重溫「佈道團契」的異象目標及自我檢討是否正向異象目標進發。這個「領袖小組」一方面強化領袖間的關係，確保「佈道團契」有穩實的關係為基礎，另一方面又以彼此守望(即彼此監察)的方式，確保大家盡了自己本分，努力事奉。最後，這亦是一個激勵機制，強化了異象目標，又營造了一起向前、努力佈道的氣氛。

第一代的「領袖小組」包括團契核心職員、組長和導師，倘若有傳道同工或導師可以擔任「師傅」以至「全盤督導」的功能，這個小組就變成G12模式的「師徒小組」。分組不單是「彼此」守望、牧養，而且是讓「師傅」牧養其他領袖，指導其事奉。

第二代的領袖培訓，就必須有「師傅」了。沒有適合的傳道同工或導師，就唯有由原先「領袖小組」中既資深又有恩賜的成員負責。方法是邀請參加了「佈道團契」一段日子(必須包括剛信主一至兩年者)而有恩賜和心志的五至十名信徒，參加新開的「領袖小組」，先用六至十二個月接受深入的門徒訓練，建立「佈道團契」異象目標，熟習團契吸引人及留人的模式。在六至十二個月內，就要他們以副手形式參與事奉，例如副組長(或副關顧組長)、副事工領袖(統籌一、兩次外展活動)。到了這個階段，可以有兩個選擇：一是保持第二代「領袖小組」為另一個長期小組，將來若干日子(一至兩年後)可演變成自己獨當一面、領導分裂後的另一個「佈道團契」；二是可以與第一代「領袖小組」合併，當然也可以合併後再一分為二。

順帶一提，「領袖小組」每次開會時間起碼個半小時，最好兩個小時，千萬不能急速，否則變得太事務性，不能達至真正的分享。分組時間也不宜緊隨「佈道團契」之後，兩者可以在不同日子，或在「佈道團契」後隔一、兩小時，讓各領袖有時間與團友(尤其是新朋友)喝茶吃飯。

3.4. 如何成立「佈道團契」？

成立「佈道團契」，有兩個截然不同的進路，一個是「由上而下」的異象建立與推動，由傳道人發動，與植堂運動的推動如出一轍。另一個進路是由團契的「職員會」自發地推行。

無論是哪個進路，第一次成立「佈道團契」是一個異象傳遞加上關係建立的過程，是六至十二個月的流程，不可急躁。堂會有了第一個成功的「佈道團契」，以後的異象傳遞就簡單得多。

以下是由上而下的進路步驟，與「植堂」的推動差不多：

1. **你首先需要一個「推動者」**(Champion)，就是其中一個傳道同工或資深長執，自己真心誠意相信教會應當行「佈道團契」，並願意在前線推動和游説，而且自己心中打算與第一個「佈道團契」一起「同甘共苦」，試行這模式。

2. 這個「推動者」要花三至六個月時間，**使同工會和執事會認同要找一個團契試行這模式**。因為試行一個團契時不需變動教會原有的組織結構，應該不會有太大阻力，但仍要先逐一與同工及執事領袖進行個別面談，清楚解釋，聆聽意見，待有一定支持才在同工會及執事會提出。

3. **在教會崇拜清楚提出此異象，並把試行一個「佈道團契」定為未來一至兩年最重要目標**，明言希望一個團契自願參與，而且歡迎並鼓勵有佈道心志的其他個別信徒加入。起碼在三個月內重覆異象三次。

4. 同一時間，**找一至兩個（最好兩個）團契的職員會開始「領袖小組」祈禱會**。連續開至少六次，每次最好非正式地在傳道人或「推動者」家中舉行，一起飯聚，清楚解釋異象，一起祈禱。其中也要每個人分享自己過去的信仰歷程、事奉及佈道經歷。起初這是建立「推動者」與其關係，後來是要談論他們真正的疑慮。「推動者」必須言明不會在「佈道團契」成立後就不加理會，而是在未來與他們一起走過。

5. **與職員們個別面談、晚飯，深切了解其個人疑慮及期望**，亦強調這是一個三至五年的委身，不會每年重選領袖。期望三至六個月內有一個團契職員會答應參與，再由全團表決。

6. 至此已過了六個月以上，**餘下的三個月仍要每月聚會兩次，這就是未來「領袖小組」的雛形**。這三個月是「佈道團契」的預備期，要做三件事：首先是建立團隊，把團友分組，每組找兩個組長，願意委身三至五年（即佈道團的年期），再找一、兩個專責搞外展（交誼和適切需要）活動，找兩、三個搞其他週會（這部分不要太多人，盡量精簡），以及一、兩個「重量級人馬」將來負責談道、福音班及栽培班。「推動者」可以留在「領袖小組」當師傅角式，也極可能要負責談道、福音班等帶領。倘若「推動者」是傳道同工，這項事奉可能需要他／她百分之四十至五十的工作時間（假設原來「佈道團契」有二十至五十人）。「推動者」可以邀請團契以外有佈道心志的資深信徒參加，當組長或「領袖」。

除了建立團隊，其次就是要訓練組長的帶組及關顧能力。最後當然是計劃第一浪的活動吸引未信朋友參加。

團契自發的進路也差不多，「推動者」可能是團長或資深領袖，與由上而下唯一不同的是，不用游說同工會和執事會，也不用在崇拜宣佈，重點是整個職員會認同，以至在團契不斷重覆異象。還有必須要有每月兩次的雛形「領袖小組」，一起分享異象及代禱，也作為將來「領袖小組」的前身。

3.5.「佈道團契」模式的長遠發展

從整個堂會發展的角度看，可以先鼓勵一、兩個「佈道團契」發展起來，上了軌道，起了示範作用，就可以繼續鼓勵其他團契轉型，或者把未有團契生活的信徒凝聚起來，直接成立新的「佈道團契」。長遠目標是用三至五年為目標，使大部分人加入了「佈道團契」。每團都有明確佈道果效的目標，也有「領袖小組」去訓練和培育新領袖。比較成熟的堂會，更應該起碼有一、兩個「佈道團契」是向跨文化及背景的朋友佈道的，這一點在本章末段再詳細介紹。某些「佈道團契」是自發的，但不少「佈道團契」還是需要

「師傅」帶領「領袖小組」，給予指導並鼓勵，與及確保有效地佈道、融合、栽培和訓練新領袖。這就需要愈來愈多資深平信徒領袖甚至傳道同工了。這些發展當然是教會佈道有成果、人數增長的必然結果。但新的「師傅」的出現，也不能太心急，必須於有經驗的「師傅」身邊學習半年，徹底掌握這模式後，才能獨自帶領另一個「佈道團契」的「領袖小組」。以這個模式，一個平信徒「師傅」最多只可以帶領一個六十至八十人的「佈道團契」，而一個傳道同工可以帶領兩至三個(假設沒有其他重量級人馬協助帶領福音班及栽培班)。

由個別「佈道團契」來看，一開始必須委身三至五年，因為三步曲的全面實踐需要時間，當午午都用外展週會吸引新人，在最後一年應該有第一年的果子加入「領袖小組」了。倘若做了一年也沒有甚麼佈道果效，就要檢討原因，痛定思痛，再用兩年時間嘗試。如果沒有甚麼新朋友來參加外展活動，有三個可能性：一、活動不適合；二、團友沒有甚麼未信朋友；三、活動地點偏遠。活動可以不斷嘗試新事物，地點也不一定在教會，可以在家中，甚至在市區，晚上或週末辦外展活動(但不要在中午午餐時，因為難於長久凝聚)，待新朋友與團長混熟後再邀請回來教會。倘若團友真的沒有甚麼未信朋友，又或者他們的生活起居與教會地點相距太遠，就唯有嘗試主動向陌生人推廣，強勢出擊，直接向教會附近的居民宣傳「佈道團契」的外展活動。

倘若有很多新朋友回來，卻留不住，問題就是組長關顧不足，沒有主動出擊去認識和關心新朋友。必須在「領袖小組」裏坦誠提出並加以檢討，必要時可以把有心志的信徒重新調配到組長的崗位上。

倘若「佈道團契」發展得成功，在三至五年後就必須重新立志委身，希望上一代的領袖，有超過一半留下，加入新的領袖，再委身三年。倘若領袖真的有點累了，就一起「休息」一年，暫停佈道和栽培事工。休息後又再開始上路。一般來説，「佈道團契」增長到六十至八十人就應該一分為二，確保長遠的增長動力，而且「領袖小組」太大，也不能達到關係緊密、彼此督導、守望的效果。

3.6. 以「佈道團契」啟動跨文化和跨年齡的福音工作

以上談的「佈道團契」主要是向與團友背景和年齡相若的朋友佈道。但用「佈道團契」模式向年齡或背景不同的羣體佈道，效果同樣顯著。我更認為可以突破很多堂會的困局，不致於長期只有某些年齡的中產會友。我訪談的一百三十間堂會，大部分都面對兩個問題：一、少年佈道事工差不多等同交白卷（很多連留住信徒子弟都有困難）；二、未能開展基層的福音事工。不是他們沒有嘗試，其實很多教會都試過鼓勵幾個有心的信徒去做少年或基層事工，只是一、兩年後沒有甚麼成績，或只有極少人回來教會，原有的信徒又疲累了（burn out），要退下火線，結果事工長期不振。要突破這困局，就必須痛定思痛，不能只以「補補鑊」的心態去處理，必須鼓勵起碼十個八個成熟、有佈道心志的信徒，以植堂的心態去委身三至五年，一起開展這事工。我建議用「佈道團契」模式。

事實上，這個「佈道團契」有兩部分，這十個八個委身的信徒組成了「領袖小組」，起碼每月聚會兩次，在另外時間有「開放團契」，就是他們一起辦活動吸引少年人（或基層人士）回來的地方。一開始沒有少年人（或基層人士），唯有用大量「適切需要」活動，找學校、老師和青少年中心（做基層則是社工或新福事工協會）合作，以至直接用單張宣傳，希望吸引第一批受眾，用「大團小組」把其留下。有了第一批，就可以試用「交誼性」活動叫他們帶親朋戚友和同學回來。

這個「佈道團契」與從前不一樣，大大增加了跨文化、跨年齡佈道（其實是本地宣教）的成功比率。其中有兩個祕訣：一、就是盡快凝聚十至二十個核心受眾的羣體；二、原先的信徒（就是「本地宣教士」）完全委身這事工，三至五年內以此為屬靈的家，彼此支持、守望和全情投入。這兩個祕訣是植堂的不二法門，其實沒有甚麼祕密，任何人植堂也知道必須盡快凝聚十至二十個當地的信徒，而植堂的原先信徒也必須離開原先堂會，在三至五年（以至終身）內以新堂會為真正的家，全情投入。所以我說這模式本來就是以植堂為模式，在堂會內建立另一個袖珍堂會。

先談第一個祕訣。有了十個八個信徒委身做少年或基層宣教就有足夠資源大搞活動，又有組長去關心，留住新來的朋友。每次活動要有二十人以上參加才有機會於半年至一年內凝聚十至二十個朋友。從前以幾個人去做，除非真的十分熱心和委身，否則很難凝聚一個「團契」。當然凝聚和留人還是要靠「大團小組」的。至於做些甚麼具體活動，本書〈事工篇〉（見本書頁139)有詳盡介紹。

同樣重要是這十個八個信徒每月至少兩次的「領袖小組」了。重點是這個小組就是他們未來三年要委身的團契，他們不需要再參加其他團契，更不用再有其他事奉。這個一方面是要使事奉者關係愈來愈緊密，成為真正的細胞小組，以至可以彼此支持。更重要的是互相承擔和互相守望，見到小組親密戰友如此努力，就不好意思輕言退縮。倘若這批信徒都屬於原來一個團契，就最容易處理，只要他們放下團契內部一切事奉(交由不參與佈道事工的團友負責)，而團契又改變模式，隔週分組，他們自成一組，就自然有了這個「領袖小組」了。

當然這只是第一代的「領袖小組」，事工要生生不息地發展，在一、兩年後就開始第二代的「領袖小組」，由少年人(或基層人士)組成。少年人的「領袖小組」，在〈事工篇〉我叫它做長期性的「門訓小組」。

我在這裏只用了少年佈道和基層佈道作例子，然而，這模式同樣也可以用來啟動其他跨文化和跨年齡的福音工作。

第4章

淺談其他模式

這一章我會談到我所講的「生生不息羣體」和近年十分流行「目標導向」、「自然教會發展」和其他概念的關係。讓我先談談「目標導向」教會。

4.1. 目標導向教會

華里克牧師在短短十五年間，在美國南加洲建立了一萬七千人的馬鞍峯教會，是美國幾間最大的教會之一。這幾年他把這經驗寫成《直奔標竿》一書，提出「目標導向」教會這概念，馬上成為暢銷書。幾年前他來港主持一連幾天的訓練聚會，更是盛況空前，有千多位教牧和長執參加，一時間不少教會轉型或考慮轉型成為「目標導向」教會。

4.1.1. 華人教會誤解「目標導向」模式

甚麼是「目標導向」的教會呢？就是把教會一切活動重新整合為使人「從外而內」愈來愈委身的五步曲。從未加入教會者（社區）變成固定參加者（羣眾），再變成成員（會眾），再變成成熟成員（委身者），最後成為核心成員（平信徒牧者）。目標導向的教會就是清清楚楚知道每個參加者現在處於哪個階段，然後用種種不同課程和小組讓他們轉進至下一個階段；而在下一個階段，這個信徒會做一個清晰的決定（conscious decision），重新立志加強委身。為了這個轉化過程，華里克牧師制訂了不少課程，例如：

101課程「發現馬鞍峯教會會員」。在他的教會，必須上過這課程，並簽署會員誓約才可以受洗及被確認為會眾(會員)。

「目標導向」是一種十分好的思維，往後我將會解釋我的分區造門徒三步曲就是華里克牧師心中的「目標導向」教會。不過在解釋自己如何詮釋「目標導向」之前，必須先談香港大部分教會如何「誤解」這概念。華里克牧師在書內談到教會有五大目標：傳福音、敬拜、團契、門徒訓練和服事，而他的概念又叫「目標導向」，於是很多堂會就説自己已經是「目標導向」教會，因為教會已經有做這五種活動。這真是最大最大的誤解！香港的華人教會在過去二十年來，差不多每一間都有做齊這五種活動，難道間間都是「目標導向」？尤有甚者，有教會把每年全堂會的主題輪流定為這五樣中其中一樣，又或者在主日學課程內加入馬鞍峯的101至401課程，就以為自己已經是「目標導向」了！這種種方法都徹底誤解華里克牧師，也是沒有果效的！

4.1.2. 分區造門徒三步曲才是真正的「目標導向」

他所講的五大目標，絕不能空泛地變成五種活動，而是十分針對某一階段的信徒，用這種活動確保其進入下一個委身的階段。活動本身只是華里克牧師建議的方法，如何確保從一個階段把每一個信徒轉入下一個階段才是重點所在。例如第四個活動「門徒訓練」，大部分教會就把它當成「主日學」，認為自己已經「提供了門徒訓練」。其實華里克牧師講的是如何確保教會的每一個成員轉化成委身者，這個轉化方向，他叫「門徒訓練」。在大部分香港教會的處境中，主日學課程不能成功達至這個轉化，而需要更緊密的長期化，有「師徒」關係的門訓小組，在邊學邊做和不停激勵的方式下才能使信徒委身事奉。

我所講造門徒三步曲就是華里克牧師五步曲的簡化版本——簡化了比較容易開始落實。我的三步是吸引人來教會、把人留在教會，和使人委身於基督及教會。我的第一步和第二步與華里克牧師相同，而我的第三步就等於將華里克牧師的第三至五步合併而成。我這樣簡化他的五步曲，一方面使人比較容易了解，另一方面希望大部分教會行「目標」導向，開始時應該集中於前兩步。太早講五步，一般教會就不停把精神分散在各部分，違反目標導向必須從外而內，由第一、第二步做起這個基本精神。我認為我的三步曲，就是華里克牧師的「目標導向」，重點不是做那些「活動」，他強調一種相反的心態，做教會不是活動或程式為本，活動不是目標；相反地，做教會以人為本，所謂「目標」，是把人從某一個委身的階段推進另一個階段，是一個強調「結果」的進路。不過「結果」或「數字」不單是多少人決志信主，或多少人聚會，而是每年有多少人從一階段進到另一個階段。

4.1.3. 目標導向就是「針對」特定羣體

某程度上，目標導向跟我的「生生不息羣體」一樣，本身只是一個概念，並非一個模式，華里克牧師也沒有指明用某一種模式。兩者另一相似之處，就是強調須針對特定羣體設計策略。我講的是必須「分區」設計造門徒三步曲，他亦十分著重。事實上，在書內他花了十分多的篇幅，具體地介紹如何為某一特定羣體設計具體策略，從了解對象、找出最易接觸的對象、到針對其風格和需要發展策略，選擇音樂、設計敬拜和編排講道信息等等。凡此種種，突顯出華里克牧師著重從外向內，永遠把教會面向慕道者，而且是百分百針對特定羣體。叫我對這個特色留下深刻印象的一件事例，就是華里克牧師透過大量社區接觸和資料搜集，最後用一個「典型的社區人士寫真」，十分具體地讓全教會把心力集中於「人」的需要上。這個技巧在市場學上叫「目標人物立體化」(profiling)，華里克牧師將之十分仔細地用在教會發展上。這個profile是社區一個典型的「馬鞍峯老馬」：受過良好教育，喜愛自己的工作，喜愛所住之處，與家人最注重的是健康與健美，寧可混在大羣人中而不願在小圈子之間，對於「有組織的」宗教表懷疑，喜歡現代音樂，認為自己比五年前更享受生活，很自滿甚至自豪於其生活地位，喜歡輕鬆隨意的裝扮，而時間與金錢都已用到極致。事實上，華里克牧師的教會也是一個一個的羣體建立起來的，確保每一個羣體(我所講的「區」)的針對性得以保留。雖然他確信青年是十分重要的羣體，在教會開始的幾年，並沒有做這個羣體，直到有適合的專責的傳道同工到任，才專心開展這羣體，結果迅速建立了二、三百青少年的「區」。馬鞍峯也用大量「交誼性」和「適切需要」的活動吸引各羣體的人回來。例如針對美國人多有醉酒和酗酒的問題，一個剛戒酒成功的信徒就可開辦「戒酒支援小組」。

我再講一次，「目標」導向不是搞齊五種活動，而是分區，以針對性極強的進路，把未信者一步一步推進更委身於基督和委身於教會的一套理念。

4.2. 自然教會發展

自然教會發展(Natural Church Development，以下簡稱NCD)，近年在香港因著香港教會更新運動大力推廣，大行其道，數以百計教會，已經做了NCD問卷調查。NCD是一套教會發展的原則和概念，也可以稱為一種強調教會「自然發展」的運動，當中亦包含了一套十分有用診斷教會的工具。

NCD是現存用以診斷教會情況最科學的工具，十分有用。在九十年代由德國開始，NCD這運動在全球六大洲向超過二萬間大、中、小教會進行研究，每間教會需要有三十名成員回答一份詳細的調查。用統計學的方法對此進行研究，NCD運動發現了在質量均健康成長的教會，全都會(統計上是百分之九十九都會)在八個不同的特質上同時取得「合格」(即六十五分或以上的水平)。

4.2.1. 八個特質

這八個特質就是：

1. **令信徒得力的領導方式**(empowering leadership)——增長的教會領袖會集中全力令全體信徒參與事奉，並把「權力」下放，激勵裝備信徒使用這些「權力」去事奉。

2. **以恩賜為本的事奉方式**(gift-oriented ministry)——發掘信徒的恩賜，把個別恩賜結合到適當的事工上。

3. **充滿熱忱的靈性表現**(passionate spirituality)——增長的教會不在乎靈恩派或非靈恩派，也不直接在乎禱告時間的長短，而是在禱告與靈修中，大部分信徒是否「充滿熱忱」從中經歷上帝，產生期待上帝行大事的心，因此喜樂地、滿有期待地服事主。

4. **功能健全的結構**(functional structure)——一個組織結構，可以真正實事求是，推動教會向前，不會重重疊疊，消耗大量精力。

5. **激勵人心的崇拜**(inspiring worship)——不是模式，而是在崇拜中信徒與主相遇，心靈被主所激勵。

6. **全面兼顧的小組**(holistic small group)——真正可以把各人切身問題拿出來討論，彼此關顧的小組。

7. **以需要為本的佈道事工**(need-based evangelism)

8. **會眾相親相愛的關係**(loving relationship)

作為一個研究教會的概念，NCD 有兩個最大的優點。第一、當然是其客觀和科學的態度。三十個成員回答一系列十分仔細的NCD問題，以與二萬間教會的資料庫作比較，知道自己教會做得怎麼樣，就免去無謂的爭論。不少教會在自我診斷時，常浪費無謂時間在爭論現況。例如一個執事投訴團契和小組生活差勁，負責的傳道人可能馬上自我保護，不停在數算教會「還做得不錯的團契」，其他人心裏雖然不認同，卻也不想當面批評團契做得不好。做了NCD後，「全面兼顧的小組」一項只得三十五分，更是三十人的平均分，大家只有啞口無言，面對現實，正視這問題，不能再顧面子，再拖拖拉拉了。

NCD的另一個優點，是強調八個特質對教會內外的人的影響，這些就是每個特質前面怪裏怪氣的形容詞。不是教會有「好」的崇拜，而是激勵人心的主日崇拜，重點在於討論崇拜有多激勵人心。崇拜可以靈恩或非靈恩，現代或傳統，自由或禮儀，NCD只強調崇拜能否使人在其中與主相遇，透過在那裏經歷神而生命更新。同樣地，NCD不會只建議「教會復興必須祈禱」，而是要達至「充滿熱忱的靈性表現」(passionate spirituality)，就是教會內大部分人能不停在靈修、敬拜或祈禱中經歷上帝，更因此對聖工變得樂觀，期待主在教會行大事。達至此水平，有人用祈禱會，亦有教會用其他方法。又例如佈道，NCD不是問開了多少次佈道會，而是佈道是否以需要為本，即是教會信徒是否不停與非信徒透過不同方式建立真誠的關係，以此引導他們到主前。NCD不單看活動做得好不好，而是看是否正面影響人。

4.2.2. 自然教會發展把「質」加以量化及普遍化

不少人批評七、八十年代教會增長理論過份強調人數的增長而忽略了質素，但這些批評者在強調質素時，卻提不出量度的指標，於是「重視」質素變成空談。NCD正正回應了這批評，它強調必須把「質素」這主觀概念以具體指標清晰化，只有在八項「質素」指標取得「全部合格」的教會才會增長，這是普世統計得出的結論。於是，有任何「缺陷」或不合格的特質，也就需要針對性的「補救」。而且補救方式不能只停留在「努力嘗試」，而是普遍地落實到全教會的層面，因為要達至六十五分以上的「合格水平」，「質素」必須在信徒大部分人當中得到落實才成。讓我用「熱忱的靈性」來做個例子。

以香港華人教會的傳統，倘若你跑去問任何傳道人，教會發展最重要的原素是甚麼，十之八九會答是祈禱，不少還會滔滔不絕談到南韓教會怎樣通宵禱告，帶來大復興。再問教會怎樣推動祈禱呢？教牧就會答，在講台上反覆強調祈禱的重要性，又鼓勵信徒去祈禱會。其實，我研究發現，這兩者在華人教會中，發揮的功效都不大。毫無疑問，祈禱及靈修是屬靈生命的根基和核心，信徒必須祈禱及靈修，才有屬靈的生命力，教會才可能發展。但「全民皆兵」的理念，是要使大部分信徒有健康的靈性，而不是一小撮信徒怎樣熱切地祈禱。祈禱不是變魔術，我們並不是期待百分之五會眾懇切祈禱，打動上帝開恩復興教會，而是希望大部分會眾藉著健康的禱告和靈修，建立熱忱的靈性，提升生命力，一起委身教會，服事教會，帶來復興。

大部分教會祈禱會在平日晚上進行，我做過統計，絕大部分只有不足百分之五信徒參與，能達到百分之十已十分罕見。幾個巴仙信徒，就是領袖了，每星期走在一起祈禱，當然重要，卻不能成為教會發展的柱石。真正問題是怎樣使六成以上信徒有穩定禱告和靈修。一個方法是把祈禱會放在週末。五旬節聖潔會永光堂的中學生事工，祈禱會一般在主日崇拜前，出席率達五成，是其他教會的十倍。難怪永光堂的少年人，人人熱心事奉。另一個方法是在團契或小組內開祈禱會，不少教會習慣在小組最後二十至三十分鐘開祈禱會。這些方法都比平日晚上全教會祈禱會有效。

4.2.3 不能單靠科科合格

作為一個診斷的工具，NCD是一流的工具，而當中八種特質，我亦十分贊同，並在本書〈總論篇〉(見本書頁19)各處不停應用。不過，我認為NCD作為「醫治」的工具，有兩樣美中不足之處：

1. **太強調「補底」，忘記了「拔尖」**。過去二十年，在教會學以外，也有不少對「高質素的組織」(不一定是宗教組織)的研究，研究結果基本上與NCD一致——高質素、增長的組織必須在幾項基本特質上全部「合格」。但這還不夠，他們還會在其中一個特質特別突出，達至「卓越」的水平。我自己在諮詢教會的過程中，就特別喜歡強調「拔尖」，把教會真正卓越之處找出來，用以發展機遇。這個為甚麼重要呢？NCD太強調先補鑊，處理教會最弱項，補足其不合格之處。這一點肯定要做，但只專注其中，做起來倘若不順利(亦容易不順利，因為是「弱項」嘛！)，就容易失去鬥志和士氣。相反地，先把強項用到一些機遇上，做出點成績來，就容易令人人士氣高昂，對變革認受性大增，再回去「補底」，動力就大得多！

2. **NCD本身不夠強調各特質在具體處境的相互關係**。NCD給人一個印象，讓人以為各個原則是獨立的，各自落實，各自評分和診斷。這個極重「原則」的看法，是對各種教會「模式」太過僵化的一種反動。我的進路對「模式」沒有那麼反感，我認為「模式」是好的，不過有很多個可行的模式。在認知學上，我在〈總論篇〉提出「生生不息委身羣體」概念，不是一個模式，也不單單是原則，而是一個「超模式」(meta-

model)。我極強調各原則之間相互的關係，定下了模式才可以體現這「超模式」的各種界線。例如NCD的第七個原則是以需要為本的佈道事工，給人的感覺就是只要教會有一些佈道活動，針對未信者切身需要就可以合格。我卻認為這當然需要，卻必須與第四及六項在某種關係上相結合，才有果效。需要為本的佈道應該「分區」進行，因此，亦應把教會按「分區」來重整其結構，把佈道以至栽培的功能，分放各區內。而且這種佈道活動最好變成「正常」的小組活動之一，使小組人人參與，藉這些活動與未信者建立關係，從此邀請他們回到小組，把這關係深化。NCD只引出八個原則，而我則把它的八點相扣成為一個「超模式」。

4.3. 其他概念

我已經談過香港教會接觸較多的模式與概念，以下還有一些其他概念，也略為談一談：

4.3.1. 城市宣教(Urban mission)

據我十分有限的了解，城市宣教就是採用了宣教學的角度，強調要向城市的人佈道，並針對城市內多元化不同背景的羣體，使用不同的宣教策略。概念上，這跟我強調分「區」來造門徒的三步曲十分接近，一方面同樣著重從外而內，面向未信者的教會，另一方面強調針對不同「羣體」設計策略和組織結構。但不少「城市宣教」論者，似乎特別強調向弱勢社羣傳福音，亦很著重城市內各種「次文化」的不同體現。我亦認為香港教會這方面比較弱，有必要加強對「基層」的福音工作。但太強調這方面，就容易忽略向身邊的人佈道，城市「宣教」就容易產生錯覺，就是只需要向自己羣體以外的「另類羣體」宣教。事實上，首要任務應該是向自己羣體內未信朋友佈道。而且香港文化的統一性(uniformity)其實十分高，「次文化」的體現主要只出現在代與代之間，連新移民來港幾年後，也基本上能融入主流社會文化(特別是其子女)。大家聽的歌、看的電視和電影，都沒有兩樣。事工要分「區」來做，但在香港不必要太強調「次文化」——除了極少數邊緣羣體，例如剛來港新移民和少數邊青。

4.3.2. 關聯的教會 (Connecting church)

這兩年不停有人強調教會必須要關聯(connecting)，形成一個社羣(community)，這都是引入外國的新觀念。本書的取向是完全認同羣體或社羣是教會最基本的課題和形態，而關聯作為一種深入的關係建立及共同生活，更是不可或缺的。我在本書甚至大聲疾呼，鼓勵以「關係」為主導吸引人來教會並留在教會。但關聯的教會的提法也有危險，就是有人提出要建立羣體，堂會的弟兄姊妹就要改變生活方式，形成更清晰的鄰居社羣(neighborhood)，以至工作更換，使大家有更多時間共處。在堂會也以大量產生強烈凝聚力的教導為主。我是十分重視羣體的，也同樣視個人主義(individualism)為教會頭號敵人。但以上種種傾向，容易引致另一極端，把信徒從未信社羣中抽離，令未信者難以融合於教會。在羣體凝聚中，必謹記一個原則，就是一切是從外而內，即由吸引未信者回來、留下、委身為主線，決不能以凝聚信徒為主線。

4.3.3 僕人佈道 (Servant evangelism)

這一運動著重以無私的社會服務，由堂會的義工(即眾信徒)向弱勢社羣顯示愛心，藉此傳揚福音。外國有教會藉不停去為貧民洗廁所，幾年間由幾十人增長到幾千人。各教會使用這方法，雖然十分有意義，但我在香港教會的訪談經驗中發現，用這方法而成功引領人回來信主的，只有極少極少數。多數堂會做了大量義工式社會服務，只是為了「建立好見證」，十分抽象。其實，要成功也不難，就是必須通過服務，與受眾建立深入及長久的關係，並以此凝聚他們在堂會聚會。不停去千百個公屋家庭「洗廁所」是沒有用的。那間外國教會成功是信徒藉「洗廁所」這一「驚人」舉動，打開了貧民的心，即時與他們做了好朋友，一直保持深入的關係，並藉此吸引他們回來教會，再強化這關係。他們信主後，又出去再以「洗廁所」與其他貧民建立關係。僕人佈道是最適切的關係佈道(relational evangelism)。沒有關係(relation)的建立和羣體的凝聚，一切僕人的服務都是徒然的。

4.3.4. 啟發課程 (Alpha course)

啟發課程最先在英國流行，共十三課，每次有宣講、分組討論，通常每次一起吃飯，並最後有一個營會。參與者有慕道者、未信者和帶他們回來的親友。香港教會有二、三百人以上的中型堂會，也成功辦過不少啟發課程。人數太少的教會辦一次後很難再有足夠人數開班，因為要二、三十人才容易形成氣氛。我個人認為啟發課程的形式十分有參考價值，因為在理性討論中加入了大量元素強化參與者的關係，例如一連十三次吃飯、分組和深化的營會。內容方面我還是嫌它太英國化，關心的課題其實是英國人在問：「上帝和信仰只不過是一個傳統，為何在現代的社會還有人信？」啟發的答案是：理性上基督教十分可信，況且上帝今日仍大有權能。然而，香港人不是基督教傳統的，人們一般比較關心信仰是否在生活上有幫助的課題，例如：戀愛、工作和家庭等，所以，啟發課程未能完全貼合香港本土之需要。

事工篇：

不同事工的關鍵成功因素

第 1 章

香港教會的事工重點

〈事工篇〉是應用〈總論篇〉的各種原則，探討怎樣在不同的「區」，針對不同年齡背景的人，建立生生不息的委身羣體。在第五章，我會就訪問中百多家教會的觀察，蜻蜓點水地淺談各區的事工。我甚至會略略談及崇拜及植堂的事工。其他幾章主要是針對三項香港堂會最「弱」的事工——少年、中年中產男士和基層——提供具體的意見。我尤其著重少年事工，因為我認為這是香港教會的「核心本錢」，而現在我們正處於成敗存亡之秋，興旺與衰亡的十字路口，故不能掉以輕心，所有教會必須眾志成城，一起認真做少年佈道，把香港教會再帶回大使命之途。至於中年中產男士和基層事工，是眾教會幾十年來的虧欠，是大家一直未能真正突破去牧養和服事的羣體。所以我亦在這裏提了一點大膽的建議，冀望有心的教會可以開始大膽嘗試，一起為上帝擴展這兩個極重要的羣體。

1.1. 少年事工一直是華人教會的「核心本錢」

我在此號召所有香港教會一起傾盡全力去振興自己教會的少年(即中學生)佈道事工，我實實在在認為沒有任何事情比這個更重要的了。道理很簡單，少年事工一直是香港教會的「本錢」和「命根子」，但最近這「命根子」保不住了。我們現在只是在「吃老本」，吃二十年前少年事工成功的「老本」，倘若我們這一代不做好少年佈道，十多二十年後香港教會無法避免走向衰落的道路。

我訪問了一百三十多家香港教會，每次都著意了解每一間教會現時聚會者是甚麼時間來到教會，因何而來等。我的發現十分簡單：現在多數教會的大部分聚會者都可分為兩批人，第一批是在七、八十年代少年階段信主回到教會的，第二批是他們進入青年階段(二十至三十歲)時帶回來的朋友。其餘的主要是因搬家而轉會的，或海外移民或留學後歸來的。相信這些在原來的教會也不出第一、第二類(即少年時期回來或這些人在青年時期的朋友)。香港的華人教會在七、八十年代經歷驚人的倍數增長，主要就是當時極成功的少年事工與及其後帶動的青年事工。

這些信徒成長了，帶來了香港華人教會史無前例的實力，雖然我們自己常覺得總是不滿意，但事實上，教會實力是遠超過去任何時期的。傳道同工數目及獻身讀神學等的人數，均遠遠多過從前，而且現在大部分是大學畢業再獻身的。社會上，信徒比率在校長、老師、社工、公務員、專業人士等職業範疇內均遠超比例。在形式上，我們十分現代化，輔導親子、現代音樂，樣樣皆精。但為何偏偏在九十年代，教會整體人數居然不升反跌呢？而且九十年代還看見五家三至六千人的特大型教會成型，若扣除他們的增長，其他中、小型教會的下滑——起碼是停頓——就更明顯(雖然有少數在新市鎮植堂的教會人數有增長，但大都是市區的信徒搬到該區而已)。我訪問的一百三十間教會，有一半在過去五年是無增長，甚至輕微下滑的。

香港教會開始見頂(plateau)，因為我們忘本，忘記了「少年佈道」這個命根子這個核心本錢，在表面一切風光之時，少年佈道卻突然大幅衰退了。

1.2. 為甚麼教會不向少年人佈道？

在我訪問的一百三十間教會中，起碼有一半是沒有成形的中學生事工的。這些教會的中學生人數極度偏低，例如二百人的堂會只有十個八個中學生，而且十分鬆散，可能有一個十分鬆散的團契，又或者只有一些被父母帶來參加主日學的少年人。大約有三至四成的堂會有比較具規模的少年事工，而且這些堂會的數目正逐漸增加，使少年傳道同工出現供不應求現象。不少教會聘請青少年事工幹事，體育少年事工也十分普遍，不過大部分這些「少年事工」主要是為信徒下一代的「子弟」而設的，根本沒有怎樣做少年佈道。

我們很快就會發現，不做少年佈道事工的教會，連教會「子弟」也漸漸離開，就算留在教會也不委身，十分邊緣化。「子弟」們不少是被父母「強迫」回來的，就算是自願的也缺乏生命力，因為缺乏「一手」信仰經驗。即使十分有心追求的子弟，大部分會選擇轉教會，離開父母的影子，以確立自己的信仰。其實這都不足為奇。我們「福音派」的信仰本來就不是藉「教會」教出來的。總而言之，我從未見過有堂會單靠「子弟」產生到生生不息的委身少年信徒羣體。道理其實很簡單，只有少年佈道果子，特別是排除萬難、不怕父母反對也回教會的少年人，才最能影響教會的「子弟」，叫他們明白福音的大能。也只有佈道的承擔，才能叫這些「子弟」勇於委身信仰，突破回來被「教育」的悶局。

可惜現實中只有大約一成的堂會在認真地做少年佈道。問題出現在哪裏呢？我覺得主要有四個問題：

1. 七、八十年代的團契模式到了九十年代已經**不夠吸引力**。從前在學校、社會一般缺乏活動讓少年人參與，所以教會團契成為不少少年人真正參與課外活動、擴闊生活圈子、擴闊視野的唯一選擇。到了九十年代，學校、社會以至由家長付費的活動多不勝數，一個少年人每星期往往有三、四個不同活動。從前暑假教會有夏令營，少年人蜂湧而至，因為沒有其他營會可去。但現在一般中學生一個暑假等閒有三、四個營會選擇。教會的活動面對莫大的競爭，一時間不知道怎「接戰」。

2. 堂會的信徒**變得內向**，心態上不再著重少年佈道。七十年代的香港教會，萬事在起步階段，雖然大部分堂會有了基本設施與規模，但都在萌芽階段，加上八十年代植堂運動，新堂會更要成長，於是萬眾一心做佈道，而佈道最有果效就是少年佈道，以及其後所帶來的青年朋友。到了九十年代，形勢大大不同了，七、八十年代信主的青少年人長大到三十至五十歲，個個事業有成，大部分已成家立室，一方面不再願意對教會付出那麼多，紛紛轉向自己的家庭與事業，另一方面是中產人士，信主年月愈久，對教會產生愈多期望與需求，於是教牧們疲於奔命。夫婦事工、兒童事工如雨後春筍，但絕大部分都不是佈道型的，主要是「照顧」、「牧養」現有信徒的家庭需要。這種「集中服事現有信徒家庭需要」的取向，在少年事工本身就至為明顯——不少信徒「子弟」到了九十年代後期，已成長到少年階段，少年事工突然「翻生」，人人聘請少年傳道，但主要是為了教育信徒子弟而不是佈道。

3. 堂會導師不願意，亦**不懂得「貼身」牧養**。其實我認為少年佈道仍然大有可為，真正的關鍵(也是教會的殺手鐧)，是「亦友亦師」的導師。其實以現今華人教會的實力，是有足夠力量差派大量「亦友亦師」的導師的。但由於上述所提到心態上的轉變，堂會三十至五十歲的核心信徒大都不願意當導師，導師數量有減無增。更大的問題就是大部分導師只是在指定時間內教主日學或在團契出現，不會「貼身」與少年人一起「亦友」地生活。這是因為從前沒有這個傳統，大家不懂這樣做，另一方面大家覺得這事工只是教會「邊緣性」事工，不值得這樣委身。

4. 堂會**缺乏「生生不息」的精神**，沒有訓練和鼓勵大專生回到少年人那裏做導師，在下一章我會詳細探討怎樣強化「邊學邊做少年門訓」。

1.3. 香港教會興旺或衰落的十字路口

倘若我們再漠視少年佈道，只有興趣「保住」信徒「子弟」，我敢大膽預言，再過十年，香港的華人教會會陷入無法挽回的衰退期。到時所有委身的信徒年過四十，想再回去做少年佈道也恐怕力有不逮，大部分教會產生嚴重斷層，很容易踏上衰退之路。

但在深沉的雲霧中，上帝的恩手總留下一線曙光。一方面有些像永光堂的堂會，二、三十年來一直以少年佈道為基礎，發展壯大。另一方面有十多二十間堂會，在最近幾年重新找到如何有效地做少年佈道之關鍵，並身體力行成功建立生生不息的羣體，不少在幾年間已增長到一百至三百個少年人的教會(我自己堂會就是一例)，而且產生靈命穩實、願意委身佈道的高質素少年領袖。生生不息的循環已經啟動了。在下一章我會與大家分享這些關鍵。倘若眾堂會一起按這條路走下去，香港不單不會衰退，更可以重新啟動另一個復興的巨浪，一方面使人數像七、八十年代，再次倍數增長，更重要的，是真正建立大量「生生不息」委身基督、委身教會的羣體。

1.4. 香港教會的虧欠——中年中產男士及基層事工

我認為每間堂會都必須認真投入資源做少年佈道，不做少年佈道的堂會，是注定沒有前途的。雖然我不認為每一間堂會在現階段都必須做中年中產男士及基層的佈道，但整體來説，這兩個羣體確實是香港教會莫大的虧欠，我希望鼓勵「有條件」的堂會努力啟動這兩樣事工其中一項，以彌補我們的集體虧欠。所以，我做了一點研究，也整理一下思緒，在這篇第三、四章提出了一些關鍵成功因素。「有條件」啟動中年中產男士佈道的堂會，就是一百五十人以上，起碼有三、四十個中年中產男士的堂會，可以馬上凝聚其中十個、八個男士信徒組成一個純男士細胞小組，開始吸引新朋友回來。「有條件」啟動基層福音工作的堂會，就是那些附近有不少剛來港新移民，又可以凝聚十個以上願意委身三至五年向其佈道的信徒的教會。這些教會可以馬上組成「基層佈道團契」，展開工作。

為甚麼我説這兩個羣體是我們整體的大虧欠呢？我們經常掛在口邊的説話：「教會基本上是中產的，不能吸引基層的香港市民回來的。」——由我二十五年前信主至今，不知聽了多少遍了。現在情況依舊。某程度上，這個問題沒有以前那麼重要了。八十年代工業北移，整個香港中產化，一時間十分「中產化」的教會正好配合社會演變的主流。但到了二十一世紀，又發生重大變化：香港本地市民變得中產，連出生率都大幅下降，小學收生嚴重不足就是一例。但大量港人在內地結婚，若干年後太太與子女到港，這成為過去五年人口增長的主要動力。教會卻未能配合這趨勢，只有極少教會成功建立了「生生不息」的基層羣體。

至於所謂「中產」教會，充其量只能説是「中產女士教會」，教會內男女比例嚴重失衡，男士每每只佔百分之三十、四十，而且每況愈下。事實上，一步入三十五歲以後，初信主的差不多清一色是女士，要到了六十歲外才再有男士信主。教會內當然有不少中年中產男士，但都是青年時代信主的，現在都已是十分資深，倘若還對教會認真，大都成了長執或主日學老師。堂會未能向他們同背景的男士佈道，首當其衝的是使他們信仰無力化，他們不能在前線參與佈道，屬靈生命就缺乏動力，亦逐漸懷疑信仰對中年中產男士是否真的有用。向中年中產男士佈道，是復興原有弟兄的生命力最有效的不二法門。

第2章

少年事工

在上一章我提過現今香港教會中，我認為最重要是少年的福音工作，不重振少年福音工作，重新建立教會的「命根子」，十年後眾教會無法避免進入衰退期。我不是一個旁觀的評論家，而是一個參與者，希望盡一點綿力，改變這個教會的大趨勢，協助眾教會重振少年事工。一方面在過去三年我在自己將軍澳的教會，盡量放下一切其他的事奉，專心在少年區與傳道人合作，建立一個健康成長的少年羣體，實踐造門徒三步曲。另一方面，我又在訪談教會的過程中，刻意多研究少年事工的案例，在百多家教會中，其中四成我有深入研究其少年事工。當中有十家左右，我更是因為他們的少年事工別有特色而專程拜訪的。總結這些經驗，在現今的香港教會要成功做少年事工，有四大支柱：一、以少年佈道主導；二、長久的亦友亦師導師關係；三、邊學邊做的少年門訓；四、具吸引力的週末聚會。在這一章的章末，我會談到兩個關鍵問題，即少年傳道的任期及任職教師的信徒之參與。

2.1. 以少年佈道為主導方向

在上一章我談的是教會大趨勢，倘若要避免教會走向衰退期，必須做少年佈道，這是為了教會整體。為了少年事工本身，就更應該以佈道為方向。當然我說過，任何羣體的事工要成功，都要實踐造門徒三步曲，而三步曲是從外而內的，所以任何事工都應該以佈道為主導方向。但其他羣體實踐三步曲是為了健康成長，暫時不做佈道，就好比生病、營養不良。佈道與否是一個健康與否的問題。對少年事工而言，佈道與否卻往往是生死存亡的關鍵。

首先是在上一章我談過，父母並非信徒的少年人，決定信耶穌，決心回來教會，對教會子弟產生了示範作用，使子弟們明白信仰是一個真實的經驗，並非其父母強迫他們參與的一些「傳統」、一些「建制」。而且他們自己接受訓練，又在前線參與佈道、栽培，親眼看見靈命成長、生命改變，更大大加強這批子弟真實的屬靈經驗。只有「佈道主導」的少年事工，才是使教會子弟信仰扎實最好的保證。

其次是少年人都愛熱鬧，跟趨勢，愈多人返的活動就愈有吸引力，小貓三四隻的活動，連那三四隻小貓下星期也怕冷清不再回來。所以少年事工是不可以「守」的，只可以勇往直前，長期採取佈道、進攻的心態。

2.2. 亦友亦師的導師是殺手鐧

長久的亦友亦師導師關係是少年事工的「殺手鐧」(core proposition)，是一切策略的建構基礎。二〇〇二年我教會與從心會社，合辦了一連三次的創意解難課程，附近學校共一百位學生參加，最後一堂我們邀請所有學生留下參加教會的福音興趣小組。其中一組的導師是教會的大專生B哥哥，派發了宣傳單張後問那十位學生對哪一班最有興趣，他們想也不想，就問：「B哥哥，你教哪一班呢？」當發現是山藝班時，他們十個馬上全數報讀山藝班。

這例子説明，歸根結柢是亦友亦師的導師關係把少年人留在教會，不能單靠甚麼節目、甚麼程序。其實少年人心底裏最渴求的是認同，最好是一班年紀相若的六、七個老友加上一個亦友亦師的導師，就是最富吸引力的「殺手鐧」。這種導師主導的老友小組，簡直是教會天下無敵的殺著。在現今的香港，無論在學校、家庭，甚至社區中心，也沒有這組合。只有教會才有大量的義工肯長期的委身於少年事工。這殺著原來是針對造門徒三步曲中的第二步，把少年人留在教會的。但這一招在三步曲中太過重要，起了決定性作用，所以我稱之為殺手鐧。在第一步，要辦些活動吸引少年人來教會一次半次是比較容易的事，只要有宣傳渠道，例如與老師合作，找一、二百人回來也不難。但要他們再回頭，就要靠長期的亦友亦師關係。至於第三步使少年人委身，很多教會就發現千難萬難，少年人性格反叛生活紀律奇差，自己也自顧不暇，怎樣委身服事教會？道理同樣簡單，使少年人委身，不能靠他們從頭腦知識轉化為行動，只有在導師以「朋友關係」逐漸地也成為「生命師傅」時，才能潛移默化地使少年人願意學習導師們的委身。所以，長期的亦友亦師的導師，是少年事工三步曲的決定性因素。

你可能會覺得這是老生常談，人人都知道少年事工需要導師。但策略的精義是一致完整的行動模式，能把「長久的、亦友亦師導師關係」落實，作為建構少年事工的基礎。在我訪問過的教會中，能做到這樣的，僅屬少數。例如A教會，有三種不同的少年聚會：團契、崇拜、主日學，每項聚會有五、六個不同的導師負責，結果是走馬看花，沒有哪個崇拜或主日學的導師與少年人建立了長久的關係。既然關係最重要，就要以少年人的關係來分工，不要以節目來分工。每個導師負責六、七個少年，就必須盡量爭取每星期花多點時間與少年人共處。有需要的話，把節目簡化，讓導師集中花時間在關係建立上。以A教會的例子，倘若把三個聚會合為一個兩小時的聚會，最初一小時做中學崇拜，只唱詩講道，交由傳道人一手包辦，十五位導師就可傾力在聚會下半場與少年人分組，還可在聚會後與少年人吃飯、茶聚、打波、聊天。策略不單單是「做甚麼事情」，更重要的是「不做甚麼事情」。策略就是專注，少年事工的專注就是建立亦友亦師的導師關係。

2.2.1. 沒有導師就甚麼都不要做

策略性領導強調一致的行動和模式，與策略不一致的事情，絕對不要做。少年事工的殺手鐧是亦友亦師的導師關係，把少年留在教會亦全靠這種關係。策略性思維一方面要求以關係主導分工，不以事工來分工，更要求我們絕不、絕不做相違背的事情。

例如在外展事工上，不少教會經常在沒有義工導師情況下大量舉辦各式活動。我再提一次，沒有長久的、亦友亦師的導師，就絕不、絕不舉辦任何外展活動。或者反過來説，舉辦這些活動目的只有一個，就是建立新朋友與導師的關係，再用這關係把新朋友留下。不少教會花了大量人力、物力在五花八門的少年事工，成效卻不大，敗筆都在於此。近年不少堂校合作的少年事工，都是教會出錢，甚至派人到校辦團契、搞查經班，甚至教宗教科。這些活動在放學及午間舉行，教會的義工導師又怎能參與呢？這是以傳道同工主導的策略，絕不、絕不應做。相反，傳道人只適宜在校內認識學生，然後邀請他們在週末參與活動，藉此建立他們與義工導師的亦友亦師關係。我見過不少福音營，只有教會傳道人或幹事負責，又或者只有老師負責，根本沒有教會的導師，這亦絕不應舉辦。不少教會，舉辦不同興趣班、補習班，甚至由全職社工負責的青少年中心，大部分時間沒有導師參與，根本絕不應辦。

有人會反對我的觀點，認為這些外展事工，起碼可以轉介少年人到教會。倘若負責外展事工的弟兄姊妹，自己經常來到教會週末的少年聚會，還可以達至轉介作用。如果負責外展事工的，是一些專業社工和臨時幫助的弟兄姊妹(例如暑假的營會「導師」)，自己根本不出現於教會的少年事工，轉介成功機會很低。關係是不能「轉介的」，只帶少年人返一、兩次教會，也不能把關係「轉賬」。還是直直接接，一開始接觸新朋友的導師，就是將來長久關顧這批少年人的導師，才有成功的機會。

2.2.2. 如何「亦友」？

其實要建立穩實的導師關係也不困難，主要是要「先亦友，後亦師」，即先建立友誼、建立信任與尊重，然後藉此「亦師」，灌輸重要的信仰價值觀。如何建立友誼呢？方法很簡單，你只要問：「倘若我真的是這少年人的『老友』，我們會如何交往呢？」然後以這種方式交往，久而久之，自自然然成為朋友。高中或以上的少年人與朋友交往方式，跟職青如何與朋友交往其實已經是大同小異，所以你只要自問：「在職青團我是如何與團友建立關係的？」當然不是單靠團契內的活動，主要還是團契前前後後的吃飯夜宵、唱K睇戲。高中生及大學生也是如此。所以我為了與我自己教會的高中(後來成為大專生)組員建立友誼，每個星期日分組後都與其午膳，差不多鐵定風雨不改。我每個月通常有兩次去其他教會主日崇拜講道，但即使去新界西北的屯門、元朗講道，崇拜後例必謝絕午飯，用講員費坐的士從新界西北趕回九龍東南的將軍澳，趕回去與這羣高中生吃午飯。教會內部的「引誘」就更多，每個月都有教牧同工、甚麼部門、甚麼事工希望用主日午飯時間開會，我一概謝絕，寧可在平日晚上再回教會開會，當然這多次令教牧及其他領袖覺得我不可理喻。我不知道他們心中在想甚麼，可能有人在想：「難道我們談崇拜更新這等大事，還不及他與幾個學生個個星期一起午膳重要？」我這是要表態，少年事工對教會比一切都重要，而與少年人建立穩實關係又比一切事工更重要。後來部分少年領袖逢週四晚上又與我開門訓小組，小組後我們也步行十五分鐘，一起去夜宵。與高中及大專生的關係，就是這樣建立的，當然要更深入的生命交流，還要加上門訓小組內深入分享。

與初中學生建立友誼，卻沒有這樣輕鬆了。他們是如何彼此交往呢？有人說 icq，但我問過眾教會，icq 只是輔助性交往工具，真正主要方式卻是「煲電話粥」，所以做初中事工的導師，打電話是必不可少的交往，不打電話的導師，很難成功。其實打電話也不一定花很多時間，有些教會像永光堂的助導十分勤力，恐怕每星期花上好幾個小時逐個逐個初中生打電話。我認為倘若你願意每星期用一個晚上半小時至一小時，而你負責五至十個少年人，就可以每人談五分鐘，除了提醒要返教會外，也可以基本了解一下近況，然後每次選擇一個對象談上十五至三十分鐘。其實時間不多，不過養不成這個習慣，電話總像千斤重，打來打去打不到一個半個電話。習慣養成了，就輕鬆寫意，真的像每星期打個電話給老友聊聊天那麼簡單。

2.2.3. 如何「亦師」？

與少年人打成一片，做其「老友」並不代表縱容。導師們必須重覆表達清晰的價值觀。不熟悉少年人的教牧對少年事工，有個誤解，以為對少年人必須比較寬容，否則他們不會回來。在形式上，對少年人的確要比較寬容，但在價值觀上，卻必須嚴謹，少年人並不會因此不回來。事實上，嚴謹的價值觀只會趕跑小部分少年人，一般實踐嚴謹價值的教會反而少年人數眾多。價值最嚴謹的永光堂是全港少年人最多的教會，有兩千個少年人。道理很簡單，價值清晰，回來的少年認同後更委身，參與性更強。對少年人「惡」，趕跑了少年人，多數不是因為價值觀清晰，而是導師沒有建立密切的關係。

不同教會對這些價值有不同界定，我個人不覺得有需要完全劃一，也不一定某些界定比其他教會好或者更合符聖經。只要按自己教會情況清楚界定就可以了。概括而言，這些價值主要有三方面：羣體參與、個人生活、屬靈生命。首先，導師們必須清晰表達每個少年人都要尊重整個羣體，這包括不能排斥、欺凌孤獨者和新來朋友，亦要基本上投入聚會。個人生活上導師盡可能全面關心少年人，指導全人的成長，基本價值方向是生活得積極、認真、不可隨便放棄、抱玩世不恭的態度。當然在性行為上是有不可踰越的界線的。信主一定年日後，導師對少年人的屬靈生命必須有期望，特別是聚會穩定，投入事奉，按一定比例奉獻(我自己教會少年區鼓勵什一奉獻)、穩定靈修等。不同教會可能有不同的界定，某些教會更比較強調處分，但毫無疑問的是，健康發展的少年事工，總是清楚表達一套價值觀的。

2.2.4. 多長才是長久的導師關係？

根據各教會的經驗，真正有效的長久導師關係，要三至五年。為甚麼要這麼長時間呢？一方面少年人經過門徒三步曲，需要一段時間，年紀輕的就更要長大後才能接受門訓，以及事奉。導師要陪伴少年人直到少年人自己成為助導或組長，在前線服事其他少年人，持之以恆，要有果效，恐怕要三年吧。加上少年——特別是初中生——情緒反覆，又容易受朋友或公開考試影響，在穩定回來後突然又失蹤一陣子，很多時最後是靠導師的關係再邀請他們回來。凡此種種，都指向一個導師連續跟進同一批少年人三至五年的時間。

更重要的，不單單是時間的長短，更是與他們一起走過人生轉變的重要關口，特別是從小學升中學，及從中學升大學或就業。這些轉變帶來不少焦慮和問題，也帶來新的朋友，所以，少年人往往是在這些關口離開教會的。偏偏教會的體制，又都以這些關口分界，在少年人面對人生新處境時，他熟悉的導師卻不在他身邊陪他們一起走，難怪他會離開了。所以，開始有教會安排導師跟進同一批少年人，年期是從小五、小六到中二，與及從高中做到大專。從前在我教會，我就做從高中到大專，而我太太就做從小六到中二。現在我自己亦積極參與小六到中二的事工。

2.3. 邊學邊做的門訓

部分牧者聽聞我提議少年事工要有富吸引力的活動，又要講究朋友式的導師關係，很擔心這進路主次不分，使教會變成了潮流集中地，與信仰脱節。

這些牧者批評得很好，不少時下少年事工，最後淪為「消費主義」。我們有責任設計有時代感、適切的節目，卻不能讓少年人回來「享受」種種節目，教會成了娛樂中心。在他們信耶穌前，我們要求所有活動皆能讓少年人不斷認識福音；信主後，就儘快開始堅實的門徒訓練，最好在一年內。然而，中三以下的少年人太心散，因此，中三或以上才是適合開始門訓的年紀，我們只能留著中三以下的少年人，到他們中三、四時再做門訓。

教會的少年事工要不是「消費主義」，就是走上了「基督教教育」之路。傳統的教會強調教導，比較單向，近年不少機構，強調鼓勵獨立思考、完整人格、社會認知等思維。這些都十分需要，尤其少年人信仰基礎薄弱，堅實的聖經教導就不可或缺。但這些都不足夠，我們必須視少年人為門徒，強調他們是事工的夥伴，最終的領袖。我認為門訓開始了六至十二個月後，少年人就必須參與事奉，甚至可以更早。有些教會要他們做組長，有些要求做助導(助理導師)。基本理念是：只有具體的實踐，才能使少年人經歷上帝，堅固委身的心志，激勵學習真道的決心。所以，教導的內容也不應只停留在真理和生活上，而必須建立清晰的異象、委身和使命感。我會不斷重覆講大使命和彼此相愛，要求每個人思考自己的角色。不同教會會在邊學邊做的門訓內安排不同的內容，包括：

1. 倘若未經過系統性栽培，一開始可以先用《初信成長八課》系統地重溫基要信仰。

2. 正如剛才所提到的，必須重視做助導或組長的心志和異象建立。

3. 當然包括做組長和助導的基本技巧訓練，包括如何帶組、如何關心組員。

4. 門訓小組內必須加強彼此的認識，我個人十分著重此點，多次使用"happiness life curve"(即把人生的快樂與哀愁以一條曲線表達並分享）及其他方法。

5. 有些教會在這個階段作性向分析，藉此協助組員了解自己的恩賜，並如何發揮。

6. 多次強調基督徒基本的屬靈質素，包括奉獻、聚會、靈修。

7. 基督徒的人生觀，包括家庭、學業、戀愛。

邊學邊做的少年門訓，一方面幫助少年人成長，另一方面是策略上的需要。少年人最了解少年人，由高中生去關顧和跟進初中學生，可比三十多歲的老餅有效。況且教會要倍增的話，而亦友亦師的導師關係是殺手鐧，就必須不斷栽培新一代愛主委身的導師。例如一間教會現在有十個導師，五十個少年人，很不錯吧？若教會希望三年後增長至一百或二百人，維持一對五比例的話，就需要多二十至三十個導師，唯一方法是全面訓練原本那五十位少年，希望其中起碼一半有當導師的恩賜，亦願意承擔做導師。例如新界一位牧者親自從零開始做少年事工，一開始是沒有導師的，完全由訓練少年人邊學邊做作領袖開始，如今已超過二百少年人。這一方面令人十分佩服，另一方面引證了邊學邊做的少年門訓的作用。

2.3.1. 如何確保邊學邊做成功？

經過半年門訓便「邊學邊做」，剛開始做助導或組長時，多數做得不理想，必須有成熟的導師帶領和配合，給與他們嘗試的機會。最有果效的少年人也需要半年左右才把握得好，其他人甚至失敗過一兩次，經過一年或更長時間事奉才上軌道。通常最大的困難是要他們主動認識並關心新組員，因為少年人一般只習慣小圈子式友誼與自己「老友」混熟，卻不懂得主動去認識新朋友。偏偏這就是他們最吃重的責任，教導甚至統籌的責任暫時可以由導師做，但關顧組員（助導關顧年紀比較輕的組員、組長關心同年紀的新朋友）就必須由少年人負責，因為這樣才能建立三步曲，建立起他們跟下一代少年人的緊密關係。

邊學邊做要成功，另一個因素是給予他們參與真真正正佈道的事工。切忌兩件事：第一、找他們去負責初小和幼兒級的「照顧兒童」事工。第二、找他們「代替」原來的導師，讓導師可以休息。凡此種種，只是傳達負面信息，教會沒有人願意做的事奉，就找他們幫忙。要放他們在最前線，向高小、初中或同年齡少年傳福音，要使他們感到自己重要。當然這樣需要十分多的策劃。不少教會完成了一年的少年門訓，卻不知道放他們到哪裏事奉，原先的教會初中事工，可能有十個八個子弟，又已經有導師，放少年人進去，很快他們就感到自己無法發揮，因為那些導師與初中生關係比他們更密切，經驗與知識更遠勝他們，少年助導差不多是多餘的。所以唯一的方法是千方百計吸引新一批的未信主初中生回來，由少年助導與導師聯手一起關顧，他們頓時知道自己的重要性，有了自己關顧「牧養」的羣體。

邊學邊做的第三個成功因素——亦是最重要的一個——是持續彼此守望的門訓小組，應該由跟這批組員關係密切的傳道人或導師帶領。少年人三分鐘熱度，問題十分嚴重，要他們在某營會、某暑假擔任助導，關心年紀比他們小的初中生，很多人做得到，但幾個星期後熱情減退，就變得愛理不理了。所以門訓小組不能在訓練階段以後就停了下來，必須長久地持續，內容並不是最重要，重點是每次以分享和祈禱方式，達至彼此激勵、彼此守望(某程度也是彼此監察)的效果。守望些甚麼？主要是兩件事，個人靈命及事奉近況，說得再明白一點，就是彼此「分享」這星期靈修了多少次、打了多少次電話關心初中組員。彼此守望是教會這「立約」羣體的特權，不要怕「壓力」，只要用得其所，不會感到高壓，反而是彼此激勵、祈禱、支持。作為一個助導，當然也不好意思次次來門訓小組都說上星期完全沒有打電話。

2.3.2. 大專門訓才是黃金時期

少年人應該在哪個年齡開始做助導或組長呢？大部分教會是中四至大專階段。如果中四時做助導，中三下半年就要開始門訓了。我看中四至中五已經是可以十分有效地事奉的年紀，但十八至二十二歲預科或大專階段才是黃金時期，因為身、心、靈都趨向成熟，開始有領袖才能了。不少教牧為此感到驚訝，他們都覺得大專生一般自稱十分忙碌，補習、兼職、讀書、上莊(即在大學做學會職員)、拍拖，而且還有校園種種「衝擊」要思考、面對，所以與教會關係若即若離，穩定回來已很不錯了，更遑論做助導、組長了。這完全是一種誤解，大部分的情況是「鬼話」、是藉口。我曾經與十多個大專生玩“a day in your life”分享，深入了解其每天生活是怎樣過的，答案很簡單，與我自己讀大學時差不多(我當時一樣兼職、拍拖，還自己創辦了新的時事學會)，超過一半時間是虛渡的(即完全不知所謂，少年人叫 we we wet wet)。從另一角度看，好幾間少年事工興旺的教會——例如永光堂、九龍五旬節會沙田堂——都是有大量大專生做助導的。重點不是時間，而是關係。大部分教會的少年人升讀大專後，少年部原先的教牧和導師便不再「負責」這些少年人。這是個極大的錯誤，只要關係密切的傳道或導師持續「跨越」中學與大學界線，與他們開門訓小組，愈來愈密切的關係，加上更成熟的大學生，他們不單單不會「若即若離」，反而會更委身事奉，是做少年佈道的黃金時期。我在自己教會就是嚴守這個「跨越」的位置。

2.4. 具吸引力的週末聚會

在〈總論篇〉我提過「不停重覆做某件事情，卻期望不同的結果，是一種精神異常」(見本書頁56)。這句話發人深省，我們有時的確不斷重覆某些模式，不思改革，卻期待不同的結果。這令我不期然想起教會在各中學的佈道事工。

2.4.1. 千萬不要進校佈道？

大家不要誤會，我舉腳贊成教會與學校合作做福音工作，我質疑的是模式問題。大部分情況是在校內辦大量長期的福音活動，然後嘗試「轉介」到教會。不少教會進校做佈道事工，通常是派傳道人到校協助舉辦各種宗教活動、團契、福音性查經、福音週、福音營等。要是傳道人懂得如何接觸少年人，一般來説，可以帶十至二十位少年人回教會，不少後來成為教會中流砥柱，一間千多人的中學，這百分比不算理想。最近訪問過不少教會進校佈道，在校內福音果效顯著，每年有一、二百個學生信主，經常有一、二百學生參加各種午間查經班。但幾年下來，教會卻沒有相應增長，中學生只有小部分回到教會，畢業後亦更難挽留。

問題出在哪裏呢？我覺得需要徹底改變佈道模式，不是在校內大搞宗教活動，再慢慢把學生轉介到教會。新模式是在週末搞富吸引力的少年聚會，又透過亦友亦師的導師關係在週末建立堅固長久的信仰羣體，進校的目的是建立橋樑，接觸並邀請學生參加週末的節目。很多校長、老師可能會懷疑這做法，覺得在校內辦活動比較容易吸引學生。我覺得地方可以在學校，時間最好還是在週末或平日晚上。為甚麼呢？一方面是可以大量利用教會的義工導師，另一方面是時間可以長期化，不怕學生畢業後不參加。

一間在九龍的教會還有這樣一個經驗，教會與旁邊學校合作，由教會出錢聘用一個校牧，兼任學校宗教主任並教宗教教育，達十多年之久。十多年下來，差不多完全沒有學生回到教會。問題十分簡單，這個校牧當自己是學校的同工，一星期已經工作了五天，拒絕週末回到教會。他自己不回來，更帶不到學生回來。十多年後教會痛定思痛，撤換了校牧，新校牧要於週六下午回到教會，而且不能只在學校教書、搞活動，必須與少年人建立生活上相交的關係，在短短一年間，便重建了二十人的週六少年團契，並且關係密切。

吸引學生回到教會週末的聚會，具體來說，有幾個不同方法，最容易的是基督徒老師每年都邀請同學參加教會週末的節目，自己亦陪同出席四、五次，讓教會導師認識這些同學。由於這些老師大都不屬於這間教會，不適宜強制他們長期參加，或花心力做教會團契的導師，但卻需要參與四、五次，叫學生有安全感，亦給予教會時間熟悉這些學生。另一做法是搞福音營，教會派大量導師參與，學校大可以強制全級同學參加，當成教署的教育營，這「包camp」模式效用不錯。又可以在週末辦一些「支援家長計劃」。這些都只是活動，重點是進校的傳道人角色，不應是在校內辦大量活動，而是以下三方面：一、接觸學生（如宗教科或小息時非正式接觸）邀請他們來週末活動，把關係交給導師；二、建立與基督徒老師團隊關係，藉他們帶學生回教會；及三、與學校高層一起統籌、宣傳各種營會和週末活動。中華基督教會協和堂在協和書院內植堂，何傳道也在校內教宗教科。其中一個與少年人建立關係的方法，是在宗教科做功課時，學生可以選擇自己搜集資料，又或者參加何傳道帶領的四次的信仰小組。不少學生在信仰小組四次功課完成後，選擇繼續開組，而何傳道更以此帶領大批學生回到週六下午的教會活動（在校內進行）。

2.4.2. 少年節目逐個捉

教會少年事工策略的四大支柱是佈道主導的方向、亦友亦師的導師關係、邊學邊做的少年門訓，和週末具吸引力的聚會。不少人問我甚麼聚會或節目最有效，我覺得無法回答，因為實在很多樣化，針對不同少年人及不同處境，需要使用不同模式，甚至要不斷嘗試。讓我仙女散花式逐一談談。

2.4.2.1. 傳統的少年團契、主日學、查經班、佈道會的改革

這完全是最慳水慳力的做法，只要可以吸引少年人參加，我最贊成這個方法。絕無必要搞太多花樣，勞民傷財。只要加上適切的接納，肯定少年人的信息，運用輕鬆、歡笑的手法便可。這些模式是蠻不錯的，市面有不少破冰遊戲的書，可以參考。唯一要注意的是這方法既傳統，又容易因循，不思進取，必須每隔一段時間（即每隔六至十二星期）製造一個「特別聚會」，叫少年人或老師有個「藉口」邀請新人參加。例如每季佈道會由一間學校的同學負責，表演加見證，必定吸引該校學生參加。我發現「循規蹈矩」的高中學生特別接受這模式。

對這些傳統的模式，我只有兩點補充，都是關於主日學的。在本章開始時也提及，既然少年事工的殺手鐧是亦友亦師的長久導師關係，把少年部的導師分散在各事工——主日學、團契、崇拜實為不智，因為很容易走馬看花，每個導師每星期花一點點時間在不同少年身上，建立不起「老友」關係。倘若導師「輪流」出席，情形就更差勁。我基本上建議必須以少年人為導師分工的基礎，每一個導師針對五個少年人，亦可以每兩個導師對八至十二個少年人，大家必須明確清楚哪批少年人由哪一、兩位導師長期關顧。這個關係建立是所有導師責任的主線，其次才是功能性分工。其實近年愈來愈多教會走向一站式少年聚會，即在中學生崇拜前後以團契或分組模式，進行關顧及教導等各方面事工。唯一在一站式以外的聚會，是邊學邊做的門訓小組，因為組員有需要在一站式各聚會中事奉。

第二點補充是關於主日學的。不少教會少年級主日學主要是會友子弟參加，每一年級有一個不同老師，而這些子弟在主日跟父母回來教會，但卻拒絕參加週六或平日的團契或小組。週六的團契時間，中產的子弟更有

很多教會以外的補習、學琴、學畫等活動妨礙參與。面對這種情況，大部分教會束手無策，長遠下來，形成兩個信仰羣體，週六活潑委身對外佈道的羣體，以及週日只返來「聽課」的一班子弟，這情況對後者長遠的信仰生活十分不利。很少教會在這方面改革成功。最徹底的改革方法是把主日學與團契合併，改為一站式，但積習難返，很難解決新聚會放在週六還是週日這個問題。放在週日早上，對佈道事工一定有影響，因為對未信主家庭的學生，實在不是太方便。少年人不願早起床，連十一點聚會也嫌早，而未信家長又希望週日帶他們上街，又或者留在家中預備功課。所以週六下午通常是佈道較好的時間。但正如上述，不少教會子弟不能參與。倘若不能參與者人數不是太多，我會建議「壯士斷臂」一次過改為週六的一站式聚會。

2.4.2.2. 中學生崇拜

中學生崇拜有一定凝聚作用，但不容易辦得好。大約有一成香港教會設立少年崇拜。首先人數必須在三、四十人以上，崇拜才有氣氛。其次，要比較輕鬆、暢快的詩歌讚美，不少教會用現代敬拜模式，不過即使不用樂隊也可以做得不錯。最後，要有適切少年人需要的講道。倘若講員未能針對少年人的需要，可考慮講道短一點(例如十五至二十分鐘)，或把講道分為前後兩節，中間唱詩。

2.4.2.3. 夾band

可以當作福音興趣小組的一種，凝聚力相當強。當然可以組成少年敬拜隊，在少年崇拜負責帶領。崇真會救恩堂有一個很好的模式，六個少年小組，輪流負責帶敬拜，夾band帶主題，加上powerpoint，先用數個星期準備，由查經尋找信息開始，到事後檢討，兼顧了教導、事奉、興趣各功能於小組內。

2.4.2.4. 福音興趣小組

這是我自創的名詞，意即透過長期化的小組，以興趣吸引學生參加，但小組時間內必須滲入福音性(最好在中場)。起初十五分鐘，最後加至四十五分鐘，實質上小組已是福音班，更可轉為栽培班、門訓班。「興趣」範圍可以很廣泛：體育類(籃球、山藝、歷奇、武術)、藝術／表演(結他、鼓、琴、舞蹈、話劇)、電腦、魔術、個人形像／化粧、潮流文化，以至教育類(多元智能、英語、普通話)。重點是要強調紀律，必須強制參與福音性部分，否則不准出席小組。這當然會令部分學生離開，不過寧願人少一點，確保坐下來的都是聽福音。

不要被千奇百怪的興趣嚇怕了，不少項目只要教會肯出錢，有專業福音機構可以派專人負責，最重要是教會派出導師參與，與少年人建立長期關係。福音興趣小組是針對中學生本身興趣制定的，講究變化多端，不斷嘗試。

2.4.2.5. 教會支援家長計劃

這個計劃主要針對初中生的家長。這是伍德輝傳道在九龍五旬節會沙田堂舉辦的「教會支援家長計劃」。教會一直與沙田林漢光中學合作佈道，每年開學時，伍傳道便到家長教師會，向中一新生家長宣傳，強調初中生面對功課、情緒、成長等不同危機，再介紹教會怎樣透過這個「支援家長計劃」一條龍照顧全面需要。效果十分好，每年有上百名中一生報名。

事實是每週六早上十時至下午四時，他們都留在教會了，早上由教會的大專生以一對四補習功課兩小時(將每個中學生每月繳付的學費，完全轉給大專生，鼓勵他們不必在外再找兼職)，然後這些大專生陪他們吃午飯(自費)，下午大專生變成導師，帶少年人返團契及小組(即最好的輔導方法)！

這計策十分好，但要注意兩點。第一、不能只靠補習。教會辦補習效果通常不好，因為補習後少年人多數馬上離開。這一「計劃」卻留下少年每週跟導師吃飯。第二、要面向家長，所以學校必須大力支持。這一招對band one家長最管用，這計劃好處是接觸面廣，能迅速建立龐大的少年事工。

2.4.2.6. 包 camp 和基督少年軍

少年節目逐個捉，最後談談福音營和基督少年軍。可能的話，用「包camp」模式做福音營最能事半功倍。「包camp」的意思，是與學校合作，在小六升中一或中一至中三年級，申請教署教育營經費，整屆學生入營，有營地(例如宣道園)可以一手包辦，以教育營形式搞福音營。教會不用搞活動，也不費分文，可接觸百多位少年人。重點當然是少年事工的殺手鐧教會要派出十多位導師或助導到營會帶組，專責全力邀請少年人在營後回教會。

除了「包 camp」還可以考慮其他營會。傳統的福音營，效用已大不如前。仍然有部分教會用營會成功留下新朋友，但很吃力。比較有效的是用其他方法接觸新朋友，營會主力增強少年人和導師關係，所以導師在營內要很「貼身」才有效。有一間小型堂會教曉我一個道理，不一定要用傳統的福音營模式——朝八晚十，密麻麻排滿不同聚會、分組、遊戲——籌辦吃力，又不討好。這間堂會的福音營，早上十一時開始聚會，下午完全自由，晚間再來一個輕鬆聚會加分組，於是晚上導師與少年人可以「盡情通頂」，少年人仍然精神暢旺，關係得以建立。這間堂會還喜歡復活節搞福音營，競爭較少，比較受少年人歡迎。其他堂會亦告訴我，要建立關係，野外露營（wild camp）果效又比宿營更好。一起捱苦、一起克服困難，對建立關係很有幫助。

基督少年軍是一個愈來愈受歡迎的少年福音事工模式。這方式有幾個好處。第一、即使完全沒有經驗，機構可提供全面的訓練和支援，加以啟動。第二、模式強迫大量導師參與，自然地以導師與少年關係作主線，所以穩定性比較強。據聞少年軍要求一比五的導師對少年人的比例。第三、從小學到中五，由於有層層遞進「考章」作規模，人數頗穩定，不會大上大落。第四、其中規定少年人考「靈修章」，內容完全由教會規定，可直接做福音工作，甚至規定少年人在指定時間返團契。總體來說，不少教會用少年軍吸引了二十至五十個少年人，長期穩定地聚會，是值得考慮的模式。

不過做少年軍有幾件事必須注意。第一、少年軍是自成一系的活動，很難和少年團契、小組結合。所以部分教會索性放棄其他模式，集中做少年軍，資源比較充足的教會，則同時用少年軍及其他模式，形成兩個完全分隔的事工，付出兩份資源和人力。樂觀地看，這當然是吸引另一批喜歡制服小組少年人的好方法。第二、少年軍不是爆炸力很強的事工，要很長時間才結果子，因為少年人長年累月花很多時間考章升級。通常要十至十五年，少年軍事工才顯出果效。問過幾間教會，還是從小學三、四年級開始為宜，小學一年級太早，浪費力氣，小學五年級已太遲，留不住了。第

三、大部分教會還不能證明少年軍的信徒在中學畢業後可以成功留在教會。有一間平安福音堂做得最好，在中一時已大力邀請少年軍返崇拜，十年後第一批畢業生成了教會中堅，長期帶領少年軍事工。第四、要真正與教會合作。這幾年開了幾百個少年軍，一半是教會開的，一半是學校開的。理論上，在學校開的少年軍必須和教會合作，每隊都要有傳道人作隊牧。但實際上，我觀察所得，這些在學校開的果效不大，原因是隊訓時間在放學後，而導師都是學校的老師。這種模式，將來當然不會返教會，更遑論信耶穌了，其實只是另一個課外活動，跟童軍沒有甚麼分別。我再重覆一次，要少年人真正信主，必須使他們長遠留在教會，而要留在教會，任何活動——包括少年軍——必須在週末(或平日晚上)好等將來可持續，而活動必須有教會義工導師長期委身參與。

2.5. 少年文化一點不難

不少人以為做少年事工，必先接受大量關於少年文化的訓練，而不少這些訓練，又充斥幾百個不同的專業神學或社會學術語，甚麼後現代、疏離、身分危機等等，令人望而生畏。我不建議大家從這種「理論」方式入手，因為這只會把導師嚇壞，而且做事工的重點是「亦友」，即與他們一起生活，而不是「理論」。你學懂用後現代心理分析去了解為何一個中三學生對家庭不滿，可能要三、五小時吧？還不如用這三、五小時去向同一個學生打十次八次電話，每次用十分鐘具體關心他的家庭生活。少年事工基本上必須邊做邊學。要開始做少年事工，以下的幾點淺白「道理」已經足夠，待你做下來，面對具體的問題時，再去受訓練，向高手請教也不遲，而且「高手」建議的方法，有時只適用於課堂或長期個人輔導，面對教會的處境，其他教會的教牧或導師的經驗有時會來得更有價值。

少年文化、一點不難，打進這個文化，最重要是這兩個原則：一、接受少年人的表達方式。少年是一個成長的階段，而且做少年佈道，少年人的背景難免複雜，衣著言語不一定合符教會成人世界的標準，只要多接納。我們必須明白表達方式與實際價值觀是不一樣的。信仰的價值觀要堅守，但表達方式卻必須因人而異；二、堅持「先亦友，後亦師」的原則。價值觀必須堅守，卻是在與少年人成為關係密切的「老友」的愛心下去表達。

少年人接受教會的價值觀，不是因為導師的「地位」，而是因為導師與他的「關係」，因為他受導師愛心的打動。永光堂的伍山河牧師有這樣一句廣東的俗語，說得很好，叫「一擔沙糖，一啖糞」，要批評少年人，給他「一啖糞」而叫他受落，就要之前用「一整擔」的沙糖的愛心（即千百倍於批評的愛心）來與他建立關係。

在這兩個大前題下，少年文化的特點，做導師的只需要初步掌握以下各點：

1. **多歡笑、少悲情**。悲情是很間中用來激發愛心用的，但任何聚會、交談，是以歡笑，笑話為主。只要開放心靈，以歡笑的心境去參與就可以了。

2. **多輕鬆、少嚴肅**。聚會以輕鬆、愉快為主。但在需要時，仍要嚴肅處理，主要在對付不投入、不合羣，甚至排斥人的少年人。

3. **多故事、少道理**。其實這一點在成人世界也適用。道理每次一、兩點簡單、易明的就可以了，故事卻不怕多，可以是真人見證，虛構的故事，甚至你自己日常的瑣事。

4. **多欣賞、接納、激勵**。少年人每日在家，在學校已面對不同的批評了，在教會的導師，應多鼓勵他們，以欣賞、接納的方法“bring the best out of them”把他們生命中最好的帶出來。

5. **抽點時間看看少年人的大眾傳媒消息**，間中聽聽 twins 的歌，看看報紙娛樂版，看一兩套 twins 的電影（或其 VCD）。這是為了製造話題。

6. 初中生情緒變幻不定，喜樂無常，對人對事對教會甚多突變的偏見，作導師的，只要持續接納、堅持關心，**對這些情緒不用太認真**，否則便會太過吃力。

2.6. 沒有導師怎麼辦？

與不同教會、不同宗派講少年事工的四大支柱，會後的答問時間，總有一個問題，那就是教會少年導師嚴重不足。訪問過百多家教會後，對這問題特別留神，解決這問題，要按個別教會情況處理，不外以下四個方向：

1. **以個人關係邀請職青或年輕夫婦加入做導師**。要這一招可行，少年部的傳道人一般在教會事奉一定日子，又肯與年輕夫婦或職青區建立關係，才能以個人關係作邀請。而且少年部與其他區和部的關係必須良好，因為亦友亦師導師需要極多時間，很多時導師需要停止在其他區或部的事奉。

2. **培訓高中生或大專生作助導、以及導師**。用這個方法一般只可以用以關顧初中學生。具體方法就是前面談過的邊學邊做的少年門訓，在此不詳述（見本書頁152）。部分教會會在暑假期間進行密集式的訓練和實習，以加快助導與導師的成長進度。有些仿效青少年機構的做法，在暑期受訓實習期間，發放生活津貼，比外間暑期工的薪津略低。這一招有時是無法避免的，因為不少高中生和大專生在暑假沒有收入，生活會馬上出現困難。

3. **重整少年事工，強化導師功能**。這個例子我用過很多次，不厭其煩，再講多一次，教會 A 的團契、崇拜、主日學各有五、六位導師輪流負責、其實整體也不過二、三十個少年人。倒不如改為一站式，崇拜由傳道人自己一手包辦，崇拜後改為分組——結合教導與團契——而每導師帶一個五至十人的小組，但必須委身兩三年，並且花時間關顧少年人。即使十七位導師只有十位肯委身，已經可以應付五十至七十位少年人，即還有百分之一百的增長空間。

4. **傳道人親力親為做導師**。發展良好的少年部，絕大部分有少年傳道同工親力親為做亦友亦師的導師。只要傳道人真的與少年人一起生活，做亦友亦師導師，他的時間比其他導師多，一般可以親自成功做二、三十位少年人。所以我從來不相信少年傳道説沒有導師，事工無法推展。只要有傳道，心志夠堅定，願意與少年人交朋友，假以時日，事工一定成功。傳道人親自做二十至三十個少年人，耐心等兩年，再做少年門訓，下一代又多了幾個得力助導，人數就可以升上四、五十人。如此類推，十年八載總有一、兩百人的。少數十分拚搏的傳道人可以親自貼身做五十至八十人的導師，不過倘若真的獨自貼身做，這個人數就十分吃力，很難持久。

2.6.1. 少年人需要「老餅」導師

不少教會以為少年事工應該找二十至三十歲的青年人做導師，因為他們精力充沛，與少年人思想比較接近。這個想法當然有道理，但我以過來人身分在此號召眾「老餅」男女信徒(即三十五至五十歲信徒)加入少年導師的行列，因為你們對少年事工所發揮的作用甚為巨大。我是個「過來人」，因為在這本書出版時已經三十九歲，還在做少年人導師。「老餅」導師對少年事工特別有用，有以下幾個原因：

1. **「老餅」返老還童，更能與少年人打成一片**。你有沒有發覺在外國與兒童最能溝通的通常是公公婆婆呢？當然「老餅」導師只有四十歲左右，還不是公公婆婆，但道理是一樣的。年齡上差距巨大，到了做少年人uncle、auntie 的年紀，只要「老餅」真的有心志，反而不用太顧念個人的尊嚴和身分了(你不用扮有尊嚴，大家都已經「尊敬」你)，於是可以放下身段，返老還童，經常搞笑搞笑。我要認識一個少年人，建立好感，只要跑過去，先問其姓名，再大讚他一番，然後介紹自己，再自嘲一番(例如説自己「亞茂亞壽」傻人一個，又或者肚腩大大，肥佬一名)，就馬上與少年人打成一片了。反而我在教會面對三十歲左右的朋友，就不能來這一套，要先一臉正經，談吐得體，以保持一定「專業」形像。不過，有少部分中年信徒，自尊心太強，來到少年事工，未能放下自尊，仍然擺起其「嚴父」形像，不肯與少年打成一片。這些弟兄姊妹恐怕不適合做少年事工了。

2. **「老餅」確保事工持續性**。此話怎講？一個信徒過了三十五歲，到了人生的下半場，必須認真面對上帝對此一生的託付，只要下定決心做少年事工，為上帝建立教會，心志就不容易動搖，一做導師就是三、五年。有幾個「老餅」，事工的持續性大增。反而青年人在職場、情場掙扎，又要預備生兒育女，變化較大。倘若「老餅」還是平信徒領袖，是個長執之類，就大大增加教會領袖羣對少年事工的信任，對其發展大有幫助。不少教會少年事工不能發展，因為執事會或同工會，擔心其失控，況且不少執事的子弟參與其中，疑慮就更大了。倘若執事中一個大家十分信任的領袖，親自參與做導師，與少年人一起生活，大家就放心得多，事工發展更大。當然要注意是這位「導師」也必須是「放下身段」，與少年人打成一片，一起生活，「先亦友，後亦師」的導師、倘若只是一名「老餅」領袖，來旁觀「監察」，只怕會從老餅角度，事事覺得不太順眼，以「父母」之心加以干擾，對佈道事工有一定負面影響。

3. **「老餅」很多時事奉經驗豐富，策劃力比較強**，確保造門徒三步曲在少年事工得以落實。

4. **「老餅」自己生命得到更新**。為人「父母」只是看著一、兩個少年人成長，為人「導師」卻是看著十個八個少年人成長，生命改變，最後把生命委身於基督、委身於教會。不少「老餅」信主十多二十年，對教會「事工」是能征慣戰了，但個人信仰生命卻停滯不前。如果以五年委身於少年事工，親身再經歷上帝福音的大能，個人靈命必然得著重大的更新，對事對人有更成熟的屬靈眼光。四十多歲的中產信徒，總覺工作、家庭俗務纏身，回去做少年人事工，正好體驗上帝如何突破人生命的種種處境。

2.7. 華人教會急需長期委身的少年傳道

這一段說話我其實不想放在這一章內。這一段說話對大部分教會來說，可能顯得太過沉重。老實說，我又怕別人誤會我、批評我。特別在這裏談到少年部傳道人，我自己又不是傳道人，更怕人說我旁觀者沒有資格評論。但上帝交付我這件差事叫我不敢不說。我走訪了百多家教會，才膽敢説教會最重要的事工是少年佈道，而少年佈道最重要的，卻是長期委身的少年部傳道同工。這比四大支柱更加要緊，因為只要有長期委身的少年部傳道人，他(或她)努力下遲早會發現四大支柱的重要性。偏偏在百多家教會中，我找不到多少個這樣的傳道人。倘若教會對少年佈道的忽略是個大危機，少年部傳道人缺乏長期委身就是危機中的毒瘤。但我除了在這裏公開這個觀察，希望眾教會和神學院重視外，卻別無良方。我在〈總論篇〉提出傳道人最低在職年期應是七至十年(見本書頁78)，亦必須開放自己的生活，這兩點對少年傳道特別重要。

首先是委身的問題。委身於少年人第一步是要貼身，與其一起生活。這一點倒有一半左右少年部傳道人做得到。但還有一半是不明其所以然的，還是「事工型」主導的。例如香港一間教會的一個女傳道，負責少年區，被派進駐負責附近一間中學的福音事工。她過去幾年每星期在校內帶領一個查經班，但學生始終不肯回來教會。我與她反覆討論多個方案，她都認為行不通，基本上她認為叫學校的學生回來，是一件近乎絕望的事情。不過最後她「露了底」，諮詢末段告訴我一件事：「去年查經班的學生又不肯參加教會的福音營，不過卻邀請我與他們一起去露營。」我大喜過望，連忙追問：「在露營時，關係建立得怎麼樣呢？」她有點錯愕地答：「我並沒有接受邀請啊！我在教會事工那樣忙，怎可能有時間去甚麼露營！」她這番話一直在我心頭，有如大石，良久放不下。沒有心理準備與少年人共同生活的傳道人，還不能當少年傳道。傳道人也不「亦友」，就不可能指望其他導師了。要委身與少年人共同生活，當然需要大量時間，一個委身的傳道同工，起碼要放一半時間在少年區上，才可能做得到。如果一個傳道同工要兼顧多個羣體，甚至多個部門，他可能只有百分之二、三十時間在少年區上，就很難做個亦友亦師的導師，又同時統籌事工發展。這個道理當然在每一個區都適用，但對少年區卻是生死存亡關鍵。少年部傳道人不能樹立榜樣，與少年人建立生活化密切關係，少年佈道工作的殺手鐧便用不上，事工難於啟動。

更嚴重的問題是少年傳道同工留任的時間，在我訪談的百多家教會中，很多少年傳道只留任一年至三年。很多教會的少年事工，長期處於萌芽狀態，未能壯大發展，以至於整體教會也未能壯大發展，這是個主要障礙。要少年事工壯大發展，生生不息，代代相傳，少年傳道起碼要留任七至十年。其實問題很明顯，又在眾教會不斷反覆出現，極需要大家正視。首先是少年事工——特別是佈道主導的事工——需要的探索和建立期比其他區都要長，大約要兩三年才上軌道，其間要嘗試各樣模式，又要建立導師隊工，再與外間學校、老師建立互信關係。兩、三年後剛上了軌道，倘若傳道人就此離去，一切就會脱軌，無法向前壯大發展。更大的問題是少年的領袖，需要兩、三年才能建立並且發揮功用，因為由吸引回來，使其留下信主，並以門訓使之委身基督、委身教會，最後給予機會學習做助導或組長，樣樣需時，最優秀的少年人也需要兩年，倘若是一般的少年人，又或者從初中做起，就需要三年以上。傳道人花了兩三年，少年領袖剛剛出頭，預備大展所長，與傳道人並肩做下一代少年人，那時傳道同工卻離開了，即使馬上有接班人，與少年領袖關係不密切，很難再推動事工，一般要再花上一、兩年熟習事工，重建關係，才開始有效，但到時那位傳道人又差不多再離開了。反之，三年後有了第一代領袖，再做下去，便可以關顧更多少年人，再兩、三年後，便有第二代領袖，人數比第一代更多，再下一個循環，就是第三代，事工就進入黃金時期，真正壯大發展，連第一代的少年領袖，也成為青年人，可以自發地推動三步曲了。大約要七、八年時間，才能啟動第三個循環。

2.7.1. 少年傳道的任期應該是七至十年

一個委身、肯與少年人一起生活的傳道同工，第一代就算要開荒佈道，全無導師協助，要建立二、三十個少年也是可以的，第二代有了少年助導幫助，大可以做到四、五十人，到了第三代，即七至十年後，七、八十人應該沒有大問題。倘若是有規模，一百人以上的教會，有原先二、三十人的「子弟班底」，加上幾個導師幫忙，七至十年後就可以做到一百人以上。以這些少年「班底」再推動青年佈道，不少中小型教會應該每十年就翻一翻（人數倍增），而且都是委身愛主，熱心事奉的信徒。請問獻身事主的傳道人，還有甚麼事工比這個更有價值的呢？但現實上，剛才的數字卻長期徘徊於第一代的二、三十人（或對有規模教會，是三、四十人）之間，上不了高增長期，因為很多少年傳道人在兩三年間就調職了。

調職的原因很多，在〈總論篇〉討論傳道人角色時已有討論(見本書頁59)。對少年事工的影響特別大，因為在心態上，教會有一個「不明文」的career path(職業生涯)，即初出道的傳道，年輕有精力地去做少年傳道，兩三年後轉做成人事工，適應後被按立做牧師，又或者轉堂會做中小型堂會的主任牧師。很少有「牧師」做少年傳道人的，就是一個佐證。連續七至十年在少年區，大家會覺得你沒有「升職」(雖然不會說出口)。要更正這種對事工發展十分不利的心態，有以下的可能性：第一、教牧圈子與神學院先自發改變自身想法，並大事張揚，少年區不是一個“junior”(初級)的傳道事工，而是教會的核心命脈。第二、大大方方按立少年區傳道人(在若干年資歷後)做牧師，並鄭重其事大事宣揚。第三、逐漸擴大少年區傳道人責任，在其人數突破某數字(例如一百人)後加添其同工數目，讓原有同工直接督導新同工，以此建立隊工，並建立原先同工的職業生涯，以此鼓勵其留下長期委身。當然這些都只是輔助性質，真正的關鍵是少年傳道人自己是否有心為主造門徒，建立長期穩實的健康成長的羣體。

最後必須談一談少年部的福音幹事或傳道幹事。近年很多教會大量聘用二十至二十五歲的青年人作為少年部的幹事。這一方面反映教會明白少年區重要，肯把特定人力資源放上，另一方面又因為少年區的傳道人十分搶手，不容易聘請。對這個趨勢我是又喜又憂。喜的是資源多了，總是好事。憂的是這些福音幹事，絕大部分是兩、三年短期聘任的，所以全部有我以上談到的問題。所以我認為福音幹事最好只作為協助傳道人的角色，必須有一個傳道人，親自貼身與少年人共同生活，領導整個事工，而這個傳道人是長期委身的。

福音幹事的問題更大，因為一般來說，兩三年後是一定會離開的。一部分回到社會工作，另一部分決定終身做傳道人，去了讀神學，而大部分神學課程又強迫有兩年時間要去其他教會實習，原來教會的少年事工的持續性，於是大打折扣。倘若你教會因為財政困難，又或者聘請不到，真的要暫時用福音幹事主導做少年事工，應該雙方同意以下條件：

1. 福音幹事已經決定獻身做傳道人或者正在十分積極考慮獻身，在這個工場引證感動而已。

2. 在念神學前後加起來原則上事奉五年，當然以雙方覺得合適為準則。

3. 若適合，由教會支持福音幹事去攻讀神學，但必須在母會實習。當然這會大大收窄了課程的選擇。在某些神學院，這個要求就代表不能選修道學碩士學位，只能選修基督教研究碩士學位了。

這個方法確保了少年事工的持續性，但實行起來，要雙方意念一致。這是我個人大膽建議，嘗試補足現行福音幹事制度的不足之處。

2.8 老師們請重投少年佈道的行列

曾經替一間教會進行諮詢，這間教會的二百多名會友中，大約有十多位是中學生。我們研究了多個吸引中學生來教會的方案，後來我才發現教會中原來有二十多位會友是任職教師的，其中十位更是在教會附近的中小學任教。有幾位高中生就是幾年前跟其中一位老師到教會來的，但這位老師最近幾年去了兒童級主日學事奉，再沒有帶中學生回來了。另外九位老師亦各有不同的事奉，沒有參與少年佈道。

這個案例比較極端，但類似的情況卻俯拾皆是。二百人以上的教會，一般都有幾位信徒是當教師的，而且任職的學校更在教會附近，但大部分都沒有好好利用這機遇引領學生到教會去。這個情況十分普遍，也令我覺得分外沉重。這是華人教會人力資源最嚴重的失衡(mismatch)，絕大部分當老師的信徒都沒有帶領自己的學生回教會。

要改善這情況，首先是各教會的少年區傳道人必須投放時間與教會內的老師建立長期的個人關係，不斷以緊密的關係激勵每個老師引領學生到教會來。另一方面，傳道人也不能單單倚賴這些老師去服事他們自己的學生，否則他們就會太過吃力，覺得天天面對同一班學生，教會變成了他們工作的延續，容易感到疲累。傳道人必須鼓勵其他「亦友亦師」的導師，「接手」服事這些學生。老師參與的重點是自己「出席」少年區活動，好方便引領其學生回來(老師自己不出席，就很難鼓勵學生出席)，回來後就由其他導師關顧。

第3章

中年中產男士事工

香港華人教會停止增長，動力明顯減退，我看主要是少年佈道事工不振的結果，所以我用最多的心思去研究少年事工。這是教會整體最重要的事工。我個人最關心的、最觸動我心靈的，卻是中年的中產男士事工。為甚麼呢？我自己是中年的中產男人啊！看著自己的肚腩，年紀又愈來愈近四十，心中常默默問上帝，何時才興起中年中產男士。

訪問了約一百間教會，總覺得中年中產男人是最弱的一環，要找一間比較上了軌道的教會也十分困難。我們常把「教會的基層工作嚴重不足」掛在口邊，這雖然是事實，但我還是碰到好幾間做基層婦女事工做得挺不錯的教會，其質與量都能夠健康發展。不是教會中沒有中年中產男士，但他們都是青少年時期信主的，已回來十多年了。中年中產的夫婦事工也是有的，但一方面佈道較薄弱，另一方面其實通常初信主的是女士，因此經常出現男女失衡現象。

3.1. 百夫長事工推動男士佈道

二〇〇三年中，我透過世界華人福音事工聯絡中心總幹事曾錫華牧師介紹，認識了一班對中年男士事工十分有心志的弟兄。我們一拍即合，最後他們邀請我一起創立了「百夫長事工」這個新的基督教機構，目的是推動各教會發展中年男士事工。既然組織了新機構，就必須有清晰的方向，於是我用心研究了各個堂會，看看應該怎樣啟動中年男士事工。我現在認為各教會做中年中產男士事工有四大重點成功因素：一、佈道與牧養並重；二、純男士分享小組；三、福音晚餐聚會；四、讓信徒承擔重任。

首先，不少教會都曾經嘗試凝聚中年男士信徒，以作彼此支持、守望之渠道，但一般不成氣候。必須突破單純「彼此支持」之框框，以佈道為真正使命，事工才有可為。其次，男士分享小組是最必要的。中年中產男士，倘若不在教會長大，會覺得自己學識和經驗充足，而教會談的都是理論，又太多好像「娘娘腔」的話題。要打開他們的心，最有效是其他中年中產男士的生命分享與交流。而且這十年來，中年中產男士因為工作和家庭的壓力與期望不斷增加，已大幅減少與其他男人的社交活動了。其實教會正好填補這空檔。第三，怎樣接觸這些男人呢？中產男士就是在街上碰見朋友，閒聊幾句後，就會説找個時間飯聚。最容易叫人去的聚會，就是飯局或餐會。在飯桌上介紹教會的朋友，最後來一點見證分享或個人增值之類的演説，輕輕帶出福音信息。晚飯時間才比較充裕，一定要在中產人士吃飯的場所。最後，中產男士特別需要人肯定他的價值，人生才感到有方向、有承擔，成功持續的男士事工，必須給予平信徒充分的機會去發揮。

探討中年中產男士的成功要素，有一定程度的「推理」成分。上一章談少年事工，我是根據十多二十家教會的成功經驗，並另外幾十家堂會努力後失敗的經驗，一切有根有據，我十分有信心向大家介紹。當然，香港「成功」的中年男士事工萬中無一，連努力嘗試的也找不到幾家。以上四點，我只能當是拋磚引玉，是我個人「推理」結果。這種「推理」的理據何在呢？主要根據四個基礎：一、敬拜會和國際全備福音商人團契的經驗。敬拜會是一個獨立宗派，它與商人團契這福音機構有長期性合作關係，尤其兩者都是陳世強長老作為領導之一。這個組合是我所知唯一既長期又有規模的中年中產男士事工。由於屬靈傳統不同，大部分非靈恩派的教會不熟悉其運作。我訪問了陳世強長老，以他們的經驗作參考。我強調，只是參考，並非鼓勵大家「照抄」；二、以〈總論篇〉的原則為骨幹，加上我對中年中產男士獨特需要的了解，引伸如何做「生生不息的中年中產男士」羣體；三、過去幾年，在各堂會和機構主講了幾十個不同的佈道會、見證分享會和工作觀講座，不少是針對中年信徒，包括男士的。因此，對各教會和機構的中年男士情況有了比較明確的印象；四、我自己是中年中產男士，又寫了一本關於基督徒工作觀的書，所以比較留心中年男士的議題，不斷從教內教外各機構和刊物觀察，如何做這些事業有成的男士的事工。這些「基礎」，只能當是起始點而已，盼互勉之，大家一起努力，有了具體經驗再作修訂。

3.2. 佈道與牧養並重

一提到中年中產男士，大家就自自然然有一種「守住」這批原有信徒的心態。一方面是這些信徒原來就買少見少，另一方面他們又不斷投訴教牧不了解他們工作與家庭擔子有多重，沒有怎樣牧養他們。再加上不少仍留在教會的中年男士早已「身居要職」，長執、部長、主日學老師比比皆是，大家覺得身心俱疲，教會要幫助其「充電」。最後，大家又覺得中年男士在外面有太多試探，婚外情到工作道德，所以需要先穩住陣腳，有點美國守望者(promise-keeper)的味道。凡此種種，以至堂會一想到中年中產男士，就想到如何「守住」原有的弟兄，幫他們「充電」，助他們勝過試探。間中有堂會所謂做「中年男士事工」，都是一些不定期聚會的男士小組或飯局，一年只有幾次，大家走在一起彼此支持，又或者有牧者在其中參與而已。

這種「守住」的心態做成一種框框，使中年中產男士事工永遠停滯不前，甚至流於散漫，很多在兩、三年後隨著人事變動，「事工」漸漸被淡忘。中年中產男士彼此分享、牧養和守望是必須的，但也需著重佈道，即以吸引未信主的中年中產男士加入、最後成為委身門徒作為事工的主要目標。我這樣說，一方面是教會的基本使命就是為主做門徒，任何事工都應該以此為目標，但更實際的理由是只有這樣才可以長期凝聚一班委身的弟兄，使事工不致成為可有可無的鬆散聚會。中年男士需要有一種「責任感」來肯定自己，倘若每次來男士小組，使命感不清楚，只是彼此分享，久而久之，委身的弟兄很快就會覺得有其他「責任感」(duty call)驅使他不再來小組，把時間放在教會其他事奉或夫婦小組上。所以「責任感」一定要清楚——弟兄們走在一起，是要吸引其他未信中年男士回來，並使他們做委身的門徒。況且中年男士事工長期低落，不少弟兄相信心底裏不禁會產生疑問，懷疑教會及信仰是否真的對其處境有幫助。真正有效重新確立其信心與委身的，莫過於不斷見到有背景相同的新人加入，把生命委身於主。

這亦激勵原先信徒樹立美好的榜樣，一起同奔天路。總之，中年男士事工要「攻」「守」兼備，在彼此守望與牧養的同時，亦十分重視佈道與門訓。

3.3. 純男士分享小組

中產男士最缺乏的是彼此分享的小組。工作時間不停增加固然是事實，但過去二十年社會的期望轉變，中產男士把大部分工餘時間放在家庭，也令男士間的支援網絡進一步減弱。其實中年男士最多心底話想跟人分享，並且需要一個他們感到可坦誠分享的場景。

敬拜會這方面最成功。一九八三年左右，三位相熟的平信徒弟兄，與家人一起組成小組，八五至八六年間開始家庭聚會。到了八六年正式成立教會，一直發展至今，已有七個區了——其實是七個聚會點——總人數約有二千。最大的是在灣仔，約一千人，以中產中年男士為主導事工。不少教會覺得舉步為艱，為甚麼敬拜會能夠發展至一、二千人呢？我與陳世強長老詳談後，發現其小組功能是最重要的。他們的小組以吸引男士為主導，但通常最後參加者兩夫婦都一起加入。小組有四個目標：一、敬拜高舉耶穌；二、彼此關顧代禱；三、帶領親友來聚會；四、人數足夠就「生」聚會。聚會內容十分看重見證分享，差不多每次都是福音聚會。每組人數十至二十人，但會刻意在二十人內培養一至兩個五、六人的核心小組。待小組穩定成熟後，就會分出去，發展新小組。

敬拜會一開始便以吸收未信男士為小組的主導軸心，所以可以用夫婦為小組最基本單位。大部分教會不適宜這種模式，因為大部分夫婦小組已經太缺乏陽剛氣，更缺乏盛載接納未信男士坦然分享的能力。未信男士根本不可能在一般夫婦小組內開放自己。我認為要未信男士信主，第一步是讓他能夠在小組內分享人生真正的軟弱與疑慮，從而感受到信徒間的彼此接納與支持。這種分享在大部分教會而言，只可能在一個「純男士」的分享小組內，在極度保密的原則下進行。

例如一家在新界的教會的牧師，在兩年前開始了男士事工。開始時感到一班弟兄在教會有點疏離，牧師每個月找幾個弟兄在放工後一起上酒吧聊天。後來，有一次聊天後在一個弟兄家中飯聚，正式開始了小組聚會。這是一個純男士的聚會，以中年中產男士為對象，聚會強調恩典與保密。

上帝的恩典叫男士們可以開啟心靈，分享個人的困難與軟弱；保密最重要的是確保不會向任何小組之外的人透露，尤其是妻子。有一次一位弟兄向自己妻子泄漏了另一位男士的祕密，再傳到當事人的妻子耳中，弄得滿城風雨。這組人現在吸引了好幾個慕道者參加，倒不是刻意佈道，只是他們嚮往這種分享，慕名而來。他們亦支持過一位弟兄作出事業上重大的決定，彼此的生命改變很大。

有一次百夫長事工的十多位創辦人走在一起吃飯，這是我第一次逐一了解各人的信主歷程及屬靈成長經歷。當中有幾個弟兄是步入中年後才信主的，大家的成長經歷居然大同小異：太太早已信主，不時由太太帶返教會，甚至與牧師談道，但都覺格格不入。直至一次偶然參加了一個「純男士的分享小組」，突然被小組氣氛感染，平日積壓在心的重擔和憂慮——不敢亦不願意在妻子面前説的——都能夠在這小組中坦然分享，得到很大的接納與鼓勵，於是全然改變了對信仰的態度。妻子在場，每每是未信男士開放自己最大的障礙。

這些純男士分享小組也可以考慮在夫婦團契分組時進行，把男、女分開分組，至少每月兩次。若實行這方式，分組時必須在兩個完全隔音的房間，否則妻子或「姊妹」在「旁邊」可以「不小心地」聽到不少祕密，就無法創造真正保密和坦然分享的男士小組了。

3.4. 男士小組必須正規化

我確信完全保密的純男士小組是一切男士福音事工的基礎，但正如任何小組一樣，最少每個月分組兩次，每次兩小時以上，絕對不能再少了。倘若每個月只分組一次，只要那一次某位弟兄有要事不能出席，就會變成兩個月才見一次面，人生有甚麼大起大落，兩個月早已雨過天晴又或者無法挽回，根本不能真正分享其起與落。尤其是未信的新朋友，很難一開始就次次出席。所以上述例子並不是好例子，因為只每個月聚會一次，要新朋友來，真是有點碰運氣，很難長期化以此作佈道工作，不斷吸引新人加入的。

總而言之，參與的弟兄不能把這事工看為「可有可無」，必須視之為正規的細胞小組，包括：

1. 參與的弟兄，特別是組長與副組長，**必須以這個小組為教會的主要分享或支持單位**，就算不退出其他團契或小組，也只能把其他當成是「輔助」性質。每個人的「心」必須在這裏。

2. 組長的事奉是十分吃重的事奉，**不可能以「兼任」心態處之**，更必須委身三年以上。當然一開始「試驗期」可以有商量餘地，但一進入「狀態」就必須明確委身。

3. **必須建立明確「守望」組長的機制**。請參考〈細胞小組教會是其中一種可行模式〉那一章（參本書頁103），可以用區牧個別約談守望再加上月會，或者索性行G12的「領袖小組」的模式。

4. 小組**必須有明確增長及爆組目標**，以確立佈道的方向。剛成立弟兄小組的幾個月，可以強調分享和門訓，但一上了軌道，就要以明確使命為方向。

據聞台北靈糧堂是把男女分開分組的；沙田浸信會由於推行G12模式，也把男女分開分組。在《解構G12：小組牧養模式何去何從》一書中，梁廷益牧師明言把男女分開，是要在佈道和栽培上具更針對性，特別是對男性而言。據聞另一家並非行細胞小組模式的大型教會亦正籌組大規模推動男士小組。我實在祈盼可以有十多家教會一起推動這事工。

3.5. 猛男福音晚餐會

香港有不少機構和教會舉辦福音午餐會。我以前也曾提議教會舉辦。但商人團契的陳世強律師説服了我——晚餐聚會更為有效。午餐當然比較容易邀請未信的朋友參加，但太過匆忙，不能進入氣氛，更沒有時間讓新朋友認識教會其他信徒。商人團契的晚餐聚會，是七時三十分至十時，先有半小時享受晚餐，大家社交一番，然後先宣講一個見證，又有十五分鐘敬拜，在九時至十時再講兩至三個見證，最後呼召。晚餐要在中產人士平時飯聚之處，例如酒店的禮堂，目的是令來賓感到自然。晚飯要十分順暢，最好是西餐，因為三至四道菜就可以了。就算是中餐，也不要十道八道菜，不停上菜會打擾聚會氣氛，也打斷社交談話。中餐可以考慮幾道菜一起上，像在家吃飯一樣。吃飯當然是以原有男士小組為單位，加上各自邀請的新朋友，在同一桌吃飯。晚飯就是讓新朋友認識小組，融入小組的最好機會。

內容方面，有兩類主題可以考慮：第一、向商人團契學習，邀請兩至四個中年中產弟兄講見證，包括得救見證和個人生活得力見證。不一定要知名人士，只要真實就可以了。事實上，商人團契已經不再用見證人的名氣作為宣傳重點了。你帶朋友去飯聚，事先不宣揚是講見證的，只告訴他有幾位弟兄分享，這樣做最有效。有一次陳世強律師餐桌上的一個警官本來要早走，在第二個見證末段被深深吸引，打電話通知朋友取消聚會。因為在現實職場上，很少遇上中年中產男人肯打開心窗、赤誠相見，這對未信男士是個很大震撼。我在兩年多前在紅館講自己的見證，到今日還不時有弟兄姊妹告訴我當天某某男士感到莫大震撼。其實我的見證毫不特別，不少弟兄一樣可以講。

第二方面的內容，是個人增值及職場生活，這是信徒和非信徒均感興趣的。商區福音團契的午餐聚會，通常是一連三至六次，都是這些主題，我差不多每區都去過講了；通常一講三次，每次二百人爆滿，聽聞一半是信徒、一半是未信的朋友。當中以OL（office lady）較多，但在中環區也開始吸引不少中年男士了。不少教會用拙作《如果顧客就是上帝！》作男士小組查讀，其實當中的課題，如重整人生方向、如何快樂地工作、卓越的工作觀等，都是上好的福音晚餐題目（當然不一定由我講），我已實驗過，效果十分理想。講這些題目的祕訣是：要帶入福音信息，就不能太理論，要多談真實的故事。在當中滲入其他信徒見證，以此打動中產男士的心靈，再轉入聖經的信息。

在啟步階段，就不必自己教會搞福音晚餐會。百夫長事工每年主辦兩個以上的猛男福音晚餐會，你組成小組後可以先以這些聚會來吸引未信朋友參加。有興趣者，請電郵查詢（Saimondip@hotmail.com）。

3.6. 讓「猛男」承擔重任

成功的猛男事工，無論在帶組、統籌和教導各方面，都是要由猛男的平信徒作主導的。這一方面是說女士的影響不能成為主導文化，另一方面是說不適宜傳道人主導。最明顯的例子當然就是敬拜會。敬拜會由幾個平信徒的中產男士創辦，發展多年，帶領教會的各方面，仍然由中產平信徒男士主導，傳道人扮演比較支援性的角色。例如在公開的場合，還是由陳世強律師以教會長老身分代表教會發言。我絕非在此倡導其他教會跟隨敬拜會的管治模式，我是認為各宗派應尊重及跟隨自己的管治傳統的，但我卻認為發展這事工的關鍵是鼓勵並給予平信徒領袖充分發揮的機會。

在核心價值上，我提倡教會任何事工都要「全民皆兵」，人人皆祭司；但在猛男事工上，平信徒能否有心志，並在實際上承擔主導性角色，卻特別重要。我提出這大膽假設，有下列兩個原因。

第一、我們要面對現實，未信主的中年猛男來到教會，實在格格不入。這批猛男，個個在社會上累積了十多二十年經驗，會覺得自己閱歷豐富，處事成熟。一般傳道人社會經驗都在十年以下，又比較多來自社工、教育及文化界，對這批猛男來說，會顯得比較理論化，有點「不懂世情」。再加上教會普遍女多男少，主導的思維方式容易顯得太女性化。這個「男與女」的差別在青少年時期不怎樣明顯，但踏入中年，特別是結了婚以後，就尤其明顯。所以我大膽地假設，要向猛男佈道和栽培，唯有以「猛男」制「猛男」。

第二、猛男步入中年，人生的最大需要就是感到自己有價值，並承擔責任(value and responsibility)。青少年要的是歡樂和羣體的認同；婦女要的是家庭溫馨和彼此支持；猛男都有這些需要，但卻不是核心。所謂男人四十的中年危機，主要還是自身價值和責任的危機。這現象其實在教會十分明顯，中年的弟兄經常兩極化：一小部分承擔了主導角色，當了長執、部長或主日學老師；其他的不是離開了，就是十分被動，極不活躍，很可能連團契或小組也沒有參與。坦白說，我自己在教會一直保持活躍，這與我的責任不停增加絕對有關係。中年男士加入一個羣體，不單單希望來溫馨溫馨、支持支持，也要有機會發揮自己所長，承擔真正責任。不過，你不能隨便打發中年猛男去派派單張或整理一下場地，他知道這不是重任(大家不要誤會，我自己絕不討厭這些工作。事實上，我經常在教會掃地和拾垃圾)。要猛男留在教會長期健康成長，唯有委以重任。以敬拜會為例，他們由平信徒當一個十至二十人的家的家長——這有別於組長，強調為「家」，不單比較親切，更強調作為家長，一定要有「為父的心」，這就是突顯平信徒猛男的自身價值和責任了。政治上，「大家長」有點負面意義，敬拜會卻轉過來賦予正面的意義了。

百夫長的創辦人則設立十夫長、百夫長、千夫長等制度，確立中年男士的責任和角色。看過〈細胞小組教會是其中一種可行模式〉那一章（見本書頁103）的讀者，很快就會發現，這種方法其實有點像G12模式中的「師徒制」。小組組長不單單是「組長」，更有點「師傅」的味道。當然即使不行G12，一般細胞小組內，在壯大後也會有「區導師」的角色，讓男士的責任愈來愈吃重。要不然，可以考慮選用我在〈用「佈道團契」改革傳統堂會〉一章介紹的「佈道團契」模式（見本書頁116），清楚確立不同人做組長、職員、團長和導師的角色。

第4章

基層事工

基層福音工作一直是香港教會最大的虧欠。有一個主日，我乘的士去教會，的士司機知道我去教會後，突然自發地與我交談，說：「大部分去教會的是中產人士，我平日都載不少基層人士上班上學，卻絕少載他們去教會！」這確是香港教會的現況，特別是到了九十年代後期，香港大部分增長的人口是由內地到港的新移民，而他們大都是基層人士，教會怎樣接觸這個基層的羣體是一個重要議題。這個又分為兩大階段，新移民大都是婦女及兒童(最近半年變成婦女加青少年)，在頭兩年需要很大的適應，我叫這一階段做「剛來港人士」事工。大約兩年多後，不少便順利經排隊「上樓」，入住公共屋邨，這(加上非「新移民」基層人士)便是「基層居民事工」。對前者的觀察，我主要是訪問新福事工協會的李健華牧師和參考其著作《血脈相連》；後者則是訪問各教會的觀察，這一章把兩者合起來談。因為剛來港人士不少是婦女及兒童，在下一章談到我對這兩個事工的體會，也一樣有參考價值。

4.1. 具規模的適切服務

從造門徒三步曲的角度看，第一步吸引基層的是具規模的適切的服務，第二步把其留下是教會基層小組和給予他們「貢獻」的機會，而第三步使其委身就是在前線帶領其他基層信主的機會。另外，二、三百人或以上的教會亦應該考慮成立「基層佈道團契」，以植堂式的專注(不一定要真正植堂）建立有一定實力的基層羣體。

首先，要吸引基層人士回來，要有具規模的適切的服務。一般香港教會太中產，其活動又顯得太「理論化」和「高深莫測」，一般節目不能吸引基層人士。其實不少教會也明白此道理，所以知道要辦一些適合基層人士需要的服務，一方面服事他們，另一方面吸引和凝聚這羣體。問題是即使教會願意出錢出力辦社區服務，也絕不容易吸引基層人士參加。無論在文獻上或我的訪問中，也知道不少教會試辦的各種服務，初開始時十分困難，只有「小貓」三、四隻。這情況在「剛來港人士」事工特別顯著，一方面是他們人生路不熟，根本不知道、也不敢嘗試這些服務，另一方面是已有很多提供這類服務的社會服務機構，很多都比教會更「顯眼」(visible)。

解決的方法有兩個：一是教會投入大量人力物力去提供有規模的服務，我在下面談到成立「基層佈道團契」時再舉出一些例子。另一方法是由機構（例如新福事工）在各區，特別是剛來港人士聚居之區域，成立綜合性新來港人士服務中心。從前政府大量資助社會服務機構辦這些中心，但最近幾年又大都被兼併入一般性的社區資源中心，大大減少了對剛來港人士的針對性，吸引力與號召力也大減。新福事工協會於是速速回應，以「集液成裘」手法在各區（例如旺角、葵涌、大埔、屯門及東涌）成立綜合性新來港人士服務中心。地點是在區內一間教會裏，人力主要是靠區內幾間教會同時派出義工，加起來任何時間每一個中心都有五至十個義工參與。中心所提供的服務十分多樣化，包括：一、協助剛來港人士尋找工作；二、辦迎新會，介紹中心各資源及設施；三、辦為期約三個月的義工訓練班，提升個人能力；四、社區活動。

4.2. 由教會同工和義工迅速凝聚成小組

不少教會都有提供社區服務，甚至開設由政府全費資助的社區服務中心，但大部分不能把基層人士留在教會，福音果效十分差。這有兩個關鍵：一、必須由教會同工及義工主導；二、必須迅速建立穩實關係，在教會凝聚成關係密切的小組。二者缺一，中心就可能只做社區服務，全無福音果效。首先，是要教會同工及義工主導參與。倘若提供服務的都是「專業」社工及教會外的義工，基層人士根本無從認識教會這羣體，更建立不了關係，又怎可能令他們留在教會呢？倘若社工同工是教會同工，其一半責任是提供服務，另一半仍然是傳福音及把人留在教會，這就十分有效。但倘若社工同工自己根本就不返這間教會，或者就算返這間教會，卻不覺得有「專業」責任帶人回來，那麼對福音事工就全無果效。教會派義工參與，更是建立關係的有效法門。

另一錯繆是做大量不能建立關係及凝聚羣體的服務。例如教會A十分有心，提供大量資訊性和統計性服務，花了很多人力物力，卻建立不到關係。最有效的方法是像新福辦的為期起碼三個月的課程，像電腦班、婦女班和職業技術班，由教會同工或義工做導師及協助組長。三個月下來建立了一定關係，便馬上「植組」，發展第二期三個月的小組。有了六個月穩實關係，新福見過不少「小組」有百分之五十基層人士決志信主，不少更留在教會(即跟義工組長返回其教會，以同一個小組形式繼續留下)。教會A亦已經與新福合作轉型，福音果效大大提升。

4.3. 讓初信基層人士馬上傳福音

一般教會覺得基層人士需要被「照顧」、被「服事」，實情剛剛相反。基層人士容易有自卑感，特別需要覺得自己有貢獻，建立自尊和自信才會留在教會。特別是剛來港人士，不少是來自農村的，傳統的鄉土觀念，更覺得要「禮尚往來」，假若他們不能貢獻，只長期支取，就會「不好意思」再回來。給予基層人士有「貢獻」機會，必須在初信階段馬上做，因為這是不單使他們「委身」(第三步)，亦同時是把他們留下(第二步)的決定性因素。

所以新福那些小組課程，會找來大量剛信主的基層人士協助，讓他們有貢獻的機會。成功的基層婦女事工也經常有大量初信的婦女，協助向新來的婦女進行家訪。王利民牧師的牧鄰教會專注向基層傳福音，於是十分強調讓他們「貢獻」，建立自尊，以一種肯定的「引發其最優秀潛質」的「氣氛」辦教會。

4.4. 成立基層佈道團契

以上是一般教會做基層事工要注意之處。倘若你教會是一間中型堂會，聚會人數在二、三百人或以上，我就建議你考慮用「佈道團契」的方式進行基層工作。「佈道團契」是我自己提出的大膽模式(在本書頁116〈模式篇〉第三章有詳細描述)，一方面可以用來向「親朋戚友」佈道，另一方面亦可以做跨文化的本地宣教事工。在那一章最後我十分具體介紹這模式——如何成立，及怎樣使用到本地跨文化事工——在這裏我就不重覆了。我只想談談為甚麼要用「佈道團契」和這一模式與其他方法有何不同。

成立「基層佈道團契」就好像在堂會內再植一間「袖珍堂會」。目的就是要產生好像「植堂」事工那樣的專注和佈道動力。但在資源上又不用像「植堂」般要找新地方，以及處理大量堂會「基本建設」，像崇拜、執事會和財務等等，可以把人力物力百分百集中到佈道和門徒訓練上。不少堂會證明了以植堂方法做基層事工，帶來的專注和動力是十分有效的。讓我舉兩個例子：荃灣浸信會在幾年前成立一間新的分堂，名叫「三陂坊牧愛中心」，是把新移民服務中心與教會完全結合的模式，設有傳道同工及社工幹事，中心開辦各類服務和設立各種婦女、兒童和青少年團契。幾年下來，人數幾近一百。

另外，香港浸信教會(俗稱「堅浸」)在西營盤的「好鄰舍」計劃，在一開始時與新福事工協會合作，由新福事工協會提供同工，在運作一至兩年後已經由堅浸派至新堂會的同工全面接手負責。堂會同樣有傳道人及社工同工，更有堅浸的十至二十位義工信徒協助開辦婦女／媽媽組和兒童功課輔導。三、四年下來，堂會聚會人數大約一百人，三分之二是新移民，其中又以兒童為主。

以上例子突顯了做基層事工，在可能範圍內應該專注，以特定傳道(或社工)同工帶領，加上十至二十個信徒，在幾年內建立一個幾十人以至一百人的基層信仰羣體，有了規模，事工便漸上軌道。

4.5.「佈道團契」，有何不同？

倘若未有資源植堂，大可以成立「基層佈道團契」，凝聚十至二十個信徒，專注做基層事工。這個模式不是單單要求十多位信徒「協助」事奉，而是一個特定模式，有以下特點：一、起碼一個全職同工一心一意做基層事工；二、十個以上信徒在三至五年內全然委身這事工。一方面他們協助開辦大量「開放團契」事工，以補習、興趣班、義工訓練、婦女組等吸引基層參與，並使其融合；另一方面，起碼每月有兩次「領袖小組」，就是這十多位信徒走在一起分享、策劃、彼此激勵和彼此守望。祕訣是在這段時間裏，讓這些信徒以這個「領袖小組」作為其真正團契，在這裏相交、學習，不用再有其他團契，更不用作其他事奉。將來基層人士成長，可以再組織另一個領袖小組，事工就可以生生不息地發展。

為甚麼需要十至二十人加上全職同工呢？一方面開展基層事工，確實需要如此人力物力；另一方面，要有足夠人數，領袖小組才「似樣」，可以發揮彼此祈禱和彼此支持的功效。

第5章

淺談其他事工

以上的少年、中年男士和基層事工，我是做過比較有系統的研究和思考的，特別是少年事工，我更是親力親為。這一章談的各項事工，我不敢說自己有甚麼全面或系統化的見解，只是在訪問一百三十多家教會之際，聽到零碎的成功與失敗片段及經驗，拿出來跟大家分享，不致於浪費了。這只是拋磚引玉而已。

5.1. 婦女及家長事工

理論上，婦女佔教會的大多數，華人教會對此事工應該比較熟悉，但在我訪問的堂會中，婦女事工做得出色的卻不多。令我比較印象深刻的，主要有四件事：

1. **需盡快訓練婦女在前線事奉**。在一般教會，婦女總給人一個印象，就是需要女傳道花大量時間牧養，因為她們需要很多個人的關心和上門的家訪。但有兩間中華基督教會(柴灣堂和錦江堂)，很重視婦女信主後馬上投入前線事奉。她們先是跟隨資深信徒和傳道去做家訪，關心未信和新回來的婦女，然後就自己出動做家訪。這當然是實踐我所講造門徒三步曲的第三步，使人對教會委身、努力傳福音和關心人。這兩間堂會都建立了幾十人或以上穩實的婦女事工。柴灣堂已有六個婦女小組。

2. **平日上、下午是做婦女事工好時機**。面向基層婦女的教會，應嘗試在平日上午或下午開展婦女小組或團契。一間在新界西北的教會，牛刀小試，一打開門，在週三早上開婦女團契，第一次就有五十人出現，近一半是新朋友。屯門宣道會友愛堂在沙士期間以太極加祈禱開展婦女事工，也是在平日日間，也凝聚了三、四十個婦女。某些小學在校內開辦家長事工，在平日上課時間，家長帶學生回校後，便留在校內參加興趣班以至福音活動，這個進路一般十分成功。中華基督教會基真小學內更另闢十分寬闊的地方開展此等事工，果效卓著。

3. **家長班必須以穩定時間建立長期關係**。很多堂會有附屬小學或幼稚園，都有辦家長班接觸家長。家長班要成功把其留在教會，就必須有堂會原來的信徒參與，與家長們混熟，而家長班的時間，最好就是將來長期性小組的時間。這些家長班有兩個大忌。第一、只邀請家長來聽聽講座。這些家長班必須每一次都有分組時間，最好加上「喝茶吃飯」時間，而且每組一定有堂會信徒，在其中與新朋友建立關係和感情；第二個大忌是家長班是短期課程，而且時間與長期性聚會不吻合。例如教會的婦女小組是在週五早上，但卻在週六晚上開一連十三次的家長班，最後大部分家長不能留下來，因為他們週五早上根本沒有時間，而且十三次的碰面亦不足夠建立關係。最好是在週五早上與婦女小組同時間進行，並由婦女組派出若干組長或組員參與家長班，混熟後邀請班內新朋友再回來參加同一時間的婦女(或夫婦)小組。另一個成功的做法是連續辦三期，合共九個月的家長班，用九個月時間讓組長與他們混熟，最後感情深厚，便容易邀請其參加其他小組了。崇真會救恩堂就是用這個模式，每年透過小學校長和老師親自邀請，一開始家長班總有百多位家長參加。每一期三個月，第一期是家長課程；第二期是用聖經例子討論如何建立家庭；第三期就是福音課程。由頭至尾在同一時間，九個月每次分組，由從前信主後留在堂會的家長帶領。每年總有二十多位朋友因此信主並留在教會其他小組的。六年下來，已建立了百多人的羣體，救恩堂的成年部亦因此增長至六百多人。另一個成功因素必須一提，就是小學校長的佈道心志，聽聞她自己不是救恩堂會友，但為了佈道，家長班最初幾年，校長是每個星期天必到，連續幾個月如是。她正是大眾學習的好榜樣。

4. 婦女事工是十分「貼身」的，**成功後很快便需要專責同工**。倘若注意以上幾點，同工又肯貼身與婦女們一起生活，婦女事工不難在兩、三年間建立起三十至五十人的羣體。但同工的時間需求甚大。有一個同工跟我說，自從她成立了婦女小組後，每次去街市買餸都變成了三數小時的事情——進出一次街市，總碰上幾個婦女會友，不停地（甚至連續性單對單地）與她們詳談家中各樣難處。這是關顧婦女十分重要的一環，亦因此當規模上了幾十人後，要再發展，教會就必須投資，用專責同工做這事工。

5.2. 兒童事工

這十年來教會的兒童事工如雨後春筍。不少教會聘用專責同工大力發展，而且亦投放大量義工導師參與。不過絕大部分教會，主要只是做原來會友的子女，主要是宗教教育的性質。本書的主題是教會的主線是從外而內，使未信主的人留在教會，並委身於主、委身於教會。到底如何把兒童事工轉型，突破單單做宗教教育框框，進而支持教會使人從外而內作門徒這條主線呢？在我訪問的教會中，發現有兩個突破點：

1. **以兒童事工支援、配合夫婦或婦女的佈道事工**。福音對象是夫婦或婦女，不過為了吸引未信主（或邊緣信徒）的夫婦回來，穩定留在教會，可以在夫婦聚會同一時間，舉辦適合幼稚級以及初小兒童的活動。這些活動不一定限於宗教教育，也可以加入多元智能及其他活動。這對於做中產夫婦尤其有效。不少行細胞小組的教會（例如沙浸）就在夫婦小組的時間，同時做活潑的兒童事工，未信的夫婦為了小朋友的健康成長，也一起回來小組。更有教會以此凝聚了幾十個家長，在同一時間舉辦家長的崇拜，吸引不少中產家長信主。這個進路的重點是必須要求家長與小朋友一起回來，千萬不能容許大量小朋友自己回來，家長則安坐家中。有些教會以為只要小朋友回來了，可以透過他們接觸家長，再使其信主回來教會，這其實十分困難。我曾經親自嘗試過這做法，效果十分不理想，反而令小朋友最後被禁止回教會。中國人看不起下一代。一般信徒要到了二十至三十歲，有經濟能力甚至成家立室後才可以帶父母信主。當然永遠有例外，但總不能把教會策略建基於例外情況。還是一開始擺明車馬做夫婦或婦女工作，同時間以活潑的兒童事工加以支援，這樣來得最直接有效。

2. 倘若佈道目標是兒童，最有效是做一個橫跨高小及初中的團契，用活動、遊戲為主，穿插福音信息，來吸引未信的兒童回來，並留在教會。可以由小五或小六做起，但必須跨越升中，到中一或中二才把其升上去中學部。要跨越，是確保活動形式，特別是導師關係(當然是導師一起跨越啦！)可以持續，減少升中時的流失。詳細方法其實跟少年事工差不多，仍然要長期的亦友亦師的導師，在週末的具吸引力的聚會，和邊學邊做的門訓。不過邊學邊做的門訓不能在這階段做，太年幼不適合，最早要到中三至中四才做。如是者，小五、小六開始進教會，三、四年後受訓做助導，又回到小五、小六做助導了，真正是一個生生不息，長期佈道的羣體。

5.3. 夫婦、職青和長者事工

對夫婦、職青和長者事工，我只有極零碎的觀察，逐一輕輕帶過。

教會做夫婦事工，其實天下無敵。在教會圈子外，我從未聽有其他朋友(即使十分中產的朋友)做婚前輔導又或者參加甚麼夫婦分享小組。既然我們這方面十分強，為甚麼不開放給未信者，以此大量吸引未信夫婦參加呢？為甚麼不做支援有初生嬰兒的母親小組呢？支援籌備婚禮的朋友的小組？我們的夫婦事工，一般太內向，大可以大量開放，作為福音戰線的橋頭堡。但必須注意，不能只靠「專業人士」開班，而是全體夫婦小組參加，大家再邀請親朋戚友回來，藉這些家庭與小孩等題目與新朋友建立長期關係。

職青其實十分容易吸引，因為還有較多空間時間，也仍希望擴闊生活圈子。一般用社交性活動已經可以邀請人回來了。要設計針對性題目，主要就是戀愛及職場這兩大主線，當然職場還可以包括自我增值的課題。我在商福港九幾個區都講過不少福音午餐，自我增值與職場的課題，每次總有一百至二百人參加，未信朋友佔近一半。但在教會辦，切記要有分組時間，讓未信朋友有機會認識原先的會友。

長者事工常給人一個印象，就是要其他年青人或中年人去向他們佈道，服事他們。我從前也都以為是這樣子的，直至有一次我碰到一位聖公會的牧師——有一次我去他教會時，他告訴我：「在兩年前，我參加你的講座，提到要建立生生不息的羣體，要鼓勵信徒起來服事初信及未信的朋友。我們教會有個老人中心，於是我就鼓勵幾個長者信徒出來，做了幾個長者小組，十分成功，十分有動力。」原來長者一樣可以服事其他長者，一樣可以建立生生不息的羣體。

5.4. 教會的崇拜

我不是研究崇拜的專家，有很多人比我更有資格討論如何做好教會的崇拜。除了去過幾十家教會崇拜講道外，我沒有怎樣認真研究這課題。不過在過去幾年，的確有幾件關於崇拜的事情，一直纏繞在心頭，崇拜乃教會頭號大事，不敢不與大家坦誠分享。

首先，**崇拜的首要任務是把人的心靈帶到上帝面前，朝見上帝，讓上帝觸動**。這十年來不時聽見一個爭論，即崇拜應該「以神為中心」還是「以人為中心」。崇拜當然必須以神為中心，絕不能以娛樂、甚至安慰人為中心。但以神為中心，不代表不用理會參與的人。「以神為中心」的意思是引領參與崇拜的會眾，大家的心靈一起轉向神，一起朝見上帝，一起在崇拜中與上帝相遇，降服於上帝面前，以「心靈和誠實」敬拜祂。以「人為中心」的人把崇拜變成唱K，當然是錯誤。但反之而行，使會眾變成觀眾，欣賞小部分帶領者如何敬拜上帝，也是不妥。教會八大特質中有一項是激勵人心的敬拜（inspiring worship）就是這個意思。絕對是以「神為中心」，而且是使全會眾的心靈轉向上帝，以祂為中心。

其次，**崇拜的結果應該是重新肯定敬拜者向上帝的委身及順服**。羅馬書十二章1節，保羅勸我們把「身體獻上，當作活祭」，接續其後的語句，《和合本》譯作：「你們如此事奉，乃是理所當然的」，不少聖經學者指出，這裏當譯作「你們如此敬拜……」崇拜就是每個人把自己當活祭獻給上帝，結果就是十二章2節所説的：「心意更新而變化」，每個人重新立志，委身上帝，行祂的旨意。所以意氣高昂的現代詩歌，優美絕倫的古典聖詩，或精闢獨到的釋經，雖然都十分好，但卻不是等同於崇拜。崇拜必須在這三者之上，使人的心靈再次委身上帝，立志跟隨祂。

第三、**周詳的計劃可以使崇拜大大進步**，我不認為有必要為用現代短詩或傳統禮儀詩歌而爭論。兩者明顯各有所長。但我認為不能助長每次完全自由及突發地帶領敬拜之風氣。在聖靈感動之下，偶爾有一點突發的帶領，是無可厚非的。但崇拜是教會頭等大事，太自由突發，質素便無法保證，更容易脱離「以神為中心」的本意，流於太多個人分享和抒發。充足的預備，詞簡意賅地介紹每一首詩，事前與司琴、樂隊、講員，以至詩班全面地預習(rehearsal)，確保整個流程順暢，不會出亂子，影響人的心靈不能朝向上帝。更重要的，是計劃好每一環節，每首詩歌，每句説話，引領向一個主題，讓人的心靈充分預備，聽主的話語。最後要預備好如何邀請信徒在講道後回應上帝，要給予空間反思和立志。最忌在回應時唱一首會眾不太熟悉的詩歌，會打亂大家的心神，不能集中心力回應上帝。倘若真的要唱，就必須在講道前先唱一遍，讓會眾學習怎樣唱。在預備和計劃這件事上，五旬節聖潔會永光堂就樹立了美好榜樣，崇拜帶領者必須在八個星期前寫好流程初稿，流程長達七、八頁紙，每一句説話，每處氣氛處理，都詳細列明，再由崇拜總監修正，又多次練習。

第四、**要認真下苦功講好每堂道**。講台是宣講上帝的説話的地方，不能輕忽，很少人天生是一流的講員，若肯痛下苦功，大部分人都可以講一堂使人心歸向主的講道。現在不少教會經常邀請我去講道，有人以為我舉重若輕，誰不知我痛下了十年苦功，每次講一堂新道，必用十至二十小時預備。作為一個「同行者」，我有以下意見：一、除非是全港屈指可數的「高手」講員(全港也只有三數個)，否則最好由基本功做起，每次有清楚嚴謹結構，要有引言，再加關連的兩至三點，請把這三點講兩至三次，直至人人聽得明白，記得清楚。十次講道之中，有八次會眾立即會完全忘記內容，所以多次重覆重點才能讓會眾清楚記得。講道學的基本功也強調主題必須是一個可實踐清晰的命題(assertive statement)，切忌隱晦高深的題目。「基督徒的後現代化」決不能做講道命題，改為「在求感性的世代，用意志堅守信仰原則」就好得多了。同樣地，「上帝的大能」不是一個命題，改為「上帝一定得，所以要藉信心大膽的祈求」就是一個命題了，又或者我在青少年人當中講的「只要信心勁、殘廢變歌星」也未嘗不可。

有了清楚的命題，基本三點的結構又清晰了，一般講員都知道需要加入起碼一個故事（故事最好是生活化的見證）去説明（illustrate）重點，還要加插起碼一個笑話去適當帶起氣氛。有些講員像梁永善牧師，甚麼也可以變成笑話來講，又有些講員像李思敬博士，説故事令人聽得津津有味。但大部分凡夫俗子像我一樣，為人既不幽默，又極度理論化，笑話與故事皆不精。做好這兩點，説易不易，説難不難。我看最重要還是要下苦功，在故事方面，不停收集大量有用的生活見證，是錯不了的。倘若你不知從何開始，我介紹你買一套五、六本的鄺炳釗博士豐盛生命系列（天道出版），每本書十多章，每章起碼有十個見證，加起來整個系列有五百多個見證，好好利用，起碼有二、三十堂道不用太發愁。笑話雖然容易找，但大部分有色情成份或文化差距，最好是先買一大堆笑話書，先找出「乾淨」又好笑的笑話，再把其中人物改動。網上有大量適合各題材的英文笑話，我也經常採用。

播道會恩福堂最著重講道，特別給予會眾在每次聽道後，填寫回應表，表示讚賞，但也提出可改善之處，再由主任牧師根據這些建議，對每次講員作出指導。這是十分有胸襟的做法，亦是使講道進步一種十分有效的做法。

我最初用英語作商業演説時，曾有相當的困難，試過一次向十多位高官演説得亂七八糟。後來經過多次訓練，每次都是以實習為主導，一方面寫好了演説結構，由專人指點、更正和學習如何清楚有效地建立結構，另一方面把演説用攝錄機錄了起來，由專人與我一起重看，把演講的聲線、手勢等等技巧一一修正。經過幾次訓練及無數次演講後，現在面向幾百位商界及政界領袖，演講一、兩小時，我也可以中規中矩。以上的演講訓練，其實與一般神學院的「講道學」訓練差不多，只是神學院的訓練是在傳道人有機會上講台之前做的，雖然必須，但效用十分有限。所有演講者都知道，較職前訓練遠為有效的是在職訓練。所以我建議所有傳道人，每年一次攝錄下自己的講道，找個教「講道學」的講師，一起重看，給予實踐指導，如此兩、三年下來，我可保證講道必可達「中規中矩」的地步。

5.5. 植堂的關鍵

我不打算在此長篇大論講如何植堂，這本書整本都是講教會策略，所以整本都是講植堂的——由造門徒三步曲，到一區一區逐個羣體建立，全部適用於植堂。而且 Bob Logan 所寫的植堂手冊已十分詳細談到植堂的過程。這裏我只想提供幾個觀察：

1. **倘若植堂人數不超過五十人，就不要急於建立整全教會**，先一起集中力量佈道、栽培，建立第一代門徒羣體。在我訪談的百多家教會中，植堂成功的多數是十個八個信徒加一個傳道人，都十分有心志佈道，一開始全情投入一個羣體，例如中學生或主婦，建立十分貼身和深入的關係。佈道後專注建立這個羣體，很快建立了第一代信徒，發揮了植堂的佈道果效。當然可以走另外一條路線——植堂已經帶來五十至一百信徒，一半左右負責建立教會基本事工——崇拜、托管、團契、主日學——另一半尤有餘力專注向一至兩個羣體佈道。我自己現在的教會——將軍澳宣道會宣基堂——就是這條路線的好例子。一開始就由北宣派出近一百人植堂，又有足夠財力聘請三、四位傳道人，在建立基本結構外，還有餘力分出十多位導師專注少年佈道事工。在這兩者中間往往產生只植堂卻不能成功佈道的結果。大部分植堂帶了一個團契出去，二、三十人植堂，人數不算少，於是把原先堂會的建制全套帶來了——主日學、崇拜、團契、祈禱會、執事會，還有多個不同部門，結果人人一身數職，已吃不消了，哪有餘力去佈道？最後不是長期停留在三、五十人階段，就是以吸收搬進這社區的信徒為主，自己缺乏動力佈道結果子。所以，除非一開始已有五十人以上的「實力」，而且不乏委身、資深信徒，不要急於建立「整全」的教會建制，寧可把頭三年心力集中佈道和栽培第一代的果子。

2. **植堂必須小心選擇堂主任傳道**，尤其要著重對其性格分析。正如任何剛創辦的組織，其領袖的性格會直接影響其成功與否，是無法避免的事實。植堂的堂主任必須既具突破精神，又懂得隊工的配合，實在不易為。北美的美南浸信會十分了解堂主任的性格對植堂事工產生關鍵性作用，所以每次植堂，必定要求新堂主任做性格分析，經專家提出評估報告。我強烈建議香港的華人教會仿效，教會更新運動可提供性格分析服務，而趙錦德牧師就可以十分有經驗地分析某人性格是否適合做新堂會堂主任。

3. 香港已渡過了所有主要新市鎮的發展期，**植堂不一定是佈道最有效的策略**。大部分區已有多間教會，而且教會一般人數不多，再分散出去佈道實力就更形薄弱。不如考慮有機性的佈道，在原有堂會基礎上，大力發動向親朋戚友佈道，更可以「佈道團契」模式，集中開拓少年或基層佈道等事工。

案例篇：

不同堂會的案例分析

第 7 章

不同情況的堂會改革範例

本章提出了九個案例——其實是九類型需要改革的堂會——又就每一類型討論了兩三個例子，加起來共有二十多間堂會的改革範例。每個例子都是經我精心改頭換面的，地點、人數、人物與情景都修改過，而且不少是把數間堂會的情形「融會貫通」，當作一間堂會的例子來介紹的。我這樣做，一方面是遵守我作為教會策略顧問必須持守的保密原則，另一方面是增加文章的可讀性，減少重覆。這些範例絕大部分是過去幾年找我做策略諮詢的教會，其中大、中、小型堂會都有，亦跨越宗派背景。

至於我提出的改革建議，不一定全面，但那是我在那時刻認為對該堂會最重要和最可行的方案。我一般都希望堂會可以在未來六至十二個月推行建議的改革方案，推行後有些堂會會找我談再下一步怎麼辦。

案例一：停滯不前的中型教會

教會M在三十年前由西教士創立，是家獨立教會。從前在九龍一間天台小學那裏聚會，有不少學生信了主。西教士日以繼夜事奉，很快凝聚了這批學生，在二十年前西教士離開時，已經有近一百人聚會了。隨後的七年沒有傳道人，卻由於政府清拆舊區，教會M在附近辦了間幼稚園，那亦是教會的基址。同一時期也來了現在仍是堂主任的女傳道，其年紀與會眾相若。她加入時，教會已增長至近二百人，新增的一百人都是弟兄姊妹向同輩朋友佈道的果子，當時都是二、三十歲的職青。大約十年前，由於空間嚴重不足，教會M其中略為年輕的五十位信徒被差派植堂，分堂在新市鎮，聘請了新傳道人，現在已經有百多人，十分健康。但原來教會M突然停了增長，過去十年都幾乎沒有新人加入。現在教會的一百五十人，姊妹佔大約六成，大部分結了婚，近四十歲，教會內亦因此來了五、六十名就讀小學的子女。這一百五十人都是十多二十年的老朋友了。

但他們不甘於現況，女傳道人與五個執事，約我在辦公室做策略諮詢談了近兩小時。起初都是談信徒不夠事奉動力，以及小學生十分頑皮，不能安靜聽聖經等問題。談了半小時左右，我認為已找到癥結了。我直接跟他們說：「你們十年前，大部分信徒由職青進入夫婦階段，生活圈子收窄了，又要照顧兒女，其實已近十年沒有任何真正的佈道事工了，每年一兩次的佈道會，也起不了作用。」教會M的女傳道問：「可以怎樣改變呢？」我大膽建議：「你們有幼稚園，可考慮在主日開家長班，接觸社區的婦女，不過必須要五至十位委身的婦女信徒參與，負責帶組和在班外與新朋友多多交往，吃飯茶聚少不了，這才能在家長班後把婦女留下來做婦女福音團契或小組。不然的話，女傳道縱使能應付，也不會做得好。」

這兩個女執事中，一個是關顧部長，她說：「這個不容易吧？教會比較熱心的信徒都當了執事，十男十一女，二十一人都有事奉，七人要兼任教會與幼稚園的管理工作，七人要在幾個團契做團長及職員，另外七人就是各部門的部長，例如傳道、關顧和主日學等。其他的姊妹都不太熱心，五至十位恐怕沒可能，邀請一、兩位協助女傳道還是可以的。」我直接回應：「我從來沒建議在頭一年要執事以外的姊妹協助的意思。我認為要十一位姊妹執事全數上陣，最好是在座兩位女執事帶頭，做正、副組長，就比較好辦了。」她們交換了一個既驚訝又疑慮的眼神，我解釋，任何教會都只有百分之十至二十的信徒最熱心事奉，應該放在最前線做佈道、栽培、留人及門訓的工夫(我常說的三步曲)。像他們百多人的教會，熱心的都全當了執事，危機正在於此。像這關顧部長，明顯很善於與人相處，十分有關心人的恩賜，卻年年在弄一、兩次甚麼聚餐和旅行，再「統籌」各團契的職員開一、兩次會，對教會的造就，又怎可能與在前線直接接觸和關心十多名新來的婦女相比呢？只要十一位女執事都參與家長班，又宣傳得力，她們必定從佈道和栽培中，看見生命的改變，福音的大能，又何愁事奉沒有力量？中型教會（像教會M）停頓了下來，事奉無力，主要還是教會轉向內部關注，領袖們又把精力都放在行政和開會的事上。

案例二：孤身空降的教牧

在一個星期二的晚上，一位男傳道跑來做教會策略諮詢——原來他剛從神學院畢業，去了新界北一間四、五十人教會牧會。教會附近都是獨立平房，所以會眾大都是三十至五十多歲的中產專業人士。他形容四十至五十多歲的團契有十多人，三十至四十的成青團又有十多人，但均是「老油條」信徒，對信仰有點若即若離，不怎樣委身，連什一奉獻也沒有做。教會換過很多牧者，最近一個做了十年卻決定放棄，覺得沒有能力推動這羣中產信徒。這位三十多歲的男傳道孤身空降到這間教會不足一年，沒有甚麼大作為，有點沮喪。我一看就知道他幹勁十足，不耐煩教會發展太慢，原來他從前在北美曾參與高速發展的小組教會，是中堅分子。

首先，我安慰他說，教會會友其實還是「有得做的」，起碼大部分會友隔週返團契，兩個團契又接受他做導師和帶領團契。怎樣開始呢？當然是建立有異象和熱誠的隊工。但單單從教會事奉入手，不容易令這些「老油條」認同——他們聽了十多年道，必然以為那是老生常談。我建議他從三十至四十歲的成青團入手，用一年時間搞個中產味甚重的「個人成長之旅」，前一半時間由個人性向分析入手，再加上職場神學等研討，後半部則探討個人使命，最後以如何與神的國配合結束。這旅程目的是把個人主義澎湃的中產優皮士，重新帶回教會的共同使命和異象之路。不過這還不夠，還要把教會——特別是成青團——完全生活化和家庭化。搬上新界獨立平房的中產專業夫婦，當然是希望好好享受生活，不要那麼多壓力，所以才不會輕易委身。牧者唯有以其人之道還治其人之身。男傳道一定要完全開放家庭，把成青團搬去他家住的平房聚會，每次傳道人夫婦與他們一起煮飯燒菜。團契時間以外，最少每個月一次邀請成青團中的兩對夫婦回家吃飯閒聊，天南地北。有需要再每個月跑到市區，選擇與重點弟兄姊妹吃午飯。加起來是每個月差不多十個晚上在家中事奉了。所以夫妻同心，願意開放家庭，是決勝關鍵。這兩點是第一步。

第二步是部署成青團擴展，重新佈道發展。在「成長之旅」下半部就要與團友商量，如何一起佈道，當然主要還是以家庭生活化的聚會為主。而這部分又必須訓練一個副手，實習帶團契，以方便佈道後負責擴大後的分團。

不是每個「孤身空降」的傳道人，我都建議他先建立團隊的。另一位四十歲的女傳道人，孤身空降到一所三十人教會，卻全是六十至八十歲老人家，教會錢是不少，卻個個老氣橫秋，又不願意事奉。我勸她不用多花功夫去改變這羣真正的「老餅」了，不如利用教會有地方又有錢的優勢，擺明車馬做開荒佈道，建立一個她有信心做得好的羣體。談下來，原來她多年來做護士，與附近幾家醫院的護士團契也稔熟。我就大膽建議她在教會辦護士團契，日日「入院」佈道，讓教會成為眾護士聚首分享的中心。

傳道人孤身空降到小型教會，決定如何發展的原則十分簡單：可能的話要建立關係十分密切和異象一致的隊工；不然，就實行開荒佈道，隻身開發一個他最有信心能做好的目標羣體。

案例三：青少年斷層的大型堂會

一間教會B的青少年傳道同工（我在這裏叫她Mary）和主任牧師的太太（這裏叫她「師母」）找我飯聚，適逢我在週六晚上到其教會講佈道會，於是大家約好提前兩小時在附近一起吃飯，談談其教會少年事工的發展方向。教會B是全港最大的堂會之一，成立超過五十年，有九百多人聚會，是那一區最具規模的堂會。堂會一直有增長，雖然最近五年才增加了二、三十人，但問題不在於那裏，而是年齡分佈出了大問題。九百多人，全部是三十歲以上的中年人或長者，只有幾個極不穩定的二十至三十歲信徒，卻有百多二百人的兒童主日學，全都是信徒子女，升上中學後，就返得十分不穩定。一間偌大的教會，就只有三、四十個中學生，也不是次次出席的，而且主要是返主日學，週六的團契分高中和初中，各自不夠十個人。

「為甚麼沒有二十歲至三十歲的信徒呢？」我一臉認真地問。「子女們升上大專後都不回來了。」師母無奈地答。我追問：「你們有甚麼計劃呢？」Mary說：「教會兩年前聘任我做青少年傳道，我一直致力挽留這批中學生，現在主日下午有一隊籃球隊，男生都十分投入，今年有望贏取『教會盃』。主日學方面我們又引入一套新的課程，比以前活潑生動多了。」我進一步地問：「Mary，你與高中生相熟嗎？他們靈性如何？」Mary答：「二十個高中生中，有六、七個靈性還不錯的，不過與我只是一般的關係，他們的主日學老師另有其人。」後來我又發現那位老師，正如大部分老師一樣，只在那一個小時內教聖經，沒有怎樣再接觸學生，也沒有時間在週六做團契導師。

這樣談了大半個小時後，我便大膽地建議：「這種守勢的模式，無法扭轉貴堂的命運，青少年斷層的問題只會不斷擴大。唯一方法是轉為以少年佈道為主導的模式。」我認為 Mary當前的急務是做三件事：

1. **親自在半年後建立一個活潑及有吸引力的週六初中團契**，可以考慮在團契前後加上籃球隊或興趣班，而這些「班」也可以是暫時性的，而團契內容也是以遊戲活動為主，加上軟性的福音信息。總之，要適合未信的初中生參加。

2. **把那六、七個靈性穩定的高中生分出來**，在主日學時間由Mary親自帶一個門訓小組，訓練其成為組長及導師，在半年之內開始在週六的初中團契，由Mary親自帶領，他們擔任助導，一起關顧未信的初中生。這半年內Mary必須親自花大量的時間與這六、七個高中生建立穩實關係，主日飯聚，平日通電話必不可少。

3. **建立穩定邀請未信初中生回教會的渠道**。偌大的中產教會，一定有很多教師。師母估計教會少說也有二、三十人是當老師，當中起碼有四、五個在教會附近的中學任教。Mary必須與每個教師單對單面談，如他們答應當週六初中團的長期導師就最好，但最起碼是協助邀請其學生回來，自己也要每年回來幾次，直至其學生適應和「落腳」為止。

教會B不是一所真的教會，卻是我訪談幾間近千人的教會的真實寫照——人數不少，但中學生至初青成了斷層，主要是少年佈道事工薄弱，又不鼓勵高中生及大專生留下服事初中生。

案例四：專注做少年佈道的傳道人

讀者們倘若細讀過本書的〈事工篇〉第一章（見本書頁139），就知道我認為香港的華人教會在一個十字路口，成長或衰退，全在乎現在大家能否集中人力物力，努力做好少年佈道的工作。真心真意地做好少年佈道，最確切的證明是如何調配傳道同工的資源，特別是能否讓一位同工全時間把心力放在少年佈道一事上。以下經過改頭換面的教會P、Q、R都碰上這問題。

教會P邀請我去主日講道，由於路途遙遠，我一早出門，早到了超過半小時，便與其堂主任男傳道聊了一回兒，了解其發展情況，卻因其專注於少年佈道，大受感動。教會P是新界一家堂會，有二百多人，大約六成是姊妹，大部分是十多二十年前學生時代信主，現在大都三十歲以上了，教會一直只有一位男傳道，三十幾歲。教會剛剛擴堂，耗盡了奉獻儲備金，所以執事會認為在五年內，只夠錢多聘請一名傳道，應該聘請他（或她）做哪些事工呢？教會有很多姊妹，卻沒有女傳道，無論輔道及關顧都有一定困難；而且三、四十歲的夫婦生下二、三十個幾歲大的兒童，兒童部的導師也感到吃力。一般教會就會向這些「內部牧養」需要低頭，聘請一個女傳道「牧養」姊妹，兼顧他們子女的兒童事工。但這間教會的領導層卻清楚意識到，就算補足了所有這些「需要」，夫婦區的「三步曲」也不見得會有更大發展。

教會的真正需要是開展一個新的區，建立另一個高增長的羣體。既然從前教會是做少年人「起家」的，現在決定再「重頭做起」。於是領導層沒有回應婦女及兒童的「需要」，反而聘請了一名女傳道專注開拓少年事工。這個女傳道十分有恩賜，專心一意地接觸附近的中學生，幾年間吸引了六十多名中學生回來教會。

教會P令我想起另外兩家教會Q和R。教會Q的女傳道幾個月前找我談了一個晚上。Q的人數比P還少，只有一百二十人左右，但情況卻一樣，全數結了婚，生兒育女，他們都從少年時代起返教會二十多年了；又是兩個傳道人，一男一女。兩年前女傳道看見少年人的需要，主動向初中生佈道，成立了一個二十人左右的初中團契，都是來自未信家庭的。原先打算再放多一些的時間再多開一個初中小組，但幾個夫婦團的姊妹就發牢騷了，投訴太少時間見到女傳道，缺乏牧養，而且兒童主日學太沉悶，其子女不喜歡，要女傳道花時間大力革新。女傳道心中的感動原來是十分清晰的，就是為堂會做少年佈道，確保不會斷層，但這些資深姊妹(包括長執)的壓力卻令她猶疑了，心想應否讓初中生停留在二十人左右，再過兩年後再算。

我對教會Q的女傳道提供了很個人的建議，即除非那些信徒通過執事會明確「指令」她減少放在初中事工的時間，她應該以教會的使命為大前題，不能太受信徒的情緒左右。事實擺在眼前，她現在放手去做少年佈道，未來教會或大有可為，否則只是一個平穩、甚至衰退的局面。婦女們和兒童們又不是有甚麼危機，大可以交由平信徒領袖去處理，又或者由男傳道去跟進。女傳道獲得我的支持，信心增強了，答應回去認真再考慮啟動第二個初中團契一事。

還有那位於九龍有十多年歷史的教會R，與宗派內一所中學同時間建立，原意是負責做校內福音事工。但教會初時認為必須有自己堂址，在離學校五分鐘路程的地點，自購了堂址，人數一直停留在五、六十人左右，只有一個中年牧師，堂會內一直只有幾個中學生留下來。我與其牧師及執事們見過兩、三次面，心中知道他們要做兩件事：第一、搬進學校聚會，方便學生回來教會。第二、聘請一個年青的傳道專注做中學生。第一點他們在第一次諮詢後即時同意，馬上搬進去了。第二點我一直不敢宣之於口，因為我知道他們五、六十人只夠錢聘用一位傳道人。有一次他們執事會主席告訴我：「我們剛決定聘用一位少年部傳道人。」我十分驚訝地問：「何來的錢？」主席答：「現在搬了進校聚會，堂址可以賣了出去，套回現金，足夠聘用多一位傳道人五至十年了。」我再問：「那以後怎麼辦？」他答：「少年佈道帶來人數增長，長遠奉獻也應該更多。」我十分佩服他們。其實上帝交了一間千多名學生的中學讓他們做福音工作，聘用一位專責同工，也是份內之事了。

案例五：缺乏團契及小組生活

教會L的堂主任牧師獨自來找我做策略諮詢。他在教會L事奉了四、五年，一直沒有甚麼發展。教會L有一百五十人聚會，有兩位傳道人。我花了二十分鐘了解其聚會情況，大致如下：每主日崇拜在早上十時開始，大約有一百五十人，大部分是三十至五十歲的夫婦；在崇拜前有一個主日學，只有兩班，成人班十一個人，兒童班六、七人；只有一個夫婦小組，大約六、七人，每週五晚上在家中舉行；每月在崇拜後有一次夫婦聚餐，大約有二、三十人參加，一起吃午餐，又有彼此分享；除此之外，教會沒有甚麼其他的聚會。這位牧師知道我十分緊張教會的佈道事工，於是以此相詢。我的回答令他有點錯愕：「教會L的未來一、兩年，重點不是佈道，而是如何重建團契和小組生活。從前弟兄姊妹年青時的團契生活，隨著成家立室都逐漸淡忘了，現在只有一個六、七人的小組，即百分之九十五的信徒沒有團契或小組生活。每月一次的聚餐不足夠形成團契生活，一來頻率太疏，很難形成真正分享及一起經歷生命——不少人會間中錯過一兩次，形成兩三個月才見一次面，更沒有可能分享了，只算是朋友碰碰面，表面地互訴近況。弟兄姊妹沒有團契和小組，靈命必定變得表面化；而且團契和小組是動員事奉和佈道的最有效場境，現在大部分人沒有團契生活，差不多沒法有效動員，更談不上甚麼佈道策略。無論如何，教會L在一、兩年內的首要大事，是推動起碼一半(即七、八十人)的信徒參加穩定的、最少每月兩次的團契或小組聚會，其他一切都顯得十分次要。」

另一間教會是新開的教會，植堂五年後，才發現一百人中，只有原先來植堂的十位信徒有返小組，其餘的信徒是住在附近因貪方便才來崇拜的，都沒有參與任何其他活動。教會N的首要任務同樣清晰，就是推動最少四、五十人參加團契或小組。老實說，教會倘若沒有最少四至五成信徒穩定返團契或小組，根本沒法動員做其他事情，這些只以參加崇拜的「旁觀者」主導的教會，別無選擇，必須痛定思痛，用盡上帝賦與的一切心力去推動團契和小組。怎樣去推動呢？不外乎四個進路：

1. **新的或特別的節目**。既然要啟動，可以試適切性比較強的節目，無論如何有一點新意，總能挑起部分人興趣嘗試參加。但無論是甚麼節目，重點仍是大量彼此認識和分享，一習慣了坦誠分享和祈禱，小組或團契就容易延續。教會L可考慮幾個課題：一、夫婦及親子課程，以十三次先開始凝聚；二、因為夫婦都是中產專業人士，可以十三次分享工作的方向及意義開始(有些教會用拙作《如果顧客就是上帝》作查考、分享)；三、全教會做一次華里克的《標竿人生》課程。《標竿人生》整個課程由證主及教新推動，是「三合一」的課程，一方面是連續四十日用《標竿人生》做靈修和默想，其次每星期小組聚會討論分享(書後有討論題目)，不少教會還以此為主日崇拜講題，一連七個星期。不少教會發現是一個好的小組凝聚機制。最後，可從兒童入手，設立適切的兒童課程(不一定宗教性)，以此吸引夫婦參加同步舉行的夫婦小組。

2. **用傳道人或資深信徒的「關係」感召信徒參加小組**。可以嘗試由傳道人邀請十個八個信徒一起飯聚，最好在傳道人家中(一般返教會穩定的信徒不會拒絕)，非正式地分享和祈禱，慢慢把頻率加密至最少每月兩次，也可以要求正式穩定參加。另外的方式是傳道人或資深信徒逐個逐個信徒接觸，與這些信徒在電話詳談，甚至吃飯飲茶，由關心其個人生活談到教會生活，鄭重邀請其加入小組。倘若先鎖定十個至二十個目標信徒，兩三個月每人談過兩次後，不難啟動一個新小組，以後就是一批一批地「感召」。

3. **使用比較方便的時間**。教會L從前都是在週五或週六晚上開小組，夫婦漸漸感到吃力，不再出席。我建議教會L考慮行一站式，把每月一次的崇拜後聚餐，正式改為每月兩次甚至每主日後都做，把時間加長為個半小時，固定分組名單，正式成為小組。由於信徒主日反正要來崇拜(也反正要吃午飯)，就比較容易重新凝聚這些小組了。

4. **訓練新的組長**。挑選幾個資深信徒，邀請他們受訓成為組長，一方面是將來小組的確需要組長，另一方面他們也可以凝聚相熟的信徒加入其小組。

案例六：轉型細胞小組教會

案例五的教會大部分都是「旁觀者」，首要任務是推動信徒穩定參加團契或小組。但我發現找我做諮詢的堂會，多數有穩定的團契或小組，問題是沒有佈道，沒有增長，轉型為細胞小組模式是其中一條出路。

教會甲在九龍市中心，交通方便，在一個星期六下午，我與其兩位傳道人(堂主任牧師和女傳道)及七位執事，座談了兩三個小時。他們在八十年代的青年事工十分興旺，聚會人數在八九年到達高峯的一百人，其後一直下滑，大約四十多人，大部分有出席五個不同的小組活動，其中三個是週四晚上的查經班，另一個是只有七、八個人兩星期聚會一次的團契，還有一個每月見一次面的特別小組。剛剛改革了執事會，明言眾執事要一起推動教會的事工發展。我問他們發展方向是甚麼？他們答：「具體策略未定，所以才找你談，但方向卻十分清晰，就是要帶領人成為主的門徒，包括傳福音和提升生命兩方面。」

既然已決定實踐大使命，又已經有穩定的小組，我就大膽建議改用細胞小組制度，具體來說對教會甲有五個改變：一、每組設立正、副組長，負責帶組，推動事工，關心新朋友，副組長更是「儲備組長」，以待將來「爆」出新組後帶組；二、改行4W分組方式，較少查經，多分享講道內容在生命上之應用，大大增加生命的交流；三、建立每個小組內部共識，小組以外展為目標，大家共同設立何時增長至爆組的目標(一至兩年)；四、每年舉辦以小組為單位的多項交流或適切新朋友需要的外展活動，全組一起邀請朋友參加；五、堂主任親自帶一個小組，建立示範作用，並以區牧身分督導其他組長。

教會甲十分雀躍，在與我會面後一個星期在執事會通過轉型細胞小組，電郵告知我，並叫我替其找細胞小組訓練課程。電郵又說，廢除了只有幾個人參加的週五祈禱會，大力鼓勵各小組在組內加設固定祈禱時間。

另一間來找我諮詢的教會乙是一間二、三百人，歷史悠久的教會，三年前已經轉型細胞小組，共有十多組，但事工卻仍停滯不前，一時找不到教會的發展方向。三年多來，沒有一個小組有增長，有一兩個組甚至有點奄奄一息。這個堂會的例子，一點也不特別，在我訪問的百多家教會中，有好幾間自稱轉了型做「細胞小組教會」的，以為「小組」只是取替了以前的「團契」，做內部關顧和支持，完全缺乏用小組外展，吸引新人的心志。我於是在諮詢中建議需要「矯枉過正」，由堂主任牧師親自督導，與每個小組組長一起，跟所有組員一起制訂清楚的小組繁殖的方向和目標，並一起制定一套未來一年如何實踐目標的小組化外展計劃。原則上牧師和幾位執事接受了我的建議。

幾個星期後，教會乙的執事會主席打電話來，約我再與他和堂主任牧師見一次面。那一次見面比第一次更坦誠，他們認為各小組組長不一定認同外展和制訂目標這方向。我大膽問牧師：「你似乎自己沒有帶小組，從前也沒有細胞小組經驗？」牧師答：「的確是這樣。」我於是建議：「要推動其他組長，首先要建立一個『示範』的小組，證明可以吸引新人，又留他們在教會，更要建立你個人的信服力。不如你自己找一個與你關係最密切的小組，自己親自做組長，用一、兩年時間推動發展，又埋身關顧新朋友，成功爆組後再推動其他小組就比較容易了。」我又建議那個執事會主席：「我看你性格比較主動，資歷又深，不如你放下一些行政事務，也自己帶一個小組吧！你的小組只要外展成功，有增長，比你做甚麼教會行政都更造就教會！」小組化不一定需要急進，大可以一個一個做。一方面是需要示範作用，另一方面是即使大部分小組推動有困難，由一兩個小組做起，假以時日，增長爆組後，不難在三、五年後變成六至八個有活力、不停佈道的小組，教會的動力於是又啟動起來了。

案例七：植堂擴堂的疑惑

教會G在地鐵站附近的商業大廈，旁邊亦多公共及私人屋邨，創立十五年以來發展迅速。這一個晚上兩位牧師及六、七位執事來到我辦公室談了兩個多小時。教會G最強的是婦女事工，多年來生生不息吸引了過百婦女聚會，不少委身愛主，致力在前線關心，探訪其他婦女。其他年齡組合也上了軌道，全教會加起來二百多人。諮詢到了中段，大家談到我最關心的青少年事工，我建議一、兩點改革，加強這事工向外佈道的力度。突然間，負責青少年事工的執事說：「佈道倘若做得好也產生另一個困難，青少年信主後大多參加午堂主日崇拜，現時地方卻已經爆滿，再容不下新人。」原來早堂七十人，午堂一百五十人，多次呼籲後午堂仍然爆滿。我就問：「研究過搬去較大地方嗎？經濟上可以負擔得來吧？」牧師馬上接口：「經濟上倒沒有問題。過去兩年多不停到處找地方，但附近出售的單位，大部分是工業大廈，不能做教會，其他商業大廈的單位，地方都太小了。」我追問：「午堂爆滿了多久？」牧師答：「兩年多了。」

教會崇拜爆滿當然嚴重影響佈道事工，必須盡快處理。雖然長執與牧師經常因擴堂經費龐大而猶疑不決，但大部分教會在「拍板」後都能順利籌得經費。況且教會是有增長才擴堂，所以擴堂後人數與奉獻一般會增加，足以支持供樓的按揭利息及還款。我建議教會G馬上成立專責小組，用盡一切創意找地方擴堂。牧師問：「甚麼創意呢？」我答：「例如租商場舖位。」牧師：「租金呎價比商業大廈貴一、兩倍，而且很少出售，我們教會很少租堂址的，擔心被迫遷。」我補充：「貴一、兩倍也沒有辦法，做上帝的事工不能太吝嗇，問題是經濟上是否能負擔。可以購買堂址，當然是美事，但也不能因此政策妨礙了佈道事工。可以考慮把現時堂址也暫時出租，倘若商場將來迫遷，起碼可以搬回來這堂址。」牧師再問：「有其他選擇嗎？」我答：「可以租附近的學校。」牧師：「附近倒有四、五間中小學，但只有一間是基督教的，已經有教會借用禮堂。」我補充：「不一定需要基督教學校，可以用教署訂明的租金向其他學校租用場地，星期日學校一般空置，租金其實對學校是筆可觀收入，現時財政緊絀，可能談得來。」最後我加上一句：「當然亦可以租用多幾個附近細小單位作小組、主日學之用，亦把現時堂址『打通』，把座位擴充至二百五十人左右，還可考慮在主日上午租用戲院聚會。」

另一所教會H的牧師剛上任，他是我十多年的朋友，跑來找我談教會的發展。教會H在新界開辦了近四十年，最近十年人數一直停留在一百五十人左右，於是靜極思動，三年前在另一會址植堂，而且一半會友去了新會址聚會，包括十位中學生及三位導師。但兩邊會址仍然是一個執事會。兩個傳道人也兼顧兩邊的事工，新會址距離舊地方甚遠，差不多要三十分鐘車程。距離如此遠，仍有一半人去植堂，可見十分委身，有心志。原來的想法，是新會址旁邊有一所基督教機構，主辦很多教育課程，植堂的會友一起與它合作，帶領這些課程的學生信主加入教會。但事與願違，三年多來全無果效，主要是這些課程的學生大部分住在很遠的地方，課程一完結，就不願意再回來。剛上任的牧師研究後對這會址有點意興闌珊。但成人崇拜吸引了另外三、四十位附近的信徒參加，已經欲罷不能，他唯有繼續兼顧兩邊的崇拜。

我一般最關心少年佈道事工，於是問：「倘若機構的學生太難做，可否考慮其他少年人呢？」牧師答：「新會址附近沒有甚麼學校。遷來的十多位少年人原也熱心，但他們的同學都住在原來堂址附近，太遠了，不願意老遠跑來新堂址。」我再問：「舊堂址還有少年事工嗎？」牧師：「還有六、七位中學生在那邊每週一起查經。他們三年前由一位老師帶回來，由於是初信主，不願意老遠過來新會址聚會，就留下在舊堂，但那邊沒有少年導師帶領(已經轉了過來新堂)，也沒有甚麼發展。」

我於是大膽建議：「我知道這個建議會很痛苦(painful)，但可能是最好的出路了。看來成人部要繼續留守在新會址，嘗試找尋自己的發展空間，人數倘若繼續上升，恐怕要多聘請一位傳道人長期在新會址這一邊事奉。至於少年事工，我大膽建議全部回歸舊堂址，再次合併，就有近二十個中學生，又有三位導師，可以訓練，鼓勵學生帶同學和朋友回來，再次啟動真正的少年佈道事工。」過去十年不少植堂事工，看來是時候減慢植堂事工，大家努力做好堂內向自己社區的佈道工作了。

案例八：缺乏共識的領導層

我一般會建議在教會諮詢時，堂主任牧師在場，與其他傳道人和長執一起與我討論，希望一起取得未來如何發展改革教會的共識。但有時事與願違，不一定所有傳道人一起來(雖然我堅持一定要有傳道人在場)，而且亦不一定有共識，傳統智慧強調「團隊精神」，必須有共識，傳道同工一起推動教會。這當然是理想狀態，但現實中我認為即使沒有百分百共識，每一位傳道人，也必須堅守其崗位，在能力範圍內建立生生不息的羣體。

教會X的女傳道單獨找我談了兩小時。教會X有一百八十人，有兩位傳道人，就是堂主任牧師和這位女傳道。牧師已經事奉了十多年，其實自他來了教會X以後，教會就沒有甚麼發展，因為他性格比較內向和被動，極少在崇拜以後與會眾接觸，也不喜歡策動甚麼事工，但執事們尊重他為人溫柔敦厚，十分著重祈禱生活，大家倒相安無事。十多年來換了四位女傳道，而這位與我面談的女傳道，也只是來了兩年。她說：「我實在有點心灰意冷，教會沒有半分動力，兩年多來牧師也沒有甚麼計劃。我其實已有去意，想轉換一個比較積極的事奉環境。」

我極力勸她留下來。這是我的信念，任何教會發展起來，必須有長期委身的傳道人。傳道人兩三年就轉教會，就作不了甚麼事情，因為建立不了穩實關係去推動信徒事奉。留下來做甚麼事情呢？沒有堂主任的領導和支持，很難全面更新或推動教會。我於是建議：「你可以選擇一個潛力比較大的羣體，即我所謂的區，用心先做好其佈道與門訓工作。」原來教會X有一個約三十人的職青團，都在二十五至三十歲之間，熱心愛主，亦希望學習佈道。我問這位女傳道：「過去兩年你與職青團的關係怎樣呢？」女傳道：「還不錯。我負責關顧部，每個月都去一次這個團契，與其領袖關係十分好。」

我於是建議她用一、兩年時間推動職青團變身「佈道團契」(見本書頁116)，具體來說，是三件事：一、邀請團契職員每月一次到她家中飯聚，分享異象，也建立他們的靈命，幾次後正式邀約成立長期的「領袖門訓小組」；二、推動團契每年辦六至十次外展活動，用聯誼或適切課題，邀請同齡的未信朋友參加；三、在團契內建立長期的小組，藉此與新朋友融合和關顧。

我最後問：「主任牧師會不會阻止你啟動這些事工呢？」女傳道想了一想：「當然不會。他怎會阻止我訓練團契職員呢？更不會阻止團契做外展事工。」其實她在教會X有的事奉空間遠比她自己理解的大。

另一間教會Y的少年部傳道人與我又談了一個中午。他在教會Y事奉了兩年，亦在考慮離開。「兩年下來，教會現在有三十個中學生，二十個是初中生，十個是高中生。但我一個人實在沒有時間再關顧更多中學生了。極需要義工導師的支援，卻找不到任何導師。」傳道人忿忿不平在訴說：「教會近四百個成人，有大量職青和大專生，但卻沒有人願意當導師。大專部與職青部是另一位傳道人負責，我與他多次商量，他認為大專生熱心事奉的都已經做了組長或職員，他還有好幾個節目(像中國短宣、本地社關、精兵訓練)需要大專的信徒參與，所以沒有可能再推動大專生做中學部的導師了。堂主任口中說十分關心少年人佈道，在同工會中卻又不表態要求那位同工推動職青或大專生做少年導師。我實在覺得同工隊並不支持少年佈道的事工，我不如轉換一個環境，更能向少年人佈道。」

我心中雪亮，知道從整體教會Y的角度看，最有效的解決方案是重整同工的分工，把大專與中學部結合，由一個同工負責，在大專階段做深入的門訓，把大專生分流，部分做中學部的導師，部分做大專生自己的福音工作。以上是任何希望做少年佈道教會最「合理」的佈局，但教會Y的堂主任沒有來找我諮詢，我當然不方便去主動「指導」人家怎樣怎樣分配傳道人的工作。在此情景下，唯有先假設現時傳道人的分工不會改變。但我仍然繼續極力挽留這位傳道，勸她留在教會Y繼續做少年人。

以下是我的説詞：「如沒有導師的話，你可以自己一手訓練新導師，現時你的十個高中生就是最好的對象。你可以把高中團契改成門訓小組，藉此長期訓練及持續指導這批高中生做初中生的導師。假設十個中有三個在一年後成為真正有效的初中導師，你與這三個導師一起做初中生，就有能力在現時的二十人以外，再做二十個初中生了。三年後，這四十個初中生成了高中生，又開始下一個循環的門訓及導師。況且在高中已開始跟你一起做導師，將來入了大專部，恐怕不少仍然肯留下做中學部導師的。不少人用這方式從零開始，十年八載間建立生生不息的少年事工，有些一二百人，有些幾百人，都不假外求，完全自己訓練自己的導師。」教會Y的少年傳道人若有所悟地離開，答應再考慮去留的決定，再次為此事認真禱告。

教會的領導層無法達至共識，有時只會引起一點不愉快，使部分傳道人考慮「轉工」，像教會X及Y那樣。但在某些情況下，的確會引致教會分裂。然而上帝的恩典常出人意外，教會分裂雖然失見證，不愉快，卻有時帶來信徒對教會的反省和重新委身。例如教會Z有五位執事，上了一個我的教會學課程，來到我辦公室談了兩個小時，在我談過我的保密原則後，他們就「傾心吐意」。原來教會Z是一間獨立教會，創立於五十年前。二十年前西教士回到美國，一位華人牧師做了五年，另一位牧師接手，做了十四年。直到兩年前，主任牧師(亦是教會唯一的傳道人)因為一些行政上和事奉安排上的事情，與執事會引起近一年的激烈爭議，最後不歡而散。主任牧師在附近另起爐灶，開了另一間教會。在當時一百位信徒中，有二十人「過檔」去了他的新教會。這二十人都不是執事，卻有不少三十歲左右的事奉中堅分子。教會一時羣龍無首，眾執事們才驚覺原來自己過去十多年，其實沒有怎樣真正參與過牧養和教會的領導工作。徬徨之下，決定五個執事(就是全體執事會了)一起去進修，讀了一個兩年的晚間神學課程，又同時到處參加各種教會學課程，其中一個也就是我教的教會學課程。上完堂聽聞可以約時間來詳談，就跑了上來我辦公室。

聽完他們的「傾心吐意」，我花了足足十五分鐘希望安慰他們，又協助他們如何重建信徒間破裂的關係，因為我單方面以為，教會分裂後首要任務——除了找尋新傳道人外——就是重新凝聚各人的心靈，重建各人的關係。誰不知我完全「表錯情」了。執事會主席中途打斷我的勸解：「葉博士，我們十分了解，亦欣賞你關心我們的凝聚力和關係重建。不過，這在一年前已經挨過了。現在我們上來要談的，其實是另一個課題。我們『接手』後，不得不重新反思教會的方向，才從夢中驚醒，發現教會人數過去十年一直沒有絲毫增長，已有十年沒有新人加入，我們自己也有十年沒有努力佈道了。如今沒有了傳道人，我們唯有自己挑起這重擔，去思想如何再啟動教會的佈道事工，特此求教。」

與一間中小型堂會分析有甚麼佈道機會，我有一套十分系統化方法，用過幾十次，就是逐個逐個羣體研究(本書叫做「區」)，先看看有沒有可能吸引「親朋戚友」回來，再看看有沒有切入點吸引「街外人」回來。用此方法與教會Z分析，最後決定他們都沒有太多未信的「親朋戚友」，倒還有一些機構的聯繫，可以向教會附近之小學生家長傳福音。於是一起設計半年後如何啟動家長福音班，他們怎樣分工等。結束時我更關心他們尋找新傳道人一事，原來他們茫無頭緒，於是鼓勵他們多向資深「交遊廣闊」的牧者打聽，問問意見。大約半年後我聽一位資深牧師告知，他們正與一位有可能的傳道人商討。

那一天晚上我睡前祈禱時心中激動不已，深受上帝奇妙作為所感動，祂如何化腐朽為神奇，把一切可怕的事變成對教會的祝福，重新激勵這五位愛主的信徒再上路，委身於教會，委身於佈道。

案例九：分「區」各自造門徒

一間創辦了十年左右的教會S，在新界西北內一所小學內聚會的，學校也屬同一宗派背景，堂主任牧師是我老朋友，有一次邀請我去週六團契講道，聚會後與我吃午飯，單獨詳談，想了解一下我對其教會發展的意見。教會S在十年前從母堂植來五十人，十年間成人增長至二百五十人，中學生五十人，小學生五十人，加起來三百五十人，算是那一區有規模的教會之一。教會亦有主任牧師加三位傳道人。一般人會覺得教會十分「健康」，是一間能各樣兼顧的教會，各年齡層都有健康的團契或小組，加起來有一百二十個成人參加，另外主日學又有近一百人。但堂主任心內有點不安：「開頭的五年是蠻不錯的，人數增長，又有佈道果子，成人部從五十人增長至二百五十人。增加了的二百人，起碼三分之一是佈道果子。到了第五年後，堂會卻停了下來，成人部不再增長，兒童部也只能停在五十人，原因是導師不足。我到處參觀其他教會，發現不少教會跟我們一樣，到了二百多人就停了下來。感謝神，幾年前來了第四位傳道同工，有心志做中學事工，於是開始做少年佈道，由三年前沒有任何中學生，到現在的五十人，大都是佈道果子，而且訓練了一批高中生做組長，不過最近一年中學生人數也有持平的趨勢，可能傳道人已經盡了力，沒有時間了。」

再深入談起來，教會其實是三個不同羣體所組成：一、從附近中學佈道而來的五十位中學生；二、住在附近私人屋邨的中產年青夫婦，一般剛結婚，年齡背景也與十年前植堂來的五十人相若；三、住在附近公屋的成熟基層夫婦及婦女。兒童部的五十人大都是第三類人的子女，還有幾個就讀這間小學的學生。教會的組織結構主要是分部門的，除了有一位傳道專責中學生外，其餘傳道人負責各部門——傳道部、主日學部、關顧部和崇拜部等等。

這次午飯我提了一個大膽建議，就是徹底地分區化，把教會分為以上三個羣體加兒童四個「區」，由每個傳道人負責一個區，作為區牧；再加上每個區兩至三位平信徒領袖，作為副區牧，組成隊工，「一條龍」負責區內信徒由佈道、栽培，到團契成長。這個需要在教會S特別明顯，因為四個區的信徒背景太懸殊。

大半年後，我又去教會S講道，聚會後與牧師單獨飯聚；得知教會已開始實行分區化，不單單分區，部分區更全面實行細胞小組化。我見分區化開始上軌道，就提出另一個重要課題：「你們在同一宗派的小學內聚會，有責任向小學生傳福音，現時全小學只有幾個學生回來教會，是十分不理想的。每一屆有二百個小學生，應該努力吸引二十人以上回來留在教會，才不枉這個上帝的託付。當然導師資源不足，學生年紀太輕的也不懂福音，不如先集中做小六的學生，找一個資深信徒，帶同幾個高中信徒協助，開展小六團契。」

一年後回去，果然牧師找了一個有心的執事，帶同幾個高中信徒，開展了小六團契，已有二十多人參加，小六學生亦已升中一，幾個導師與他們一起升到中學團契。他們已部署派另一批高中生去做下一屆的小六團契。於是我問成人情況如何——原來分區後多了人入小組，加起來參加小組人數由一百二十人升至一百六十多人，即近七成信徒有返小組，不過始終未順利開展深入的分區佈道，只是各區搞了一次自己區的佈道會。我又大膽建議：「分區的重點是以關係吸引及留住新人，必須多些活動吸引新朋友，又用小組的關係使其留低。每區以至每小組，必須制訂增長目標，以及詳細的外展活動計劃。」牧師問：「請舉一些活動的例子。」

我答道：「成熟夫婦區看來背景與小學生的家長相若，可以辦家長班。」牧師馬上指出現在每年都有家長親子班，但留下來每年只有最多一、兩位家長。我說：「你們現在的家長班是與平常夫婦小組時間不一樣的，而且夫婦小組的弟兄姊妹只有少量參與，建立不了關係。最好把家長班與夫婦小組同步舉行，所有夫婦小組一起參加，未信家長亦可分入各小組內，又或者反過來，派兩三位成熟夫婦信徒在每個未信的家長小組。總之家長班後，邀請未信家長繼續回來，在同一時間與同一班夫婦一起分組活動，就容易得多了。」

我再舉例說：「你們教會缺乏職青，中學生又要專心做小六及初中事工，可以考慮聘請外人在這些夫婦小組負責兒童託管，甚至開一些兒童興趣班，增加這些小組對未信夫婦的吸引力。」

最後我又舉出一些年青夫婦區可以做的外展：「第一、應該先試自己的親朋戚友，以純交誼活動加以邀請。其次，可以嘗試在附近私人中產的屋苑會所辦晚餐講座，藉此認識居民，當然每次必須所有年輕夫婦信徒出動，與其一起用膳，認識這些居民，再邀請他們回到自己的小組。」牧師若有所思，思想如何推行。

第2章

個別堂會的成功經驗

最近十年香港跟隨外國教會的趨勢，出現了幾間「超大型」堂會，倘若以二千人以上的堂會為分界線，據我所知全港到二〇〇四年應該有五、六間超大型堂會。我會在這裏介紹其中四間，都是由我親身訪問其主任牧師及其他同工，再參考其他資料而寫成，目的是介紹其成功的主要因素。在此我想強調三點：

1. **我絕不認為「超大型」堂會一定比其他堂會做得好。**每間堂會有自己獨特的條件——人力、物力、社羣、交通及地區——亦因此有不同的使命及發展空間。我選擇這四間堂會作比較全面的探討，原因只有一個：它們知名度十分高。因而在「坊間」有種種「流言蜚語」及「憑空猜測」為何他們人數增長得那麼厲害。我對它們進行比較深入研究，藉此以正視聽。

2. **我絕不認為這些堂會可以當作「樣板」來學習。**事實上，讀者會發現這四間堂會的路線十分不同，根本沒有可能樣板化。在這裏介紹，只是抱著大家多汲取經驗的原則，當然每間教會必須尋找自己的路。比較通用的原則，我已經在〈總論篇〉介紹過了。

3. **雖然每一篇文章都經過其堂會牧師審閱，但表達的觀點卻完全是我個人的意見，不一定與他們自己表達的一致。**事實上，因為我把他們和其他一百多家香港教會作比較，我會突顯我認為他們與眾不同之處（有時他們並不自覺）。反過來說，有些他們自以為很重要的因素，我倒覺得大部分教會都已經實行，就不再多提了。

2.1. 九龍城浸信會

二十多年前信主時，我已經知道有一間人數眾多的教會，叫城浸（九龍城浸信會的簡稱），當時聽聞是全港人數最多的教會。這幾年又聽聞城浸進行大改革，有一次我在城浸的佈道會分享個人見證後，就向其主任牧師張慕皚打聽。後來為了深入了解，又跑去城浸跟張牧師談了一個上午。那天張牧師給了我一篇十分精彩的文章，叫〈按齡牧養迎二千〉，是他論述改革的理念及內容的好文章。後來，我作為《教牧分享》的編委，把它收錄在講策略性領導的那一期。以下對城浸成功改革經驗的介紹，就是引述這篇文章以及兩次的訪問，而部分數字則參考二〇〇二年八月十八日出版的《時代論壇》訪問城浸彭滿圓牧師的文章。

我覺得城浸的改革，不一定每間教會要照搬其改革模式，但原則上有四點十分值得學習：一、實事求是、策略性領導；二、分齡的傳福音與牧養並重；三、激勵教牧與信徒委身服事「人」；四、改革建基於試驗及信任。

2.1.1. 實事求是：策略性領導

大家可能記得我在〈總論篇〉提過，策略性領導的重點就是「按教會實際的情況，制定完整的一套行動與模式」（見本書頁47）。城浸幾年前最明顯的問題就是凝聚力十分薄弱，一家三、四千人崇拜的教會，只有三、四百人參加團契（城浸叫「助道會」）和主日學，另外有二、三百人只參加團契。還有七百人只返主日學，但他們只回來崇拜和接受教導，凝聚力十分薄弱，更遑論動員為主做甚麼事工了。

大部分教會領袖在這種情況下只會不停陳情迫切地向會眾呼籲多參加團契，再按時搞一些「運動」、每年訂下甚麼主題等。但城浸實踐真正的策略式領導，以調查方式確認實際問題是聚會時間。城浸發現信徒生活太忙碌，未能每週在週六及主日返教會，於是就只選擇在主日回來崇拜。少數人也在崇拜前後返主日學。城浸的領袖於是作了一整套時間與模式的變動，以期待「一站式」讓信徒每週回來一次，滿足其所有屬靈需要。

為此城浸把主日學和團契的功能合併起來，在同一時間舉行，信徒可以在一段較長的時間中得到真理教導和團契的訓練。不必週六和主日都返教會參與團契和主日學。這個合併了的聚會，城浸稱為「成長班」，在成長班的兩小時聚會中，聖經的教導不少於四十五分鐘，而其他時間則用作團契和訓練。

在設計上，主日早上和週六下午和晚上都有成長班，再配合主日早上的兩堂崇拜聚會和新開設的週六傍晚的崇拜聚會，信徒只需選擇週六或主日參加成長班和崇拜聚會便可得到全面性的成長操練。

每次成長班由傳道同工作教導，然後分組由義工導師帶組，而且每月一次聚會是專題式聚會。這改革雖說是合併，但原來主日學系統較大，所以主要是把主日學的老師和學生放在一個更新了的模式。這個同時著重團契、訓練和教導模式的兩小時聚會中，長遠希望達至牧養十大目標：

1. 個人屬靈操練；
2. 基本信仰與神學訓練；
3. 領人歸主的訓練；
4. 宣教之心志操練及參與；
5. 聖樂訓練及敬拜；
6. 身體操練；
7. 團契相交；
8. 社會參與及關懷；
9. 恩賜與事奉；
10. 金錢奉獻。

這改革十分成功地解決了凝聚力問題。原先只返主日學的七百人現在都有了團契生活，又接受種種訓練。更關鍵的是，在改革後之後，原本兩、三千只是每週返崇拜、不參與其他聚會的人當中，有一千位信徒加入了成長班。張牧師認為參與人數倍增有兩個原因：第一、「成長班」是新事物，不少信主多年的會友貪新鮮，無論如何去試一試。第二、「成長班」讓傳道人和義工導師更貼身和更全面牧養和關顧，以關係把人留在成長班。

按實際情況，大膽完整地改革，就是城浸策略式領導的作風。直至二〇〇三年中，城浸有六十多個成長班，每班三十人到六十人不等。

2.1.2. 分齡的傳福音與牧養並重

城浸這次改革一站式的崇拜加成長班，只是第一步，第二步是分齡傳福音及牧養。城浸沒有像一般教會，把分齡局限於內部牧養，而是全面按不同年齡羣體，實踐本書所講的造門徒三步曲。

我與張牧師交談時得悉，他十分強調要把各部門的資源分到七個不同年齡組別裏（本書前面叫這些組別為「區」）。他強調「按齡」不一定就是「按齡牧養」，因為任何教會的牧養工作如主日學和團契都有某程度上的「按齡」牧養。他說：「真正按齡牧養的精萃在於集中教會的『資源』在不同年齡組別的事工上，以往是教會將不同『資源』部門化；傳道部有傳福音的資源，主日學部有教導的資源，助道部有團契的資源，音樂部有推廣聖樂的資源，關顧部有初信栽培的資源，信徒要到不同部門去才可得到他們的需要。『按齡牧養』卻將這些資源集中到每一個年齡組別裏頭；例如青年組有青年人的福音工作、初信栽培、音樂事工、教導事工和團契事工，其他的組別亦然。」

這種分「區」，分齡的資源重組，對傳福音吸引人來教會，效用特別顯注，張牧師多次強調分齡同時結合對內牧養及對外傳福音。他在文章內說：「教會的福音事工不能單靠一年幾次的全教會性佈道聚會；隨著時代的改變，不但牧養要按齡，福音事工也要按齡。據過往的經驗中，統籌教會福音工作的『傳道部』往往因為有將無兵，難以推動有效的福音工作。在按齡牧養的計劃中，各年齡組別應按該年齡組別會友獨特的需要而設計迎合他們的福音事工。」這就是我在〈總論篇〉所講的按需要傳福音。張牧師舉例說，某些成長班會辦懇親福音聚會，另一班又會去福音性旅行。

把初信者「留」在教會的工作，就更完全納入分齡的「成長班」內。從前由關顧部統籌，結果從栽培班或浸禮班「轉入」主日學班後流失十分嚴重，現在所有「福音班」、「栽培班」與「成長班」同步舉行，新朋友一回到教會馬上屬於某個成長班，馬上與其他人建立關係，這些羣體關係及歸屬感把流失率大大減低。以這個關係和羣體主導的策略去佈道並栽培，城浸希望在五年內人數增長一倍，並且以福音果子為主要增長目標。

歸根結柢，城浸是從「事工」為中心的教會組織，轉化為以人為中心的組織。

2.1.3. 激勵教牧與信徒委身服事「人」

城浸整個改革的重點在於整個教會一起實踐我所謂「造門徒三步曲」中的第三步，使大家委身在教會前線服事人。首先是使大量傳道人重新與信徒建立關係，直接在「前線」牧養人，影響生命。城浸的改革特別把所有傳道同工帶上最前線，直接牧養成長班的信徒，更親自帶領福音班與栽培班，與新朋友建立穩固關係。一個傳道人帶領兩至三個成長班，由於班數的大幅增加，城浸這幾年亦不斷增聘同工，傳道人總數超過三十名，增幅約一倍。

張牧師下一步就是把執事重新定位，他説：「教會需要執事們能投入牧養的行列，與傳道人配搭事奉，一同肩負牧養的工作。近代浸信會的體制發展中，便清楚對執事的事奉有明確的定位，要求執事們以牧養為基本的職責，而教會興旺的關鍵亦在於擁有一個強而有力，合作得好的教牧和執事隊伍，這是使徒行傳六章給我們清楚看見的原則。」

最後，張牧師認為需要大量平信徒走在前線事奉，「為了促使成長班日後的增長，教會需要不斷產生和培訓其他義工領袖分擔成長班各方面的工作，這訓練工作需要部門化也需要長遠的計劃。教會規定信主若干年後，又參與若干年的成長班訓練後便在這批合資格的信徒中甄選一班人參與有系統的領袖培訓」。直至二〇〇三年有八十多個成長班，每班有大量事奉者——如班長、靈修、聯誼、音樂——結果是有近一千名信徒參與事奉。

2.1.4. 改革建基於試驗及信任

城浸這家有六十多年歷史的龐大教會，居然成功大變身，排除傳統的阻力，到底祕訣在哪裏呢？張牧師和彭牧師會強調兩方面：第一、改革是按會友實際情況設計的。第二、面對著不明朗的前景，城浸並非來個一刀切的改革，而是先在一九九七年進入改革醞釀期，教牧領袖需循序漸進地向各同工、長執、信徒等分享這事工的異象，與此同時亦會逐步找試點進行試驗，醞釀期長達三、四年，至二〇〇〇年才全面過渡。

這些都是事實，但我認為在某程度上也是張牧師和彭牧師自謙之詞。作為一個旁觀者，我認為城浸改革之所以成功，其中一個重要因素是領袖們關係密切和穩實，但又仍然有異象及改革的誠意。這兩個領袖質素是缺一不可的。試想想，張牧師當了城浸主任牧師十多二十年，與眾領袖建立彼此信任的堅固關係，在此信任基礎上，就有空間大膽革新。這就是我在〈教牧長執的角色與教會人力資源〉一章中強調傳道人留在一間教會，建立長期的關係，對激勵推動教會至為重要(詳見本書頁59)。城浸這些改革，絕非一個剛上任兩三年的牧師可以推動的。但從另一角度想，換上一個魄力不及城浸的領導層，一起事奉十多二十年，都變成了楊牧谷牧師生前常說的「老油條」了，還有甚麼動力去改革呢？一般都不敢再去面對改革帶來可能的衝突和反對聲音，「老油條」總是希望息事寧人。所以城浸的成功改革在於有一個關係密切而仍有改革心志的領導層。當然這絕非張牧師的看法，而是我旁觀者的猜測而已。

張牧師常常說成功的教會，是「信仰保守，方法創新」。這個當然重要，但我想補充一句，也必須「領袖關係穩固，仍大膽改革。」

2.2. 沙田浸信會

在〈模式篇〉我用了一整章的篇幅介紹細胞小組模式和G12模式(詳見本書頁113)，而沙田浸信會(以下簡稱「沙浸」)就是這兩個模式在香港體現的典範。我無意在此再重覆描述這兩個模式，請讀者先讀〈模式篇〉那一章講小組模式，再回來了解沙浸這案例。這一段也因此特別短，這與沙浸的重要性無關；事實上，我認為城浸、沙浸、恩福、永光這四間堂會的重要性是不相伯仲的，也各有參考價值。

我在這裏只想簡單談談幾件事。第一、沙浸十多年前變身細胞小組教會的經過及其後發展；第二、沙浸為何再變身為G12模式及其G12．3模式的獨特性；第三、沙浸的經驗給予我們甚麼啟示。這一段的內容主要是參考梁廷益牧師的著作《再闖高峯》和《解構G12》，以及二〇〇四年五月我與梁牧師的訪談內容。

2.2.1. 從街頭談道到小組教會

梁廷益牧師在一九八八年正式成為沙浸的堂主任，當時他只是一個牧會三年、二十六歲的年青牧者。沙浸當時已經成立了二十多年，聚會人數約為二百多人，其實是一間實力很強的中型教會，在九十年代初自己建堂，一九九一年，又有二十四位神學生在攻讀神學，可見信徒無論在財政上和心志上均十分委身。但這只是一小撮信徒的境況，「大部分信徒仍是冷漠，弟兄姊妹對主的心仍是死氣沉沉的」。梁牧師憶述當時的境況：「當時教會有七個不同的青少年團契，但每個團契每週平均都只有約十個人聚會。教會再如此下去，彷似沒法再有甚麼志氣可言⋯⋯信主的人有了，但教會的聚會人數仍是停滯不前。」

於是，梁牧師就在一九八八年嘗試帶領會眾作第一次的大突破，用了一年多在教會大力推動三福佈道。「每天，我們一羣年青的弟兄姊妹，在早上上學上班前及下午放學放工後，都出隊向街上的人傳福音，令人興奮的是，差不多每天五、六人一對一對的出去佈道，都有果子收割回來。」那一年，他們共領了二百五十人信主，都是聽足四十五分鐘三福信主決志的，也留下電話跟進。可是多番努力跟進，最終只有不足五個返回沙浸聚會。這實在令弟兄姊妹氣餒，也令梁牧師體驗到，要認真跟進和栽培，並使初信者穩定返教會，必須事先與其相熟，並有信任的關係。

一九九二年，梁牧師接觸了小組教會這模式，又通過研究，發現世界各地高速增長的教會大都是行小組模式的，又探訪了牧鄰教會和豐盛潮人生命堂。更重要的是其中一位傳道同工，杜姑娘親自帶一個小組，作為這模式的試驗品，一年後已經爆組，分裂為三組，叫教會更增信心。於是在一九九三年初，梁牧師把七個青少團契改制為十三個小組。

沙浸在一九九六年把餘下的團契及整個教會系統全面小組化。從一九九三年至二〇〇〇年的發展，早已是街知巷聞的見證了，正如美國人講“the rest is history”。堂會以十分驚人的速度增長，從一九九三年至二〇〇〇年，聚會人數從二百二十人急升至二千四百人，小組數目從十三增至一百四十二個，督導組長的「區導師」人數從零增至九十三人。在這期間，有五、六百人受浸加入教會。細胞小組模式不單單使量增長，更大大增加教會的動員能力，使信徒委身於大使命和彼此相愛大誡命兩件事上。

2.2.2. 細胞小組模式出現問題

從二〇〇〇年尾到二〇〇二年之間，梁牧師開始發現純細胞小組模式在沙浸的實施出現各樣問題。他叫這個模式做5 × 5，因為每位區導師督導五位組長，而每個區牧又督導五位區導師。首先，人數停滯不前，增長開始變得緩慢。二〇〇〇年尾約二千四百人，到了二〇〇二年中才增加至二千七百人左右。他認為主要原因是小組組員流失情況嚴重，而流失主要是因為組長的水準下降，而且一代比一代差。到了二〇〇二年，不少小組透過爆組，一代傳一代，已經傳到第六代，梁牧師承認某些組長已經變得「膚淺」，難怪留不住組員了。另外，沙浸的細胞模式是每年必須增長至細胞分裂，否則會被重組。所以每年都會出現變動。從組員來看，這引致關係破裂的痛苦，從組長來看，這引致「上線」的區導師或區牧的更替，帶來督導的困難。而且六代相傳下來，不少「組員」已經學懂了躲藏在小組內，不事奉，也不積極傳福音，靈命難於長進，即使參加大量培訓課程，委身程度仍然不足夠。

這種種問題在二〇〇一年及二〇〇二年期間一直困擾梁廷益牧師，於是他開始探索出路，期間接觸過世界各地幾間實行G12模式的教會，部分更是從5 × 5轉型到G12的。轉型後，果然大大增加活力。到了二〇〇二年七月，梁牧師正式與同工分享這異象，開始由兩個牧區自願性試行G12，共二十個小組參與。從5 × 5至G12的轉型，是由各傳道同工自由決定是否參與，但由於試行效果理想，到了二〇〇三年三月，二十多同工中大部分都決定轉型，只有八至九位弟兄姊妹仍然觀望。最後，大部分觀望者亦於二〇〇三年三至六月間決定轉型。在二〇〇三年六月，同工們正式向全體會眾宣佈全教會轉型G12，同年六至十二月做宣傳及訓練，踏入二〇〇四年才正式全面轉型。這一次對沙浸引起極大震盪，聚會人數由二〇〇三年中公佈時的二千九百人跌至年底的二千二百人，有些主日聚會更只有二千人。梁牧師認為主要是很多組長覺得G12太辛苦了，接受不了，特別是要同時參與三個小組，即一個開放小組 ，兩個門訓小組。但感恩的是，直至二〇〇四年四月底，在短短四個月間，人數又大幅回升至二千八百人，因為G12傳福音的果效的確很大。

2.2.3. 獨特的G12・3模式

沙浸並沒有全盤採納G12模式(請讀者先細讀〈模式篇〉小組教會一章關於G12的論述)，而是採用改造G12的G12・3模式。G12的好處，例如終身關係、佈道和造門徒為主導等，我在〈模式篇〉已分析過(見本書頁113)。G12・3最主要有以下分別：

1. G12模式中，每一個組員最終要開自己的開放小組，當組內的組員也開始成為組長，便另外開始一個門訓小組，他便成這個門訓小組的「師傅」。每個師傅最終要在門訓小組內帶領十二個門徒(即十二個組長)。沙浸認為這對香港的平信徒是太吃力了，傳道同工帶的門訓小組，有十二個門徒，但平信徒只需要帶一個開放小組，再加一個有三個門徒的門訓小組，工作量大大減少了。

2. 理論上，G12模式中那種12 × 12的繁衍是無限的，一個傳道人下面有十二個門徒，每人又有十二個門徒，下面再乘十二等等，經過四、五代後，一個傳道人的「網絡」，下線就可以有12 × 12 × 12 × 12 × 12 ×……數以千計、萬計門徒。但沙浸只接受三代的繁衍，即一個傳道人有十二個門徒，每個門徒又有三個門徒，這三個門徒每人帶一個十二人的開放小組。這個做法，每個傳道同工最多下面有三十六個開放小組及十三個門訓小組，約四百人左右。這個做法令傳道人比較容易「勝任」，亦確保組長的水準，不會不斷下降。由於沙浸模式是以三人建構門訓小組，又以三代為限，所以叫G12・3模式。

2.2.4. 沙浸給予我們的啟示

沙浸的經驗給予我們很多的啟示：

1. **模式是十分重要的**。我們在不同的教牧討論中，每每有意無意間會不停重覆：「模式並不是最重要，最重要是靈命和生命關係」。這句老話當然正確，但沙浸卻清楚顯示了模式是釋放和加強生命力的重要工具。沙浸在一九八八年每日在街頭大力用三福佈道，屬靈生命十分頑強，卻沒有多大進展，反而模式一改變，生命力被釋放出來，人數在七年間以十倍增長。

2. **堂主任及傳道必須對模式有透切掌握**。第一浪十三個小組，梁牧師雖然完全未受過訓練，也硬著頭皮去帶組。他甚至承認：「不懂關心別人，但卻要咬著牙根關顧有需要的組員。」他是透過一次痛苦的學習經驗，掌握小組關顧與增長之道。

3. **模式可以不斷修改以求突破**。梁牧師與沙浸眾同工，不怕面對轉變，不停在模式上求突破的精神，是沙浸成功的祕訣。一方面是力求補足任何模式不足之處，例如體會一些小組教會在培訓方面的缺乏，在一九九四年成立了「生命力培訓中心」(ALIVE!)。更令人佩服的是在二〇〇三年就推動G12．3模式——只距離全面推行小組化(一九九六年)短短六年的時間，而且之前5 × 5模式又曾十分成功。這可以代表沙浸永遠要求會眾實踐大使命，永不肯原地踏步的精神。

4. **教會培養委身的神學生是十分重要的**。沙浸這麼多變動，仍然有一隊齊心和委身的隊工，是由於大部分同工是「自己人」，是沙浸出身的，內聚力十分強。在二〇〇四年，二十四個全時間傳道同工中，有二十個是沙浸的「自己人」。

2.3. 播道會恩福堂

一九八六年正式成立的中國基督城播道會恩福堂，在短短十八年間由百多人成長至二〇〇四年的五千人，教會質與量均不斷增長，到底背後有甚麼成功的關鍵呢？

在本書介紹的四間超大型堂會中，恩福堂的模式是比較接近傳統堂會模式的，因而對改革傳統堂會參考價值亦最大。在〈模式篇〉中我大膽提出的「佈道團契」模式，其中幾個關鍵就是參考恩福堂的。好幾年前我已經拜讀恩福堂主任蘇穎智牧師著的《直攀高峯》，嘗試了解其教會發展策略。在二〇〇四年五月更得到蘇牧師和鄭金城牧師抽空與我談了兩個多小時。以下便是我總結了《直攀高峯》和訪問後的心得——這是我個人的詮釋，當然不及《直攀高峯》那樣全面。一方面受篇幅所限，另一方面不少恩福堂的成功策略我在本書普通性原則部分已談及（見本書頁19〈總論篇〉），在此只集中討論恩福堂比較獨特的關鍵成功因素。我認為主要有五方面：一、重整生命的聖經教導；二、大團小組的留人策略；三、目標清晰的佈道計劃；四、策略性人力資源運用；五、不斷擴堂配合需要。

2.3.1. 重整生命的聖經教導

本書經常提到造門徒三步曲：吸引、留下、委身，恩福堂令我印象最深刻的是第三步「委身」。與蘇牧師交談後，令我確信其策略的核心是透過深入的聖經教導重整信徒的生命，使其委身於基督和委身於教會。恩福堂不單著重聖經教導，更花費很多人力物力，不停追求精益求精，確保教會內的聖經教導做到最好，質素亦有所保證。

首先，是對崇拜講道的重視。蘇牧師是主要講員，大約負責一半講道，另外有六、七位傳道人講道。為了不停改進講道，恩福堂鼓勵會眾及執事以記名方式對每一次講道（及崇拜其他部分）填回應表，提出建設性（並非責備性）的意見。但有時仍然十分尖銳，十分批評性。鄭牧師坦白承認一開始時感到有點不舒服，但很快就發現這是個改善講道十分好的方法。當然這方法亦使傳道同工們異常重視每一次講道預備。蘇牧師會先看這些回應，再把適合的分給其他講員，而蘇牧師也會對每一次講道加以回應，作出指導。

其次，蘇牧師花了很多心力把恩福堂的福音班、栽培班和靈修資料等親自編寫成書，確保使用時的質量，包括：《新生命與新生活》、《價值觀重整之旅》、《性格重整之旅》、《每日與主同行》等等。最後，更自己成立了恩福聖經學院，為領袖們提供正規神學院承認的學分，以嚴謹完整的聖經課程及系統神學課程裝備教會領袖，其中包括一個碩士課程和一個副學士課程，兩者都是四年制的兼讀課程。

但恩福堂走的卻不是「鑽牛角尖」、「象牙塔」式的教導，而是透過教導重整信徒的生命，激勵他們委身基督。蘇牧師自己便坦言「一般會眾所需要的是生活化的信仰」，所以他透過剪報和網頁等大量搜集合宜、合時和生動的例子，力求信仰生活化。他又認為在眾多恩福課程，最重要的是《價值觀重整之旅》。這是初信階段或轉會信徒必修科，它引導信徒重思自己的價值觀，重建優先次序，以至很多在平日十分繁忙的信徒，例如醫生、法官和企業管理人，仍然願意抽出大量時間在教會服事其他弟兄姊妹。從前恩福堂比較多中產階級，現在大約五分一是基層的信徒。

蘇牧師多番強調，無論基層或中產，恩福堂的基礎不是甚麼模式，而是活生生的生命的重整和生命的改變。他提到恩福堂一個「無間道」見證——黑社會和警察如何一起在主裏得到生命的徹底改變。在吃午餐時，我們碰到一個從前欠債累累的會友，如何信主後生命改變，還清債項。在教會辦公室碰到一個從前黑社會的「區頭」，來了兩次教會後，與蘇牧師詳談，決定把生命交給主，現在協助堂會很多的事務。

2.3.2. 大團小組的留人策略

蘇牧師十分重視關係，特別是改變生命的關係，以上所談到的生命重整，就是在緊密的關係內發生的，而他與第一代教會的領袖、長執亦有十分密切的生命關係。但到了一九九三年，由於教會由一九八六年時的百多人增長到八百人以上，大家開始不能保持密切的關係，傳道人數目增加，牧養方法各異，於是「教會的後門也不小」，就是在「留人」(造門徒三步曲的第二步)出現了問題。在詳細研究後，在一九九三年開始試行「大團小組」的模式，在一九九五年全面落實，之後「留人」的能力大大提高了。「大團小組」是我用的字眼，因為恩福堂仍保持按背景和年齡組成的二十個一百人至二百人的成年、青少年和長者的團契，而在團契內再分成小組。與本書〈模式篇〉所談到的「純細胞小組」模式，最大不同之處有以下數點：第一、團契組織雖然簡化了，仍由組長及聯絡人組成策劃小組，確保有推動全團事務之功能；第二、每次聚會仍由大團的敬拜和報告開始，然後才分組，於是各組有較多機會與其他團契信徒接觸。至於分組家庭聚會，一般是每個月一次；第三、培增的機制比較有彈性，不一定一年爆組一次，於是小組聚在一起的時間較長，不時到兩、三年；第四、小組內並不限於回應主日信息，大部分時間是由組長帶查經。因此每組亦需要兩個組長，一個是查經組長，另一個是關顧組長。恩福堂這個「大團小組」的模式一方面以更長久、更深的關係，穩住了新朋友，另一方面又保留了恩福堂深入的聖經教導之傳統；第五、某些區(例如少年人)是用導師帶組，並非行組長制。

雖然沒有完全用「細胞小組」的模式，但卻用了小組教會的「守望制度」，特別是傳道人隔週就與組長開會預查經文，當中亦包括一小時個人及事奉分享，透過彼此分享來互相激勵及督導。而且建立了師傅(mentor)的制度，由資深信徒以一對五守望組長。

2.3.3. 目標清晰的佈道計劃

我研究恩福堂時，心中一直有一個疑慮：信徒花了那麼多時間去接受教導和帶小組，豈不是沒有時間去做佈道工作？後來，我發現恩福堂在那麼多教導和小組中仍然保留佈道熱誠，因為其佈道熱誠在「大團小組」內，以十分具體的目標和計劃加以落實。首先，恩福堂一向有幾百人的三福佈道隊，後來更化整為零，在每個團契設立三福隊，大量團友接受三福訓練。另外恩福堂開辦大量在堂會內外的福音性查經班，例如鄭牧師就在團友的牙醫診所開辦福音性查經班。當然還有慕道組和福音營等。最重要的是每個團契都清楚訂下一年的佈道目標，要領多少人歸主，再轉化為具體和有時間表的佈道計劃，包括甚麼時候做甚麼福音活動(包括聯誼性活動)，每次目標參與人數等等。這個目標為本的佈道計劃，使各組組員可以被動員起來，共同參與這事工。

至此，恩福堂造門徒三步曲十分清晰：用目標清晰的佈道計劃吸引人回教會聽福音。用關係密切的「大團小組」把人留下來，再用深入的聖經教導重整其生命使其委身。

2.3.4. 策略性人力資源運用

正如其他幾個超大型堂會的堂主任一樣，蘇穎智牧師是一個「策略家」。策略講究集中，有所為有所不為，而蘇牧師的策略性思維，最清晰體現在教會領袖們如何運用時間上。一個堂會最重要的資源就是傳道人的時間，而蘇牧師認為傳道人應把時間主力投放在兩大關口——組長的建立及牧養和新朋友的關顧及價值重整。「傳道人在本堂事奉時最主要的工作是建立、訓練及牧養組長，由他們分擔牧養工作。一如主耶穌訓練十二門徒一樣，無論有沒有時間，這是首要工作……有潛質的組長……參加組長訓練，有一年時間擔任副組長……其次傳道人則要守住最重要的關口——新朋友，為他們開設『福音性研經』課程……和《價值觀重整之旅》……傳道人有責任使他們因著教會的愛心和供應，而願意留下來。」（節錄自《直攀高峯》）這又不單單限於傳道人，恩福堂鼓勵所有資深「重量級信徒」一起守住這兩個重要關口，一方面在最前線開福音查經和價值觀重整之旅，另一方面以師傅的形式（以一師傅對五位組長）牧養和協助組長。這有點像細胞小組教會的區導師角色。

蘇牧師自己的時間運用也十分策略性。他把絕大部分時間投放在堂會上，心無旁鶩。所以那次約他訪談也是一大困難，原先只是訪問鄭牧師，「碰巧」蘇牧師一個午餐例會取消了才突然有空與我見面。他也把行政大量簡化，由以前執事會主席辭去經理一職，成為恩福堂的行政主任。蘇牧師把時間都放在建立其他同工和教導上，他也親自牧養一個成人團契，除了保持在前線牧養外，也藉此「親身示範」訓練新入職的傳道人。新入職的傳道人要在蘇牧師身邊，觀察他如何牧養訓練組長，如何守住新朋友的關口，也以「副手」試做，大約半年時間，才開始負責自己的團契。

在訪問末段，我們談到恩福堂十分龐大的詩班，總人數達到七百人，蘇牧師和鄭牧師突然又發揮其策略性思維：「我們為了確保詩班不會變成逃避事奉的地方，所有詩班員都要經推薦加入，一般已經是組長或三福隊員。新朋友來到崇拜，見到與其談道者在唱詩，倍感親切。」

2.3.5. 不斷擴堂配合需要

積極擴堂這一點聽起來好像比較「市儈」，但我認為在香港卻是個極大的挑戰，因為好地方極不容易找，價錢又貴，加上很多擴堂的經費，一般信徒會覺得是天文數字，實在不容易建立會友的共識。恩福堂在十八年內人數從百多人增長至五千人，一個重要因素是不斷擴堂，絕不容許地方限制了上帝的聖工，當中蘊含的信心及魄力，是在香港眾教會中極為罕見的，值得學習。一九八六年至一九九一年，雖然崇拜地點一直在方方小學，辦公及團契的地方居然搬了三次，要用客貨車不停把用品到處搬運。這種遊牧狀態，是為了配合人數由一百人增長至四百人。上帝奇妙的帶領，八九年聚會地方發生多次「事故」，那一年執事和信徒一致通過購堂，在九一年以一千四百五十萬購入了長沙灣秋創大廈一萬二千呎的地方，結果由三百五十人增至九六年的八百五十人。在九四年又開始租用附近地方開主日學及團契。有一年時間人數飽和，三堂崇拜都坐滿了。執事不大願意在短短五年內，花了許多的心力後就把秋創賣出又擴堂，但後來秋創又發生多次「事故」，於是又賣出了其中一層秋創，在附近租用了樓面面積大一倍的羅氏商業廣場。想不到增長更快了，兩年內由八百人增至一千九百人。到了〇三年，兩處地方加起來已經有六堂崇拜，人數增至四千二百人，又是完全飽和了。於是這幾年間，他們在地鐵站旁希望買地自建一座自己的商業大樓，其中多番與地產商和政府談判的兜兜轉轉，多經歷主恩，在此不詳談。蘇牧師談到一個奇妙的小插曲，有一次談判時地主要求地價是八千三百萬港元，堅決不再減，但恩福堂內部的預算，地價不能高於六千萬。眼看談不成了，但一位有心的信徒仔細研究，發現原來此地盤早已打了地基，將來建大廈可省回二千五百萬，所以終於成交了。最後花了約二億七千萬(呎價約一千二百元)建成了長沙灣地鐵旁十九層的恩福中心，在〇四年五月正式開始崇拜，執筆時恩福剛搬進去幾個星期，聽聞人數又再增加了一千人。

恩福堂引證了兩個教會增長的原則：第一、千萬不要讓地方限制增長，因為擴大後增長一般只會更迅速；第二、擴堂需要的奉獻很多時更強化了弟兄姊妹的心志。

2.4. 五旬節聖潔會永光堂

五旬節聖潔會永光堂，無疑是過去二十年香港佈道事工最成功的教會之一，探討其策略的出版不多，所以我會比較詳細大解構其策略及其他教會可借鏡之處。我走訪了永光堂幾次，訪問了兩位牧師，又與十多位導師及助導談過，再讀過幾本不同「家」的年度報告，總算對這家獨特的教會有一個基本的認識，向大家介紹介紹。

2.4.1. 永光堂大解構

永光堂成立於一九七七年，於短短二十五年間，會眾人數增至超過五千人，大約二千人是中學生，其餘是學生時代的果子。現在仍留在教會的青年，再加上青年佈道的果子，五千人中絕少不是永光堂佈道的果子，因為他們不歡迎轉會。教會的質與量同樣令人羨慕。每個信徒必須證明委身愛教會，才能受浸，而且三分一至一半信徒熱心參與事奉。當大部分教會祈禱會只有不足百分之五信徒參加時，永光堂連中學生也有近一半恆常參加祈禱會。

很多主內兄姊與我談起永光堂時，都覺得永光太獨特了，其他教會無法學習的。有的説該堂主任牧師伍山河是少見的強勢領導者，又有的説其有與別不同的屬靈傳統。這些都是事實，亦的確使永光經驗不可能「搬字過紙」照抄。但聖經教導我們凡美好的事物都要學習。經過反覆討論，我認為永光的經驗仍有很多地方值得參考。我覺得永光的成功，可歸納成三個策略重點：

1. **「只做一件事」**——專注的教會。永光早期百分之一百專注於一個特定羣體——少年人，到他們成長後才開展青年事工。永光亦十分專注於佈道以建立門徒。落實至每個信徒的層面，亦每人只專注一件事。

2. **「本地佈道團契」**——製造門徒的有機組織。永光最基本的結構環繞多個「本地佈道團契」，永光叫佈道隊、家和大組等，結合了團契、訓練及佈道的功能。這組織結構形成全民皆兵，平信徒成了大將的格局，也大大增強佈道果子留在教會。

3. **以「價值及文化」治理教會**(governed by value)。教會不是以行政制度，甚至不是倚賴人際關係加以治理。表面看不同單位十分獨立，甚至有點鬆散，但其實是一套強而有力地滲透各階層的價值觀及教會文化，成為治理教會的基礎，包括十分嚴謹的屬靈生活指引、對佈道果效的堅持及追求卓越的事奉態度。正正是這一點，其他教會可以學習，卻不容易照搬。

2.4.2. 只做一件事

五旬節聖潔會永光堂質量均大大增長的祕訣，首先是其專注力，強調只做一件事。這件事就是建立少年人做門徒。永光堂一直堅持只做少年(即中學生)的事工，特定羣體異常清晰。

一九七七年創堂，七八年來了一個傳道，就是伍山河牧師。伍山河牧師(當時尚未按立)一來到就異常專注。在一所中學內辦教會，傳道亦兼任校牧的工作。為了專注於少年佈道工作，伍牧師居然拒絕在學校早會出現，又不帶領任何聚會，連學校團契也不參加。最後連聖經科也不教了，因為覺得在課堂教聖經，反而使學生不信聖經，覺得老師為了生計才這樣說。你可能會奇怪，伍牧師甚麼都不做，怎樣向學生傳福音呢？他就是與學生一同生活，在當中百分百時間投入，帶學生信主，每天中午及放學，伍牧師都在校園到處跑，與學生們聊天，而學生出於好奇，想知道為甚麼有個成年人到處跑，也樂於與他聊天。

伍牧師的突破點是「沖涼」佈道法。當時永光的學生不少住徙置區的公屋，沒有獨立浴室，所以伍牧師就讓同學在學校天台的傳道人宿舍「沖涼」，同學們因此覺得像個天堂，天天去他家裏「沖涼」，伍牧師更因此被學校及教署多次投訴用水量驚人，最後教會要在附近另覓宿舍。師母今日手上仍有不少「刀痕」，就是當年要為幾十個少年人造飯，用大菜刀匆忙切菜留下來的「戰果」。這種完全開放家居，與少年人一起生活的模式，據伍牧師自己的描述，使他「放棄父母、親戚」，但在一年內亦使教會由二十二人增長至七十多人。這七十多人就是後來教會的真正領袖。後來九個家的領袖都是這時信主，經伍牧師一手栽培的。不少教牧經常告訴我，不可能向永光學習，因為他們是幾千人的教會，那麼可以跟二十多年前的永光學習吧，他們只有二十二人。成功祕訣很簡單，傳道人百分之一百投入一個特定羣體，向他們佈道，與他們一起生活，建立起某羣體的臨界點，成為將來發展的基礎。伍牧師不單只做少年人佈道，其實是只做中四、五學生的佈道，他常説笑，説因為他接手時教會只有六十八元，為了生存，中四、五學生一、兩年內——他們大都不能升中六——會出來社會工作，專心做高中生福音工作，教會財政便有了保證。我看另一個更重要原因是中四、五學生在信主一、兩年後便趨成熟，可馬上肩負向更低年級學生佈道的使命，產生倍增效應。

伍牧師一直堅持只做少年事工，雖然面對外界不少反對聲音，也絕不開展任何老人、夫婦或兒童事工。青年事工是有機地啟動的，即教會信主的少年人成長，到了青年階段，才自然地開展。兒童事工就更遲，只等到青年人結婚有了兒女才開展。多年下來，教會六千多人當中，大約三千多青年及二千多個少年。

教會不單集中於少年事工，亦專注於大使命的完成，即佈道及門徒的建立。教會近一半的信徒只專注於一件事——佈道，他們在教會一切事奉及活動均環繞於此，這模式具體在後面再討論。有一次，我與他們一班領袖吃晚飯，談起他們不准十八歲以下少年人「拍拖」一事，其少年部傳道解釋，「因為我們是一所佈道的教會，少年人拍拖，眾人就分心不停為他們解決感情問題，不能專注於佈道」。我雖然認為不能間間教會學習其「不拍拖」方法，但我對其佈道之專注，實在肅然起敬。

策略之重點是專注，有所為有所不為，永光就是策略十分清晰的教會，專注一個羣體，做一件事——佈道，然後用一切努力做到最好。

2.4.3. 本地佈道團契

永光堂的策略，第一招是要專注於向少年人佈道，待他們成長後再做青年佈道。實際上是怎樣做呢？是透過「本地佈道團契」，一種使人成為門徒的有機組織。這是我的詮釋，不是永光的名詞。在永光，這些青年事工都是功能小組的一種，叫佈道隊或外展隊。而少年事工的每一家及每一個團契其實都是本地佈道團契，加起來超過一半的永光人都參與。

當一個信徒參加了「本地佈道團契」，他這兩年在教會的時間，除了返崇拜外，就百分之一百放在這宣教團契內。於是佈道與團契／教導完全結合，不會出現在正常的教會團契及主日學時間外，還要吃力地找時間去佈道的弊病。就以青年事工為例，就有約一百二十四個佈道性的小組，包括三十二個栽培性小組、三十個基青隊(野外、歷奇和家庭等)及二十四個運動佈道隊。

這些宣教團契會一起做不同活動吸引新人回教會，所以三步曲第一步十分成功。例如運動佈道隊，可能會每個月有七、八次活動，四次在球場打波(都是全體出席)，四次在開小組。少年的團契則逢星期六中午開團契，以遊戲帶出真理的活動，十分好玩。而且每年少年人還有連續四次的暑期大型活動去吸引新人。這有機組織使活動容易搞得成功，人強馬壯，容易吸引人來。但留人在教會(第二步)方面就更有效了，因為不用在福音性活動後「介紹」新人到教會其他團契或去主日學了。新朋友一開始就參與團契，在認識教會眾弟兄姊妹。

通常經過一季這樣密集式活動後，就開始針對性的福音聚會，從前永光在每年第三季，每個佈道隊會做自己連續十二次的福音聚會。現在比較靈活了。永光十分緊張新人能否穩定返聚會，如果他們穩定下來，就要參加為期一年的栽培班，當然每個栽培隊就已經是自成一角的團契。永光的門徒三步曲(我的詮釋)中的第三步亦很與眾不同，栽培後一方面要通過嚴格過關才可受浸，而且栽培後馬上要求他們去最前線事奉，不是像其他教會，傾向多培訓或教導初信者。這些初信者部分會到佈道隊事奉，但為數不少居然留在栽培班事奉。

不少人曾提問是否適合讓新人去佈道及栽培。永光的伍山河牧師卻特別強調這一點的重要性。一方面，必須鼓勵新人去佈道，因為他們最多未信主的朋友，可邀請他們回來。等到信主三、五年後，所有未信主朋友已沒有接觸，太遲了。伍牧師認為這是永光佈道的祕訣之一。另一方面，新人做栽培最能幫助其他人，只有他們最能切身處地做其他新人的榜樣。正如本書前面反覆論證，栽培後必須馬上鼓勵信徒上前線做佈道和栽培，因為這時期信徒可塑性最高，必須清楚建立大使命成為其信仰生命一部分，否則信主多年，習慣了「接收式、被餵養式」的信仰，再改變就困難得多了。

2.4.3.1. 永光的少年事工

永光五、六千人中，有一千個穩定參加聚會者是從前未信主的新朋友(此數字不包括來一、兩次大型活動者)。以此推論，如此龐大的教會仍然每年有百分之二十的增長，而且全是福音果子，這種全人投入的「本地佈道團契」模式，當記首功。少年部二千多人完全是這種模式，青年部三千多人三分一以上參與這種模式，其餘一部分參與其他功能小組，是結合團契及某些教會功能(主要是演藝、敬拜、行政)的小組，另外不少人參加成長小組。這些成長小組讓疲累的弟兄姊妹退下來休息，只負責彼此牧養的團契生活，部分成長小組組員休息後會復出。

上面提到五旬節聖潔會永光堂最基本的教會單位是「本地佈道團契」(我的詮釋)。這個在少年(即中學生)事工最為明顯，因為所有少年人在教會都百分百時間在這些宣教或佈道團契中生活。以前我詳細討論過任何少年事工四大策略支柱：一、以佈道主導；二、富吸引力的週末活動；三、亦友亦師的導師；四、邊學邊做的少年門訓。永光堂就是以全方位少年佈道團契落實此四大支柱。永光有九個家，五個是少年的家，事實上每個家幾百個少年人，根本就是一個中型教會，差不多獨立處理所有事工。每個家有四、五個少年團契，每個團契三十至八十人不等，再分為三至五個小組。

永光吸引少年人的活動主要是星期六下午的團契聚會，以大量互動活動帶來適切少年人的生活及信仰信息。每個家有不同形式遊戲、聖樂、比賽，去過的都知道氣氛十分熱鬧，不習慣的成年信徒甚至會覺得「吵鬧」。這些活動大部分由團契的少年人自組特別小組用六個星期搜集資料及籌備，都是預備充足，有財政支援的活動。這個形式其中一個重要目的是給少年人機會表達、表現自己。在團契前後，就會開小組。所有少年人都參與星期六的團契及小組。而且個別家每年搞幾次連續性的大型活動，甚至包下整個演藝學院或大專會堂，或甚麼溜冰場，膽量叫人咋舌。不要以為永光人只顧玩樂，在主日上午每個家有嚴肅的家會，以祈禱會為主，加上家的信息，都有一半少年人出席。分小組午飯後，就是少年人崇拜，所有家走在一起，有超過一千人。

2.4.3.2. 永光最懶惰的助導

永光的少年導師團隊加起來有二百多人，動員力驚人。每一家有十個以上的正式導師，是富經驗的職員，二十五至三十歲，其實扮演傳道人的角色，負責整體計劃及指導，少數在整個家的層面，多數在團契的層面。永光真正的亦友亦師導師是一羣十八至二十二歲的「助導」，每個小組兩個(一男一女)左右。傳聞助導的關顧十分貼身，甚至日日放學在校門等放學，帶小羊(永光對少年人的稱呼)回教會補習，一起生活。為了了解真相，我約了近二十個永光的少年導師與助導談了兩小時。的確十分貼身，不過週間補習開小組等的助導，仍是少數，多是主要在週六開小組，週日吃午飯，平日打電話及icq。最令我印象難忘是訪談進入尾聲，我問大家若要總結經驗，少年事工最重要是甚麼？導師A答：「是愛！其實甚麼團契活動，少年人返幾次也會悶，不再回來，是助導的愛使他們感動。」我追問：「這愛怎樣表達呢？」A答：「不斷打電話、接觸，加上icq，不單單邀請小羊回教會，更不停關心他，主要還是打電話。」我是個很具體細微的策略家，再追問：「打多少電話呢？」A答：「很難講，不同助導有多有少。」其他教會傳道這樣説，我心裏通常會盤算，到底他們每年是否只打一、兩次給會友，不好意思講，於是問：「説比較少的那些助導吧。」A答：「最最懶惰的助導，都會每星期打一次電話給每一個小羊，這已是十分懶散的了。」我見過幾十間教會，最勤力的助導或導師，恐怕也達不到這水平。後來，再了解永光如何宣傳，招收新人，談了一大堆不同節目，才發現真正原委，是助導加其他高中組員，在每年九月新學年開始，中一新生仍然迷茫之際，主動出擊去接觸，邀請他們回永光。新生見有哥哥姊姊「關照」，當然開心也來不及，馬上水到渠成。永光在十多間九龍的中學都有據點，遠比甚麼「策略性堂校合作」有效和自然。

永光的少年門訓是真真正正邊學邊做的，差不多完全沒有甚麼助導的培訓。每個助導百分百時間在少年團契及小組內，即他們沒有參加自己年紀的團契或小組。所有小組都是垂直組成的：有二、三個助導、少量高中生、大量初中的小羊。這與其他教會完全相反的做法，就是門訓了，因為每個小羊都親眼看見助導怎樣做，他們長大了，做了助導，也照樣去關心、牧養小羊。這策略伍山河牧師稱之為有樣學樣（monkey see，monkey do）。

2.4.4. 以價值文化治理教會

不少人向我提過，永光堂是一種倚賴由上而下的權威的教會，必然有極嚴謹、緊密的組織結構，有點像軍隊。又有人以為永光的治理，主要靠魅力型領袖伍山河牧師，以其魅力（charisma）管治教會。從前我都有以上的誤解，但經過多次訪談後，覺得伍牧師雖然有魅力，卻不是以此治會。

永光每一個組成的單元確實有效，但整體來説，卻算不上嚴謹、緊密，事實上比起不少其他教會，甚至可以説十分鬆散，頗為個別為政。我大膽地提出永光治會是完全倚賴一種滲透教會各階層、強而有力、根深蒂固的價值及文化，是真正的價值管治教會（value-driven church）。這是永光策略的第三條支柱。不過，我先強調，我不贊成其他教會「照搬」永光這一套，在三大支柱中，這一點是最難學習的，勉力為之未必有好結果。一方面，每個人及每間教會都有其文化及價值的背景和傳統；另一方面，達不到永光之境界也不適宜以此為管治教會的「主導」方式。這些我稍後再剖析，現在先談永光有怎樣的文化價值。

首先，強而有力滲透每個信徒的價值觀，是極嚴謹的屬靈生活準則。我起初以為永光堂作為五旬節聖潔會之堂會，會強調五旬節的聖靈恩賜，但我錯了，永光其實十分重視「聖潔會」。不單牧師重視，而是人人皆重視。未受洗的信徒，已經人人什一奉獻，穩定返崇拜。「十八歲以下信徒不得拍拖」這一點遠近馳名，而十八歲以上不可隨便分手，分手後一年內不准再拍拖，以確保對愛情認真。教會「當局」有這些原則不奇，但居然人人認同，連所有導師、助導，都統一口徑，認為理所當然。

第二、教會一切以佈道果效為標準，我講過永光十分集中資源佈道，不單單是強調佈道，而同樣重視佈道有果效，永光建立的是十分重視果效的文化。我讀過好幾份永光不同團契及佈道隊的年度報告及計劃書，都十分清楚列出不同事工每年的佈道目標，而這個目標會分配到不同的小組和隊伍中，而每年清楚跟進每組有多少人決志信主，多少人什一奉獻，多少人受洗。

第三、永光有驚人的追求卓越的事奉態度。不少教會的信徒，覺得教會比較有愛心和包容，容易得過且過。永光因為每個信徒百分百參與在某一個教會的功能小組上，可以全神貫注，卓越地事奉，以此為榮。佈道事工如此，其他功能亦一樣。以敬拜為例，每次帶領敬拜的信徒，在幾個星期前已把整個流程寫出來，連氣氛、每一句説話、配樂如何配合（快慢、重覆次數）全部清楚列明。我看過這份流程，它的水平及得上專業傳播公司做大型活動或演講會用的流程稿。敬拜功能小組的每一位信徒，每次都寫這樣一份七、八頁紙的「程序演繹」。

2.4.4.1. 其他教會不能以「純價值文化」治會

其他教會可以學習永光，以嚴謹「立約、守約」的方式，確保所有信徒共同遵守基本屬靈生活，具體細節可按教會傳統及信徒社會背景。例如有些教會強調「門徒標記」，要求亦監督人人靈修、返崇拜及什一奉獻。所有教會都應鼓勵平信徒事奉「專業化」，即以最卓越的態度事奉主，不次於在俗世工作的態度。有些教會為了鼓勵此趨勢，設立義務傳道，或以平信徒作「區牧」。最後，所有教會都應重視事工的效果，做個忠心的管家，確保資源運用在教會的質素及人數增長上。

但永光的治會方式卻不容易學習，因為完全倚賴價值文化，形式上對一般教會而言，是太過鬆散了。價值文化沒有永光這樣強勢的教會，就需要其他機制去配合價值文化才能有效推動教會，例如傳統教會的事奉訓練課程、小組教會區牧與組長間的「守望制度」，甚至由傳道人或信徒領袖直接參與各單位的事工，加以協調督導，甚至適量的功能性「會議」。永光不用、也不能行這一套。不用，因價值文化已足夠承載、推動；不能，因為教會太大，發展太快，這些機制會產生限制。

一般教會不能純以價值文化治會，永光可以這樣做，是一系列特殊因素，其他教會一來客觀上沒有這些因素，又或者主觀上不願意接納這些因素：第一、是最多人講的，是一個有魅力、價值觀清晰、又善於傳達此價值的領袖。第二、是一個完全百分百「代代相傳」的門徒建立制度。嚴格來說，除了王月英牧師等極少數領袖，所有永光的信徒，都是伍山河牧師的徒子徒孫徒曾孫。伍牧師在接近開荒的情況，親自極貼身的引領第一代少年領袖，「帶他們出身」，然後他們再帶下一代門徒，代代相傳，每一代傳承時極重視價值文化。當然不是每一代每個人都接受這文化，但不接受的，在早期已離開永光了（我也遇過這些人）。而且為了不受外來信徒「沖淡」這價值文化，永光不接受其他教會信徒轉來永光聚會，唯一例外是與永光人結婚。同樣嚴格的是，永光從不聘用外來的傳道人，所有傳道人都是教會自己的弟兄姊妹——其實亦只有幾個傳道人。

第三、永光十分強調一種「榮辱感」，以具體制度強化，落實價值文化，這亦是較難學習的。佈道果效好的「家」會自動取得較理想的資源，特別是教會增長快，地方的使用經常出現緊張，佈道果效好的「家」有優先使用權。違反了屬靈生活原則的必定「受罰」。伍牧師常愛說一個故事，一個弟兄決定與女朋友分手，要面見伍牧師。這位弟兄表示分手是因為還未明白甚麼是愛，結果被要求寫幾年關於愛的靈修報告，才可以再拍拖。後來這弟兄與前女友復和，還做了教會領袖。在教會成立早期，伍牧師常要求所有「家」長聚首報告，每個領袖常被其他家長問為甚麼事工沒有發展，產生很大羞恥感。就是這種朋輩檢討(peer group review)式的競爭令各人發奮圖強。所有永光人覺得能返教會已是光榮，被迫離開教會是大恥辱！

就是這些因素令永光人人心裏確切相信和認同其價值文化。就算你認同這些價值觀，又有伍牧師的領袖才華，也只有去開荒佈道以「代代相傳」制建立教會，再推動「榮辱感」作為輔助，才有機會建立如此強勢的價值文化。就算是植堂的新教會，一開始有十個八個弟兄姊妹，彼此價值有所不同，為了彼此遷就，也不能建立如此清晰強勢價值文化。

2.4.5. 不是以永光為樣板

在各刊物及場合談論永光堂，引發相當多的批評。我自己不是永光堂出身的，以前也完全不認識伍山河牧師，只是聽聞永光發展得十分成功，外間又多奇怪傳聞，在做此研究時，特別著意多了解。我無意為永光「辯護」，也沒有這個資格。我自己做教會的方法亦與永光很不一樣。但我覺得永光有很多方面值得學習，而且外界的批評，也欠缺公允，主要源自不了解他們，以及大家不同的策略。

首先，有人批評永光只做少年佈道，不關心其他羣體。其實永光也做其他羣體，但只是「有機地」做，即少年信主成長後成為青年，才開始做青年，他們父母信主後才開展長者。面對這批評，伍牧師有兩個標準答案：第一、他資源不足，在頭十年長期處於一、兩個傳道同工對幾百，甚至過千多會眾，無法不集中做一個羣體。第二、少年人會逐漸長大，只要按其成長模式不斷開展事工，早晚會面向所有不同年齡羣體。其實以我的愚見，即使永光真的只做少年人，也不見得「離經背道」。永光只是香港千多家堂會其中一家，主的教會各自各精采，互相配搭，各人做不同的羣體，又有何不可？難道要大家重覆資源，家家做齊各樣羣體？

其次，不少人批評永光「一言堂」，文化價值單元，缺乏多元性。其實永光是在少數原則上十分單元，但在大部分表達方式，卻比一般教會多元化。就我個人成長背景而言，我跟大部分信徒一樣，比較習慣多元性的信仰羣體。我自己就恐怕無法適應永光的生活。但我個人喜好並不代表是基督教會唯一的表達，甚至不一定是最合符上帝心意的表達，特別當這「一元性羣體」是自願性加入及退出的。否則多元性變成另一種教義(dogma)，就變成「自由主義」了。在批評永光的文化中，甚至有人說要「去之而後快」，就有點太霸道了。

2.4.6. 永光精彩之處

說完一大堆道理，也談談對永光的感受。有幾次在訪談中，永光人的那種精神完全使我震驚，觸動我的心靈，因為在其他教會極少見到大量這樣委身的信徒。第一次，是在前面談過的那位「最懶惰的少年助導」。二百多個助導，連「最不爭氣的」也每星期打電話給每一隻小羊。老實說，這個最不爭氣的，比我自己還要爭氣，豈不叫人羞愧。

第二次，當我努力在澄清永光所謂「同工」的概念時，原來「同工」都是平信徒。六千人的大教會——以崇拜人數計恐怕是全港最大——只有六、七個傳道同工。不少其他四、五百人的教會也有六、七個傳道人了。這麼少傳道人如何牧會呢，原來傳道人的工作，都由幾百個平信徒同工承擔了，個個當自己是傳道人一般委身事奉。當其他教會的平信徒日日夜夜在批評傳道人時，永光的平信徒一個一個走上前線承擔傳道人的工作。

第三次是一個偶然的機會，在「街邊」不經意碰到一個永光人(讓我叫他小明)，現在是職青了，告訴我一個七年前的小故事。小明當時剛入讀九龍一所中學，中一第一天上課，正感徬徨無助時，小息有兩個高中的哥哥跑進班房，自我介紹，然後逐一認識這班新同學，逐一邀請他們返永光週六的團契聚會。小明有點不知所措，就拒絕了這邀請。在第二天上學時在學校大門又碰見這位大哥哥，他說約了小明的同班同學吃早餐，又再邀請小明一起去吃早餐。就這樣小明就「埋了堆」，也開始跟大哥哥返週六團契。一年後，大哥哥更鼓勵小明協助籌備週六的團契，從中小明學習了很多事情。

在這間中學內，有幾十個永光人，分成幾個小組。小明的小組通常有大哥哥每天帶領他們一起打籃球，更一起午飯，關心他們。他們聚集頻繁，又顯眼，加上部分大哥哥從前在校聲名不好，這現象引起校長注意，擔心是黑社會滲入學校，「大佬」在「收靚」。校方加以調查，好不容易知道是教會的「校園福音工作」(簡稱「校福」)，才放過他們。這就是永光的「校福」。當我苦口婆心勸説其他教會信主多年的老師，要引領學生回教會時，永光的高中學生已自動自覺，不怕困難走進初中的課室做貼身「校福」了。

延伸閱讀

教會管理與策略

Bill Hybels, *Courageous Leadership*. Grand Rapids, MI: Zondervan, 2002.

Robert E. Logan and Steven L. Ogne, *Church Planter's Toolkit: A Self-study Resourcekit for Church Planters and Those Who Superivse Them*. Carol Stream, IL: ChurchSmart Resources, 1994. 已出版中譯本：羅拔勞根，史提夫曼尼著：《植堂工作者錦囊》。香港：教新，2004。

Rick Warren, *The Purpose-Driven Church: Growth without Compromising Your Message and Mission*. Grand Rapids, MI: Zondervan, 1995. 已出版中譯本：華理克著：《直奔標竿：成為目標導向的教會》。美國：基督使者協會，1997。

施瓦茨(Christian Schwartz)著：《自然的教會發展淺釋》。香港：高接觸，1999。

梁廷益著：《解構G12：小組牧養模式何去何從》。香港：沙田浸信會，2004。

梁廷益著：《細胞小組教會組長指南》，2冊。香港：沙田浸信會，2001。

梁廷益著：《細胞小組教會區導師手冊》。香港：沙田浸信會，2001。

蘇穎智著：《直攀高峰：教會質量增長的關鍵與策略》。香港：證主，2000。

蕭壽華著：《聖靈領導的教會管理》。香港：宣道，2002。

張慕皚著：〈按齡牧養迎二千〉。轉載於《教牧分享》，第131期，2003年9月，頁12~15。

小組材料

Rick Warren, *The Purpose-Driven Life: What on Earth am I Here for?* Grand Rapids,MI: Zondervan, 2002. 已出版中譯本：華理克著：《標竿人生》。美國：基督使者協會，2003。

梁廷益著：《細胞小組破冰遊戲精選》，2冊。香港：沙田浸信會，2002。

梁廷益著：《小組聚會FUN FUN FUN》，2冊。香港：沙田浸信會，2002。

蘇穎智著：《新生命與新生活》，組長本及組員本。香港：全心，2004。

蘇穎智著：《價值觀重整之旅》。香港：全心，2004。

蘇穎智著：《性格重整之旅》。香港：學生福音團契，1994。

蘇穎智著：《每日與主同行》。香港：證主，1993。

葉松茂著：《如果顧客就是上帝：開心寫意的工作觀》。香港：天道，2003。

其他參考資料

Dietrich Bonhoeffer, *Life Together.* 已出版中譯本：潘霍華著：《團契生活》，新譯重編修訂版。香港：文藝，1999。

葉松茂著：「教會CEO」。載於《時代論壇》，第775期(2002年7月)至第852期(2003年12月)。

葉松茂著：〈教會是足球隊：質量並重的教會模式〉。載於《教牧分享》，第134期(2004年3月)，頁6~7。

葉松茂著：〈十一位教牧的心底話〉。載於《教牧分享》，第131期(2003年9月)，頁17~19。

葉松茂著：〈少年事工三大支柱〉。載於《今日華人教會》，第238期(2003年6月)，頁21~23。

胡志偉，廖美虹編：《二十一世紀教會牧養與挑戰：九九香港教會普查報告及回應》。香港：教新，2002。

梁永泰主編：《我們的世世代代：華人青年宣教策略》。香港：華福，2004。